대한민국
엄마 구하기

대한민국 엄마 구하기

1판 1쇄 발행 2016. 9. 21.
1판 4쇄 발행 2020. 11. 10.

지은이 박재원

발행인 고세규
편집 강미선 | 디자인 지은혜
발행처 김영사
등록 1979년 5월 17일(제406-2003-036호)
주소 경기도 파주시 문발로 197(문발동) 우편번호 10881
전화 마케팅부 031)955-3100, 편집부 031)955-3200 | 팩스 031)955-3111

값은 뒤표지에 있습니다.
ISBN 978-89-349-7582-3 03370

홈페이지 www.gimmyoung.com　블로그 blog.naver.com/gybook
페이스북 facebook.com/gybooks　이메일 bestbook@gimmyoung.com

좋은 독자가 좋은 책을 만듭니다.
김영사는 독자 여러분의 의견에 항상 귀 기울이고 있습니다.

이 도서의 국립중앙도서관 출판시도서목록(CIP)은 서지정보유통지원시스템 홈페이지
(http://seoji.nl.go.kr)와 국가자료공동목록시스템(http://www.nl.go.kr/kolisnet)에서
이용하실 수 있습니다.(CIP제어번호 : CIP2016020356)

대치동 엄마에서 땅끝마을 엄마까지

대한민국 엄마 구하기

박재원
지음

김영사

| **일러두기** |
이 책에 수록된 엄마들의 이야기는 저자의 상담과 부모 교육, 그리고 '가족다움' 카페 지역 모임에서 얻은 내용을 토대로 엮은 것입니다. 필요에 따라 부분 편집했습니다.

강을 건너는 엄마들

학창시절, 저는 고등학교에 들어가서야 뒤늦게 공부에 재미를 붙였습니다. 친구들과 노는 재미에 푹 빠져 지내던 제가 우연히 소 뒷걸음치다 쥐 잡은 격이라고 할까요. 피할 수 없는 시험이 다가올 때마다 밀려오는 부담감이 정말 싫었습니다. 공부를 열심히 해서 좋은 대학에 가겠다는 의지보다는 시험 기간에도 마음이 편했으면 좋겠다는 생각, 그저 공부 부담에서 벗어나 마음 편하게 놀고 싶은 마음이 더 컸던 것 같습니다.

그런데 무작정 공부를 열심히 하자는 결심만 반복할 뿐 제대로 실천하지 못한 저의 공부 습관을 곰곰이 되짚어본 것이 성적역전을 이룬 중요한 계기가 된 것 같습니다. 더 굳은 결심, 더 치밀한 계획이 아닌, 공부하는 방법을 잘 찾는 것이 중요하다는 사실을 깨달았습니다. 그 방법만 잘 찾으면, 노는 걸 포기하며 열심히 공부하지 않아도 시험 부담에서 벗어날 수 있을 거라 생각했습니다. 대략 6개월 정도 학습법 실험을 했습니다. 어려운 방법보다는 쉬운 방법을, 지겨운 방법보다는 그나마 재미있는 방법을 찾기 위해 별짓을 다 했습니다.

그러자 조금씩 감이 오기 시작했습니다. 많은 걸 포기하고 공부에 매달리지 않아도 시험 부담에서 벗어날 수 있는 길이 보였습니다. 제 자신을 대상으로 한 학습법 실험이 하나하나 구체적인 방법으로 자리 잡으면서 기적 같은 일이 벌어졌습니다. 성적이 수직 상승했고, 고등학교 마지막 시험에서 저는 앞에 있던 몇백 명을 모두 제쳤습니다.

학창 시절, 저는 교사가 되고 싶었습니다. 정확히 말하면 학습법으로 이룬 저의 극적인 성적역전 경험을 많은 학생들에게 나눠주고 싶었습니다. 지금도 저는 공부 때문에 고전하는 학생을 보면 갑자기 솟구치는 의욕을 주체하기 어렵습니다. 학습법 고수라는 소문은 과외 시장에서 매우 강력한 경쟁력이었습니다. 대학생 신분에 강남에서 한 고액과외로 당시 대기업 사원 이상의 수입을 얻었습니다.

당시 저는 개인적인 성공 경험을 넘어 학습법을 많은 학생들에게 가르쳤고, 학습법 관련 책이라면 습관적으로 사서 읽고 분석했습니다. 첨단 두뇌기반 학습법까지 공부하며 적용했고, 저의 학습법 경지는 갈수록 높아졌습니다. 이런 노하우로 학습법 컨설팅을 직업으로 삼아 대치동에 본격적으로 뛰어들었습니다. 그러나 대치동에서 만난 학생들에게 저의 학습법은 잘 통하지 않았습니다.

대치동 인기 컨설턴트에서 부모 교육 전문가로

저의 학습법은 공부에 의욕을 보이는 학생들에게 많은 기적을 낳았습니다. 당시 인기가 높았던 강남구청 인터넷 수능방송국에서 제공한 제 학습법 동영상을 보고 성적역전, 인생역전에 성공했다는 얘기가 인터넷 게시판에 줄줄이 올라왔습니다.

'올해 수능 대박 났습니다. 언·수·외 만점! 선생님, 다시 한 번 정말 감사드립니다. 폐인 인생 갱생시켜 주시고, 좌절 인생 환희로 바꿔주신 은혜 절대 잊지 않겠습니다.'

'선생님, 정말 감사드립니다. 덕분에 공부 계획 잘 잡고 흔들림 없이 마무리할 수 있었습니다. 최종 결과는 487점(500점 만점)입니다. 채점 후에 할 말을 잃고 그냥 울었습니다.'

그러나 직접 얼굴을 보며 훨씬 정성을 들인 대치동 학생들과의 학습법 컨설팅은 결코 쉽지 않았습니다. 공부 자체에 별 의욕이 없다는 것이 가장 큰 장애물이었습니다. 이미 과학적으로 검증된 동기부여 이론도 무용지물이었습니다. 대치동에서 만난 다수의 중학생, 고등학생 들의 공부 트라우마는 생각보다 깊었습니다.

그렇다면 공부 상처가 깊어지기 전인 초등학교 때 학습법을 익히게 하면 되겠다고 생각했고, 《중학생이 되기 전에 꼭 잡아야 할 공부습관》• 이라는 책을 썼습니다. 그러나 대치동 학생들을 돕기 위해 오랜 시간 입시와 진로 컨설팅까지, 여러 분야에서 나름 노력했지만 결과는 대부분 신통치 않았습니다. 그렇다고 제가 대치동에서 인기가 없었던 건 아

• 박재원·임병희, (2006). 《중학생이 되기 전에 꼭 잡아야 할 공부습관》, 길벗스쿨.

닙니다. 당시 대치동에서 제 별명은 '박보살'이었습니다. 저의 컨설팅, 특히 일부 학생들에 대해 특목고 진학 이후 성적이 하위권으로 떨어질 것이라는 제 예측이 적중하자 얻은 별명입니다.

가끔 학생들과 깊은 대화를 나누면서 그들의 공부 상처를 하나둘 알게 되었습니다. 문제는 학습법이 아니라 부모와의 관계에 있었습니다. 부모들의 모습은 아이 마음에서 짙은 그늘이었습니다. 학습법이라는 씨앗을 아무리 뿌려도 그늘이 너무 깊어 싹이 트지 않았습니다.

학습법을 익혀 실제 공부에 적용하려면 최소한의 자발성이 필요한데 대부분의 대치동 아이들은 부모와의 관계에서 많이 위축되어 있었습니다. 뒤에서 자세히 다루겠지만 부모 주도성이 워낙 강해, 아이들의 자기 주도성이 심각하게 훼손되어 있었습니다.

결국 저는 방향을 틀었습니다. 학생들을 위한 학습법 컨설팅이 아니라 부모들을 위한 부모 역할 컨설팅을 시작한 것입니다. 학습법 컨설팅을 하더라도 반드시 학생과 부모와의 관계 개선을 위한 노력을 우선적으로 시도했습니다.

제가 일했던 대치동 학원은 당시 초대형으로 2개월마다 학부모 설명회를 했습니다. 아주 우연한 기회로 컨설턴트가 아닌 학부모 설명회 강사로 데뷔했습니다. 사실 저는 무대 공포증 수준의 울렁증이 있어 꿈에도 강사가 될 줄 몰랐습니다. 강의를 들은 학부모들의 반응이 예상보다 좋아 부모 교육 강사라는 새로운 역할을 하나 더 갖게 되었습니다. 심신 안정제를 박스로 사놓고 먹으면서 강단에 섰던 기억이 나네요. 그렇게 시작한 부모 교육에 제 남은 인생을 걸게 될 줄이야.

엄마들의 가슴 아픈 사연

저의 부모 교육 콘텐츠는 대부분 컨설팅 경험을 통해 얻은 엄마들의 마음속 이야기입니다. 대치동 돼지엄마•들에게 컨설팅하는 것이 결코 쉬운 일이 아닙니다. 자신의 정보력을 과시하기 위해, 컨설턴트의 능력을 떠보기 위해 종종 저를 '시험에 들게' 했습니다.

"선생님, ○○ 대학 국악과 특별전형에서 학생부 교과성적은 어떻게 반영되나요?"

본인은 미리 확인한 특수한 정보를 컨설턴트는 알고 있는지 테스트하는 겁니다. 그러한 과정을 거쳐 저를 신뢰하게 되면 그때부터 엄마들은 자신의 속마음을 터놓기 시작합니다. 가슴 아픈 가족사부터 남편 흉보기까지, 겉으로는 멀쩡한 척 남들에게 자식 자랑을 하고 다니지만 사실은 마음대로 되지 않는 아이 때문에 얼마나 고민이 많은지 털어놓습니다.

사실 저는 지금 어디로 도망가고 싶은 심정이에요. 남편과 아이 문제로 자주 다퉜는데 제가 계속 고집을 부리자 남편이 맘대로 하라고 하면서 저에게 다 떠넘긴 거예요. 저도 알았으니 간섭하지 말라고 했는데 애가 엉망이 되어버렸어요. 초등학교 때까지는 그럭저럭 잘 따라오는 것 같더니 막상 고등학교 들어갈 때 되니까 인문계 가기도 어려운 성적이 되었어요. 남편은 어디 외고는 갈 거라고 생각하는 것 같은데…. 정말 어떻게 해야 할지 모르겠어요. _서울 동작

• 학원가에서 쓰이는 속어. 강사와 학원 등을 좌지우지하는 학원생들의 대표 엄마. 새끼 돼지들을 이리저리 끌고 다니는 돼지 엄마와 비슷하다 하여 생긴 속어.

주인공은 다르지만 비슷한 스토리를 대치동에서 자주 들었습니다.

어느 날 갑자기 아이가 막 소리를 지르고 물건을 집어던지고 부수는 거예요. 너무 놀라서 그냥 쳐다보다가 아이와 눈이 마주쳤는데 그 눈빛이 너무 무서워 아무 말도 할 수가 없었어요. 그날 이후로 종종 그런 일이 벌어지고 있습니다. 사실 저를 막 때리기도 하는데 도대체 어떻게 해야 좋을지 모르겠어요. 누구한테 말도 못하고 정말 죽을 지경입니다. _서울 강남

고분고분 엄마가 시키는 대로 잘 따라줘서 고맙고 자랑스러웠던 아이가 갑자기 돌변하는 사연, 어느 날 학원으로부터 아이가 오지 않았다는 얘기를 듣게 된 것을 시작으로 다양한 중독 증상을 보이거나 가출, 무기력증, 성적 급락으로 이어지는 이야기 등은 내용에 조금씩 차이는 있지만 드물지 않은 사연입니다.

대치동 엄마들에게서 들은 가슴 아픈 사연은 차곡차곡 제 마음에 쌓여 지금도 그 흔적이 강하게 남아있습니다. 가장 강력한 영향력은 제 인생의 진로를 수정한 것이겠네요. 성적역전, 인생역전의 제 성공 경험을 학생들에게 나눠주고 싶다는 생각을 무색하게 만든 엄마들의 가슴 아픈 사연이 저를 움직였습니다. 누군가는 엄마 편에 서서 같이 아파하고 위로하며 함께 희망과 대안을 찾아야 한다는 압박감이 저를 부모 교육으로 몰고 갔습니다.

아이가 아닌 부모를 위한 교육

최근 부모 교육이 폭넓게 확산되고 있습니다. 소외 지역에 살거나 먹고사는 문제로 시간을 내기 어려운 부모들이 여전히 많아 안타깝지만, 그래도 예전에 비해 마음만 먹으면 부모 교육을 받을 기회는 어렵지 않게 찾을 수 있습니다. 부모 교육의 주제와 내용은 물론, 강사들의 면면도 다양해졌습니다. 심리학 분야의 교수나 정신과 의사, 진로 관련 분야 전문가에 종교인까지 백가쟁명이라는 말이 떠오릅니다.

외국에서 개발된 정교한 이론들도 소개되고 있고, 참석자가 공감대를 형성하고 정보를 공유하면서 스스로 해법을 찾는 퍼실리테이션 기법을 적용한 워크숍 방식까지 많이 발전하고 있습니다. 부모 교육에 나름 사명감을 느끼는 사람으로서 우리나라 부모 교육 현황에 대해 자주 관심을 갖고 살펴봅니다. 초기에는 사교육 1번지 대치동 출신 강사라는 희소성이라도 있었는데 새롭게 부모 교육에 뛰어든 경쟁자들의 면면을 보면서 위축되는 제 자신을 보게 됩니다. 여러 권의 책도 내고 나름 인정받으며 활발하게 활동하는 제가 위축되고 질투를 느끼는 이유는 과연 무엇일까요? 곰곰이 생각해보았습니다. 제가 내린 답은 이 책을 출간하게 된 제 마음이기도 합니다.

'내 부모 교육은 부모들을 말리는 교육이다. 대치동에서 수없이 경험한 엄마들의 가슴 아픈 사연, 승자도 패자도 없이 부모와 아이 모두 피해자가 되는 안타까운 일이 더는 가정에서 일어나면 안 된다. 누군가는 막아야 한다. 부모와 아이가 아군과 적군처럼 나뉘어 흡사 강을 사이에 두고 서로를 공격하는 전쟁 같은 상황이 벌어지지 않으려면 누군가는 막아야 한다. 엄마들이 아이들과 멀어지는 강을 건너지 않도록 반드시

누군가는 말려야 한다. 내가 부모 교육을 하는 이유다.'

엄마들은 아이들에게 충격적인 사건이 터져야 뒤늦게 문제가 생겼다는 사실을 깨닫습니다. 하지만 엄마가 이상 징후를 감지한 시점은 너무 늦습니다. 이미 아이 마음과 멀어져 다시 돌아오기 어려운 저편으로 강을 건넌 엄마들이 대부분입니다. 아이와 작정하고 싸우려는 것처럼 굳이 강을 건너는 부모가 되지 않도록, 아이를 위한 부모 교육이 아니라 부모를 위한 부모 교육이 반드시 필요합니다.

이처럼 뒤늦게 자책하고 후회하는 엄마가 되지 않도록 돕는 일이 바로 제가 생각하는 부모 교육입니다. 어떻게 하면 엄마들이 열광하는 스타 강사가 될 수 있는지 모르지 않습니다. 누구 못지않게 잘할 수 있습니다. 하지만 엄마들의 고통을 온전히 아는, 그 고통이 더 깊어지지 않도록 돕는 부모 교육 강사가 되겠다고 결심했습니다. 그러자 위축되거나 질투하는 마음도 사라졌습니다.

지금은 저의 진심을 잘 알아주는 엄마들의 지지와 격려가 있어 든든합니다.

눈물이 흐르는 이유는 참회와 감사와 온전한 희망의 씨앗을 보았기 때문입니다. 소장님은 대한민국에 사는 것이 행복하다고 생각하게 만들어주신 두 번째 은인이십니다. _ 경기 양주

통쾌합니다. 대세를 따르지 않아 혼자 힘겨웠는데 훌륭한 사례와 자료, 연구로 힘을 실어주셔서 감사해요! _ 대구

소장님 같은 분이 존재한다는 것만으로 한국 교육의 미래는 밝다고 생각합니다. 오늘 강의 내용을 널리 알려주세요. _ 경남 김해

여러 부모 교육을 다니면서 변화하고자 노력했는데 잘되지 않아 자괴감에 빠지는 일이 많았어요. 소장님 강의를 듣고 다시 시작할 수 있다는 희망이 듭니다. _ 제주

이 책은 엄마 탓을 하지 않습니다. 엄마들을 곤란에 빠뜨리는 다양한 문제의 원인을 엄마 개인이 아니라 '학부모 문화'라는 사회적 현상에서 찾아내고 해결책을 제시합니다. 엄마 노릇 잘해보려고 애쓰지만 여의치 않아 마음이 편치 않았던 엄마들이, 진심을 욕심으로 오염시킨 학부모 문화의 정체를 제대로 파악하고 나서 달라졌습니다. 엄마와 아이 모두 행복해질 수 있는 길을 찾았습니다. 이 책을 읽는 아이 교육이 처음인 후배 엄마들 또한 이처럼 행복한 부모 역할을 이뤄내길 바랍니다. 간절한 마음을 담아, 지금부터 그 길로 안내하겠습니다.

차례

2 발견 엄마와 아이를 갈라놓는 강의 정체

3 **행복** 엄마들을 위한 행복 인문학

4 기적 엄마와 아이는 한 팀

엄마들을 보고 있으면 정말 안타깝습니다.

특히 부모 노릇 잘해보겠다고 노력하는 엄마들을 볼수록 더욱 안타깝습니다.
엄마 역할을 쉽고 편하게 생각하는 엄마는 거의 보지 못했습니다.
모든 엄마들이 마음을 단단히 먹고 고생스럽지만 열심히 애쓰고 있습니다.
하지만 고생 끝에 낙이 와야 하는데 결과는 정반대인 경우가 대부분입니다.
아이 공부에 신경을 쓸수록 아이는 힘들어하고
종종 엄마 가슴에 못 박는 일을 서슴지 않습니다. 그 이유가 뭘까요?
엄마로서 정성과 노력이 부족하기 때문이라면 엄마 탓을 해야겠지만
전혀 그렇지 않습니다. '빗나간 사랑'이라는 말이 떠오릅니다.
진정한 사랑도 방식이 잘못되면 상대에게 본의 아니게
상처를 줄 수 있습니다. 지금 우리나라 엄마들의 자식 사랑이
바로 그런 빗나간 사랑인 것 같습니다.
아이에게 사랑을 주기 전에 진정한 의도가 빗나가지 않도록
주의할 필요가 있습니다. 아이가 잘되라고 하는 엄마들의 노력이
왜, 어떻게 엇나가는지 알아보겠습니다.

1

눈물

대한민국 엄마들의 빗나간 사랑

01

대치동 엄마들의 속사정

엄마들의 욕심을 자극하고 자녀 교육의 성공 사례를 핵심으로 다루는 교육을 해야 인기가 있는데 저는 전국을 다니면서 열심히 엄마들을 '말리고' 있습니다. 최근 2년 동안은 이틀에 한 번 꼴로, 만 명을 훌쩍 넘는 엄마들을 부모 교육 현장에서 만났습니다. 저는 엄마들을 긴장시키는 자녀 교육 실패 사례를 주로 다룹니다. 그리고 당장 아이와의 문제를 해결할 수 있는 방법을 알려주기보다는 어떻게 해야 아이와 엄마 모두 행복하고 만족할 수 있는 교육을 일상에서 오래 실천할 수 있는지를 전합니다.

전국을 다니면서 제가 만난 우리나라 엄마들의 모습을 한마디로 표현하면 '혼란'입니다. 아이를 어떻게 공부시켜야 하는지, 엄마로서 무엇을 가르쳐야 하는지, 아이와 어떻게 대화해야 하는지 잘 모릅니다. 아이 교육에 자신 있는 엄마를 찾는 일은 가뭄에 콩 나듯 어렵습니다.

대한민국 엄마들의 혼란

오바마가 칭송할 정도로 아이 교육에 적극적인 우리나라 엄마들인데 정작 혼란에 빠져있다니, 큰일 아닌가요? 문제는 엄마들은 자신이 혼란에 빠져있는지도 모른다는 것입니다. 결국 혼란에 따른 심각한 문제들이 지금 엄마와 아이 사이에서 벌어지고 있습니다.

어떤 엄마가 혼란을 원할까요? 하루빨리 혼란에서 벗어나 마음 편한 엄마가 되고 싶을 뿐이겠지요. 저는 엄마들이 혼란스러운 상태에서 벗어나 마음의 안정을 되찾을 수 있도록 온갖 노력을 기울였지만, 약발이 오래가지 않는다는 문제에 항상 부딪쳤습니다. 엄마들의 근심과 걱정을 하나하나 해결해주는 식으로 접근하면 당장은 좋아지지만 또 다른 문제에 부딪혀 다시 혼란스러워 하는 모습을 보면서 그 뿌리를 찾아 송두리째 캐내지 않으면 안 된다는 생각을 했습니다. 대증요법이 아닌 근본적인 원인 치료 차원에서 엄마 역할을 새롭게 정립해야 한다는 생각을 하던 차에 우연히 저와 비슷한 관점을 가진 사람을 만났습니다.

> 부모로서의 우리 삶이 예전에 비해서 한층 복잡해졌다는 사실은 누구도 부인할 수 없다. 게다가 이런 복잡한 여러 문제들을 명쾌하게 해결해줄 새로운 지침이 마련되어 있지도 않다. 표준적인 규범이 없다는 것만큼 난처하고 까다로운 상황은 없다.*

《부모로 산다는 것》이란 책을 쓴 저자인 제니퍼 시니어는 혼란의 뿌

* 제니퍼 시니어, (2014). 《부모로 산다는 것》, RHK, 15쪽.

리를 부모들의 문제가 아니라 '표준적인 규범'의 부재로 설명합니다. 그는 급격한 사회 변화에 맞춘 부모 역할에 대해 새로운 규범이 필요하지만, 누구도 그런 노력을 하지 않았다는 사실에 주목합니다. 저도 비슷한 생각을 하고 있었습니다. '그렇게 애를 쓰고 노력하는데 잘 안 되는 이유가 분명 따로 있을 거다!'

제가 부모 역할, 특히 엄마 역할의 혼란과 관련하여 주목하는 사회 변화는 크게 세 가지입니다.

첫째, 대가족이 해체되고 핵가족화되었다는 사실입니다. 보통 3대가 함께 사는 대가족에서 엄마 역할은 그리 어렵지 않습니다. 아이를 낳으면 경험이 많은 조부모가 큰 역할을 해주었습니다. 아이 나이와 엄마 나이는 같다는 말처럼 아무리 어른이지만 엄마로서는 초보인 상태에서 부모 노릇 하기는 결코 쉽지 않습니다. 하지만 처음 엄마 역할을 하는 후배 엄마의 미숙함을 조부모들이 대부분 잘 보완해주었습니다. 또한 엄마 역할을 대신해주는 형과 누나, 오빠와 언니가 있었습니다. 하지만 핵가족화되면서 후배 엄마들은 곤경에 처합니다. 누구도 도와줄 사람이 마땅치 않은 상황에서 대부분 혼자서 엄마 역할을 감당해야 합니다.

둘째, 비슷한 맥락이지만 어른들이 사라진 상황도 요즘 엄마들을 매우 힘들게 만듭니다. 어른들이 보면 금방 알아낼 수 있는 갓난아이들에 대한 응급 처방도 《삐뽀삐뽀 119》를 뒤적이면서 겨우 수습합니다. 아이들의 성장 과정에서 맞닥뜨리는 여러 문제를 인터넷이나 책을 보면서 대처합니다. 서로 모순된 내용을 담은 다양한 정보를 늘어놓고 불안한 심정으로 선택해야 합니다. 오랜 역사를 거치면서 대대로 내려온 전통의 지혜를 물려줄 어른들이 사라진 상황에서 후배 엄마들은 불안하고 혼란스러울 수밖에 없습니다.

셋째, 여러 이웃이 함께 모여 오래 살았던 마을이 사라지고, 대부분 고향을 떠나 옆집과 왕래가 없는 도시의 아파트 단지에 살고 있는 상황도 후배 엄마들에게는 위협입니다. 아이를 키우면서 어려운 문제가 생기면 언제라도 이웃들의 도움을 받을 수 있는 예전의 상황에서는 후배 엄마들도 무난히 엄마 역할을 할 수 있었습니다. 하지만 지금의 엄마들은 고립된 상태에서 오히려 옆집 엄마들과 경쟁하거나 서로 견제하면서 아이를 키워야 합니다. 요즘 대부분의 엄마들이 겪는 혼란과 불안은 어찌 보면 당연한 일입니다.

누군가 글로 정리한 것은 아니지만 예전 엄마들에게는 '표준적인 규범'이 있었습니다. 마을에서 이웃의 도움을 받으면서 어른들의 지혜를 빌리고 대가족이 함께 생활하는 것 자체가 표준적인 규범이라고 할 수 있을 겁니다. 엄마 역할에 대한 '사회적 합의'가 존재했던 시대에 산 예전 엄마는 이런저런 정보를 수집하고, 아이를 남들보다 잘 키우기 위해 애쓰며, 앞으로 생길 문제를 예측하고 예방하기 위해 혼자서 동분서주하지 않아도 됐습니다.

전문가라는 사람들도 이 사람 저 사람 말이 다르고, 신문과 방송에서 쏟아지는 정보들은 왜 그리도 많은지, 또한 이전과 비교할 수 없을 정도로 바빠진 아빠들과 상의할 시간도 없이, 거의 혼자서 아이를 키워야 하는 요즘 엄마들을 보면 사면초가가 딱 맞는 말입니다. 표준적인 규범의 보호를 받으면서 어렵지 않게 엄마 역할을 할 수 있었던 예전 엄마들에 비해 요즘 엄마들은 거의 만능이 되어도 여전히 불안하고 혼란스럽습니다.

프랑스 엄마들의 표준적인 규범

전 세계적으로 산업화, 도시화, 핵가족화가 진행되면서 부모 역할은 혼란에 빠져있습니다. 그리고 많은 엄마들은 자신들이 '표준적인 규범'의 부재 때문에 어려움을 겪는다는 사실을 실감하지 못합니다. 그러나 돈이 많든 적든, 시골에 살든 도시에 살든, 어떤 직업을 가졌든, 부모 역할에 대한 표준적인 생각을 공유한 프랑스 엄마들의 경우를 보면 실감이 납니다.

베스트셀러인 《프랑스 아이처럼》이란 책을 쓴 파멜라 드러커맨은 본래 미국 사람입니다. 저자는 '표준적인 규범'이 사라지고 부모 역할마저도 자본주의 논리가 지배하는 미국 사회의 혼란스러운 모습에 질려 부모 되기를 포기했다가 우연히 프랑스에서 아이를 낳아 키우게 됩니다. 그곳에서 프랑스의 살아있는 '표준적인 규범'을 생생하게 경험하며 그 사례들을 책에 담았습니다. 몇 가지만 예를 들어보겠습니다. 프랑스 엄마들은 아이를 가지면 태아의 건강 못지않게 자신의 몸매 관리에 신경을 씁니다. 아이를 낳아도 크게 달라지지 않습니다. 갓난아이의 건강 못지않게 자신의 몸매에 신경을 씁니다. 아마 우리나라라면 철부지 엄마, 정신 나간 엄마라는 비난을 들을지도 모릅니다. 하지만 프랑스에서는 그렇게 하는 것이 '표준적인 규범'이기 때문에, 대부분의 프랑스 엄마들이 그렇기 때문에 주변의 시선을 신경 쓸 이유가 없습니다. 프랑스에서는 갓난아이가 울어도 바로 안아주지 않습니다. 프랑스 말로 '라 포즈', 잠깐 멈추기를 합니다. 아이를 잠시 관찰하는 겁니다. 만약 우리나라에서 엄마가 우는 아이를 빤히 쳐다만 보고 있다면 주변 사람들이 뭐라고 할까요? 친자식이 아닐지도 모른다는 오해를 받을 수도 있습니다. 프랑스에서는 육아 경험이 처음인 후배 엄마도 아무런 죄책감 없이 자신의 몸매 관리를 위해 노력하고, 아무리 애가 울어도 바로 반응하지 않습니다. 그렇게 하는 것이 프랑스 엄마들에게는 바로 '표준적인 규범'이기 때문입니다. 프랑스식 양육법을 '표준적인 규범'이라고 말하는 이유는 분명합니다. 특정 계층만 따르는 것이 아니라 돈이 많든 적든, 프랑스 어느 지역에 살든, 어떤 직업을 가졌든, 모든 엄마들이 지키고 따르는 원칙이기 때문입니다. 파멜라 드러커맨은 말합니다.

- 프랑스 전역을 두루 여행해본 결과, 흥미롭게도 파리에 거주하는 중산층 부모들의 육아 철학과 지방에 사는 블루칼라 부모들의 육아 철학은 거의 비슷하게 들렸다. 자신들이 무엇을 어떻게 하는지 정확히 설명할 수는 없어도, 모두가 유사한 사고와 행위를 하는 듯 보였다.
- 결국 내가 결론지은 바는 프랑스에서는 아이를 낳고 기르는 다양한 육아법들 간의 충돌이 별로 존재하지 않는다는 것이었다. 모두가 공유하고 상당 부분 동의하는 기본 원칙이 존재했으며, 그런 이유로 육아는 한결 편안하고 협력적인 양상을 보인다.*

부모와 학부모 사이

부모 역할의 '표준적인 규범'이 사라진 상황, 특히 엄마들에게만 자녀 양육과 교육의 부담을 대부분 떠넘기는 우리나라에서는 엄마들이

* 파멜라 드러커맨, (2013). 《프랑스 아이처럼》, 북하이브, 15쪽.

혼란과 불안, 걱정을 피할 수 없는 것 같습니다. 잠시 우리가 기억하는 몇 가지 '표준적인 규범'과 지금 부모들의 생각을 비교해보겠습니다.

자주 들을 수 있었던 대기만성이라는 희망적인 말은 한 번 뒤처지면 따라가지 못한다는 말로 바뀌었습니다. 공부도 다 때가 있다는 말은 선행학습을 하지 않으면 학교 수업조차 따라가지 못한다는 말로 바뀌었습니다. 사람은 다 자기 밥그릇을 타고난다는 말은 사라지고, 부모가 적극 나서지 않으면 아이의 미래는 없다는 생각으로 바뀌었습니다.

짧은 시간에 달라져도 어떻게 이렇게 달라질 수 있을까요? '표준적인 규범'이 사라진 상황에서 엄마들은 우왕좌왕하고 있습니다. 한때 회자됐던 공익 광고에도 부모들의 이런 모습이 잘 나타납니다.

> 부모는 '멀리 보라' 하고, 학부모는 '앞만 보라' 한다.
> 부모는 '함께 가라' 하고, 학부모는 '앞서가라' 한다.
> 부모는 '꿈을 꾸라' 하고, 학부모는 꿈을 꿀 시간을 주지 않는다.
> 당신은 부모입니까? 학부모입니까?
> 부모의 모습으로 돌아가는 길, 참된 교육의 시작입니다.

SBS 특집 다큐 〈부모 vs 학부모〉 2편 '기적의 카페'에 참여한 엄마들에게 숙제를 냈습니다. 진정한 부모의 마음으로 또 다른 자신의 모습인 학부모에게 편지를 써보라고 했습니다.

아이를 위하는 마음에 학원 하나라도 더 보냈고, 뭐든 남들보다 일찍 시키려고 아이를 닦달했던 나. 그런 내 노력에 아이가 못 따라오면 싸우기도 하고 얼러도 보고 울기도 했었지. 그로 인해 오히려 아이와의 관계는 소원해지고 아이

는 공부에 흥미를 잃어버렸으니 얼마나 마음이 아팠니? _ 서울 서초

믿고 기다려도 됐을 텐데 노심초사 불안해하며 너의 울타리에 아이를 가두려고 했잖아. 아이도 힘들고 너도 많이 힘들고 지쳤을 거야. 기다려주면 알아서 했을 일들도 네가 미리 해주지 않으면 안 될 거라 여겼지. 내비게이션처럼 목적지를 정해놓고 아이에게 그 길로 가기만을 지시한 건 아닐까? 경로를 이탈하면 비난과 체벌로, 때론 무시로 난 도대체 아이에게 얼마나 많은 상처를 준 걸까? _ 경기 고양

지난 과정을 돌아보면서 반성하는 것은 어려운 일이 아닙니다. 오랜 시행착오 끝에 중심을 잡고 혼란에서 벗어난 엄마들도 있습니다. 하지만 그런 엄마들이 많지 않다는 것이 문제입니다. 더욱 가슴 아픈 일은 시행착오 과정에서 엄마와 아이 사이에 벌어지는 일들입니다.

세상살이에 시행착오는 불가피한 것이기도 합니다. 하지만 부모 역할에서의 시행착오는 최대한 줄여야만 합니다. 시행착오의 후유증이 너무 심각하기 때문입니다. 그 과정에서 엄마와 아이 모두 쉽게 지울 수 없는 깊은 상처를 입게 됩니다. 많은 엄마들이 제게 고백한 상처는, 그리고 제가 확인한 아이들의 상처는 관계를 악화시켜 서로 다시 만날 수 없는 강을 건너게 했습니다.

아이가 언제부터인지 장난 반 진심 반으로 "엄마는 나만 미워해, 세상에서 제일 나빠요"라며 노래를 불러요. 저의 표정을 보면서요. _ 광주

나름 중심을 잡고 아이를 키운다고 생각했는데 소장님 얘기를 들어보니

까 늘 혼란스러웠던 것 같습니다. 엄마로서 잘했다는 느낌은 거의 안 드네요. 아이한테 미안하고 후회만 됩니다. _ 서울 관악

아무리 혼란스러워도 엄마와 아이의 진심이 통하면 큰 어려움 없이 모두 행복할 수 있습니다. 문제는 엄마들이 혼란스런 상황에 휩쓸려 아이와 심리적으로 영원히 이별하는 돌아올 수 없는 강을 먼저 건넌다는 점입니다. 엄마가 그 강을 건너면 아이는 따라갈 수 없습니다.

다행히도 제게는 많은 엄마들의 이야기가 있습니다. 가슴 아픈 사연들이 숨어있지만 엄마들이 저와 함께 소통하면서 일궈낸 소중한 성공 경험들이 있습니다.

또래 효과라는 말처럼 선배 효과라는 말도 있습니다. '내가 겪어봐서 꼭 해주고 싶은 말이 있는데….' 이렇게 여러 시행착오를 거쳤던 선배가 자신의 경험을 말하면 후배들은 귀담아듣게 됩니다. 그런 선배 효과에 엄마 대변인으로 나선 제 효과를 더해봤습니다. 돌아올 수 없는 강을 건너기 전에 바로 여러분의 선배 엄마들과 저의 이야기를 한번 들어보십시오.

02

누가 주도권을 쥘 것인가

가장 먼저 강을 건너고 자책과 후회의 눈물을 흘리는 엄마 그룹이 있습니다. 빠른 사회 변화에 따라 사라진 '표준적인 규범'의 빈자리를 주로 옆집 엄마들로 채우는 경우입니다. 제가 엄마들을 만날 때 자주 하는 말이 있습니다.

"한 목사님이 말씀하셨습니다. 이웃은 사랑하되 옆집 엄마는 조심해라!"

제 말에 대부분의 엄마들은 웃음을 터뜨리지만 표정은 밝지 않습니다. 오히려 어두운 그늘이 보입니다.

저는 가끔 아이들이 학교에 간 오전 시간에 엄마들이 자주 모이는 카페에 갑니다. 책이나 컴퓨터를 보는 척하면서 옆자리에 앉은 엄마들의 대화를 엿듣곤 합니다. 낯 뜨거운 얘기부터 온갖 뒷담화까지, 재밌는 대화가 이어지다가 아이 교육 문제로 넘어가면 사뭇 진지해지는 걸 보게 됩니다. 어느새 주도권을 쥔 엄마가 자신의 정보력을 과시하기 시작하면 다른 엄마들이 반응하기 시작합니다. 열심히 받아 적는 엄마도 있고, 그 정도는 자신도 안다는 거만한 표정의 엄마, 무시하는 척하면서 슬쩍 메모하는 엄마, 연신 고개를 끄덕이는 엄마 등 정말 다양하죠. 그런데 문제는 뭔지 아십니까? 소위 말하는 돼지 엄마가 하는 얘기들의 '정체'입니다.

옆집 엄마들의 정보력

주변 엄마들을 쥐고 흔드는 돼지 엄마들이 말하는 정보의 정체는 무엇일까요? 그들과 자주 나눴던 대화를 일부 옮겨보겠습니다.

박 소장____ 어머님 얘기를 들으니까 걱정이 됩니다. 나름 아이에게 지금 시키는 사교육에 대한 확신을 갖고 계신 것 같은데 그런 믿음의 근거가 무엇인지 궁금합니다. 제 판단으로는 그렇게 하면 당장은 어머님 마음이 편하실지 모르겠지만 조만간 아이에게 심각한 문제가 나타날 가능성이 정말 높거든요. 아마 이미 문제가 나타났을지도 모르겠네요.

학부모____ 소장님 말씀이 맞습니다. 사실… 애가 예전 같지 않아요. 주변 엄마들 몰래 심리 치료를 받고 있어요. 아무것도 하기 싫다고 하더니 이제는 그런 말도 안 해요. 집에 오면 모든 게 귀찮다는 표정을 짓고 멍하니 앉아있는 시간이 점점 늘고 있어요. 제가 어떻게 해야 할지 정말 모르겠어요.

박 소장____ 어머님 죄송한데, 아이를 그렇게 힘들게 한 이유가 뭔지 정말 궁금합니다.

학부모_____ 사실 저도 그렇게 많은 학원에 아이를 보내며 키우면 안 된다고 생각했어요. 막연히 아이들 교육 환경이 좋다는 말만 듣고 지금 사는 동네로 이사 와서 엄마들이 어떻게 아이를 키우는지 알아봤더니 조금씩 차이는 있지만 다들 비슷비슷하더라고요. 처음에는 주변 엄마들 흉내 내는 것 같아 자존심이 상해서 발품 팔아 여기저기 엄마들이 말하는 학원에 다니면서 상담을 해봤습니다. 그랬더니 엄마들 얘기와는 다르게 뭔가 교육적이라는 느낌을 주는 곳들이 있더라고요. 분위기나 아이들 표정이나… 그렇게 해서 아이 학원을 결정했지요.

박 소장_____ 그런데 아이에게는 왜 문제가 생겼을까요? 혹시 아이와 학원에 대해 상의해본 적은 있으신가요?

학부모_____ 아니요. 아이는 제가 결정한 대로 그냥 따랐을 뿐입니다. 아! 그게 문제인 거 같네요.

박 소장_____ 맞습니다. 정확하게 확인해 봐야겠지만 아이의 정상적인 성장 발달 과정과 어머님이 시킨 교육이 잘 맞지 않아 아이가 지금 어려움을 겪는다고 봐야 할 것 같습니다.

학부모_____ 그러면 제가 어떻게 해야 하나요?

박 소장_____ 혹시 심리 치료를 하게 된 것도 주변에서 들은 얘기 때문인가요?

학부모_____ 주변에 똑똑한 엄마들한테 다른 아이 얘기처럼 하면서 물어봤더니 대부분 심리 치료를 받으면 된다고 해서….

엄마들과 이와 비슷한 대화를 참 많이 했습니다. 하지만 저는 그 엄마들이 또 흔들릴 수밖에 없다는 것을 잘 압니다. 나름의 원칙과 소신을 가지고 아이를 키운다는 게 현실에서는 결코 쉽지 않기 때문이죠. 동네마다 대세를 장악하는 엄마들이 있습니다. 그들도 사실은 불안합니다. 자신의 정보력을 내세우지만 사실은 그 정보의 원천이 무엇인지 잘 모릅니다.

다른 아이가 성공한 방식이 내 아이에게도 그대로 통할 것이라는 보장은 없습니다. 엄마의 욕심대로 아이를 키운다고 해서 아이에게 도움이 된다는 보장도 없습니다. 요즘 엄마들이 가장 먼저 해야 할 일은 이제부터라도 주변 엄마들 얘기에 흔들리지 않는 어떤 원칙과 기준을 세우는 일입니다.

가장 중요한 것은 아이의 의사를 존중한 상태에서 엄마의 정보력을 발휘해야 한다는 점입니다. 무엇이 아이에게 도움이 되는지, 부작용을 일으키는지 가장 잘 아는 건 아이 자신입니다. 아이가 자신이 겪는 이야기를 엄마에게 솔직하게 말할 수 있어야 엄마도 상황을 제대로 판단할 수 있고, 위의 사례와 같이 엄마 역할이 빗나가는 상황을 피해갈 수 있습니다. 아이가 공부를 잘하는 것이 겉으로 보기에는 엄마의 정보력에서 오는 것 같지만 사실은 전혀 그렇지 않습니다. 집에서 엄마가 아이와 얼마나 잘 지내는지, 소통을 잘하는지가 핵심입니다. 아이와 소통이 안 되면 엄마의 정보력은 아이를 죽일 수도 있습니다. 반대로 소통이 잘되면 엄마의 정보력은 별문제가 되지 않습니다. 아이가 스스로 자신에게 필요한 걸 엄마에게 말하면 그때 가서 아이에게 필요한 정보만 열심히 알아보고 도와주면 되니까요.

표준적인 규범의 빈자리

엄마들과 나눈 대화를 몇 장면 더 재구성해봤습니다.

박 소장 ___ 엄마들 모임에 왜 가게 되셨나요?

학부모 ___ 사실 저도 처음에는 그런 시답지 않은 얘기나 하는 엄마들 모임에 나가면 수준 떨어지는 것 같아 탐탁지 않았습니다. 그런데 학부모 모임에 빠지면 아이가 혹시 불이익을 당하는 건 아닐까 걱정이 되고, 왕따가 되는 건 아닌지 걱정이 되어 나가기 시작한 것 같아요. 아, 그리고 아이들은 보통 엄마한테 학교 얘기 잘 안 하잖아요. 엄마들끼리 만나서 정보를 교환하다 보면 아이한테 듣지 못한 얘기를 들을 수 있고, 또 그래야 된다는 다른 엄마들의 말이 기억이 나네요.

박 소장 ___ 엄마들끼리 모이면 주로 어떤 얘기를 하나요?

학부모 ___ 한국 사람들은 자기 자랑하고 남 욕하는 걸 좋아한다고 하잖아요. 비슷한 것 같아요. 가끔 유익한 얘기도 있고 귀담아들을 얘기도 있지만 별 영양가 없는 얘기가 대부분인 것 같아요.

박 소장 ___ 그런 모임에 갔다 오면 보통 어떤 기분이 드나요? 좀 더 정확하게 말하면 어떤 영향을 받는 거 같나요?

학부모 ___ 글쎄요.

박 소장 ___ 서로 믿음이 없는 사이에서는 겉도는 얘기를 하는 게 당연하지 않나요? 솔직한 얘기보다는 상대방을 의식한 얘기, 엄마로서의 걱정과 고민보다는 자랑하는 얘기를 주로 하게 되지 않을까요? 즐겁게 웃지만 공감하고 위로하는 얘기들을 할 수 있는 분위기는 아닌 것 같은데요.

학부모____ 말씀을 들어보니 그런 것 같네요. 은근히 자기 애 자랑, 자기 자랑을 하는데 그런 얘기를 들어서 그런지 제 아이만 부족한 게 많은 거 같고 저도 부족한 게 많은 엄마라는 생각이 들어 우울해지는 것 같아요. 그래서인지 집에 오면 저도 모르게 아이에게 성질을 부리게 되더라고요.

'표준적인 규범'이 사라지고 후배 엄마들에게 정신적인 지주 역할을 톡톡히 해주었던 집안이나 이웃의 훌륭한 어른들이 자취를 감춘 상황에서 '옆집 엄마'와 '엄마 모임'이 엄마에게 끼치는 영향력은 매우 강력합니다. 물론, 주변을 보면 부모로서의 진심을 지키면서 훌륭하게 엄마 역할을 잘하는 분들도 있습니다. 반면 욕심을 부려 아이를 잡는 엄마들도 있습니다. 엄마들이 조심해야 할 것은 이것입니다. '누가 주도권을 쥘 것인가? 옆집 엄마인가, 나인가?' 주변 엄마들의 영향을 받아 진심을 잃고 욕심에 빠졌다가 겨우 빠져나온 한 선배 엄마의 고백을 들어보겠습니다.

사실 처음에는 그런 엄마들이 한심스러웠어요. 그런데 만나면 저를 자꾸 공격하는 거예요. 아이에게 왜 그렇게 신경을 쓰지 않느냐, 그렇게 아이 키우는 건 옛날 방식이다, 열심히 노력하는 엄마들에게 안 좋은 영향을 주는 것 같으니 모임에 나오지 않았으면 좋겠다, 나중에 아이가 원망할 텐데 어떻게 감당하려고 그러느냐, 아이 키우는 데 돈이 그렇게 아깝냐, 정말 별의별 소릴 다 들었어요. 그런데 그런 말들이 자꾸 제 마음에서 맴돌더라고요. 저 엄마들은 노력하는데 나는 너무 여유를 부리는 것은 아닌지, 저 엄마들은 저렇게 헌신적인데 나는 너무

이기적인 것은 아닌지, 정말 이러다가 아이가 경쟁에서 완전히 밀리면 후회하게 되는 것은 아닌지, 자꾸 걱정이 되고 흔들리게 되더라고요. 결국 그런 엄마들처럼 극성스럽게 하지는 말고 기본만 제대로 하자는 생각을 했습니다. 그렇게 일단 발을 들여놓고 나니까 저도 모르게 욕심이 생긴 건지 그 엄마들과 비슷한 짓을 하고 있더라고요. 그러던 어느 날, 아이가 제게 편지를 보냈어요. 엄마 정말 이상해진 것 같다고, 예전의 엄마로 돌아가면 안 되겠느냐고요. 그때 정신이 번쩍 들면서 소장님 얘기가 기억났습니다. _ 경기 성남

제가 아이 교육이 처음인 후배 엄마들에게 자주 조언하는 얘기가 있습니다.

일단 엄마 모임에 참석하게 되면 자신도 모르게 엄마들끼리, 아이들끼리 비교하게 되고, 대부분 아이 교육에 대한 욕심이 생기게 됩니다. 보통 처음에는 큰 욕심을 부리지 않습니다. 그러나 아이에게 조금이라도 투자를 하게 되면 은근히 바라는 게 생기고 다른 엄마들에게 자랑은 아니더라도 최소한 비웃음을 사면 안 된다는 강박관념이 생깁니다. 엄마들의 욕심은 대부분 그렇게 시작됩니다. 그러다 조금 지나면 자신이 잘하고 있다는 확신을 갖기 위해 애쓰지요. 자신과 다른 가치관을 가진 엄마들을 비난하고 공격함으로써 자신의 선택이 옳다는 것을 입증하지 않으면 견디기 힘든 심리 상태에 이르게 됩니다. 어느 엄마가 자신의 소중한 엄마 역할을 주변 엄마들 얘기 듣고 따라 한다는 사실을 인정하고 싶겠습니까? 자기 최면을 거는 겁니다. 아이를 위해 최선의 판단과 선택을 한 것이라고요. 그런 자기 최면에 잘 걸리지 않으면 다른 길을 가는 엄마들을 공격함으로써 자기 확신을 가지려고 안간힘을 쓰는 것이지요.

이런 얘기를 부모 교육에서 하면 많은 엄마들의 표정이 일그러지는 것을 볼 수 있습니다. 붉으락푸르락하다가 중간에 자리를 뜨는 엄마들도 있습니다.

엄마들이 서로를 자극하면서 한껏 욕심을 부리도록 부추기는 것이 현재 우리나라 엄마들의 모임입니다. 그 과정에서 '악화가 양화를 구축한다'는 말이 딱 들어맞는 일들이 벌어집니다.

- 아이를 기본적으로 신뢰하는 엄마들은 약세, 아이를 치밀하게 관리하는 엄마들은 강세.
- 학교에 대한 믿음과 선생님에 대한 존경심이 있는 엄마들은 약세, 사교육을 맹신하고 학교를 우습게 아는 엄마들은 강세.
- 정상적인 아이의 성장과 발달을 중요하게 생각하는 엄마들은 약세, 경쟁에서 이기려면 수단과 방법을 가리지 말아야 한다고 생각하는 엄마들은 강세.
- 따뜻한 엄마, 행복한 가정이 우선이라고 생각하는 엄마들은 약세, 아이가 특목고, 명문대에 진학하는 것보다 더 중요한 것은 없다고 주장하는 엄마들은 강세.

하지만 저는 압니다. 그리고 선배 엄마들도 똑똑히 압니다. 엄마들 사이에서 주도권을 쥔 강세 엄마들이 겪게 될 일들을요. 강세 엄마들은 아이들에게 강한 거부감과 스트레스를 유발하고 어느 순간부터 아이들의 반격이 시작됩니다. 엄마보다 강한 아이들은 노골적으로 반발하거나 중독에 빠져 엄마들의 욕심을 포기시키려고 안간힘을 씁니다. 엄마보다 약한 아이들은 무기력증, 틱, ADHD 등 아픈 모습을 보입니다.

이미 엄마는 돌아올 수 없는 강을 건넌 상태, 엄마와 아이 사이를 갈라 놓는 강이 흐르기 시작합니다.

먼저 강을 건넌 엄마들은 더 이상 어떻게 해볼 수 없는 상태가 되어버린 아이를 바라보면서 지금 피눈물을 흘리고 있습니다. 하지만 지금 이 순간에도 많은 엄마들이 모여 서로 부추기면서 그 강을 건너고 있습니다. 강 저편으로 건너가면 어떤 일을 겪게 될지 잘 아는 제 심정은 안타깝기만 합니다.

학구파 엄마들

이번에는 학구파 엄마들의 경험담을 정리해보겠습니다. '표준적인 규범'이 사라진 빈자리를 공부를 통해 채우는 엄마들이 적지 않습니다. 엄마 역할을 잘하기 위해 옆집 엄마나 미디어 대신 공부를 선택한 점은 당연히 훌륭합니다. 하지만 제가 확인한 학구파 엄마들의 시행착오 역시 심각하기는 마찬가지입니다. 열심히 공부하는 엄마들 또한 자신도 모르게 강을 건넙니다. 아이가 늦게라도 신호를 보내면 자신이 엄마 역할 잘해보겠다고 열심히 공부하는 와중에 아이에게 어떤 일이 벌어졌는지 알게 되지만, 이미 아이가 입은 상처가 돌이킬 수 없이 깊어진 경우에는 서로 진심으로 다시 만나기 어려운 상태에 빠진 경우를 자주 봤습니다.

먼저 제가 받은 한 엄마의 긴 메일을 소개합니다. 제 얘기보다 소중한 선배 엄마의 경험담이기에 긴 내용이지만 옮깁니다. 그냥 읽지 말고 여러분도 공감하는 부분에 밑줄을 쳐봤으면 좋겠습니다.

"○○일보 한번 확인해봐. 무슨 교육 강좌가 있나 보던데?"

남편의 부담스러운 문자를 받고 ○○일보 한구석에서 부모 교육 강좌 안내문을 찾아 읽었을 때 솔직히 마음이 내키지 않았습니다.

보나마나 또 뻔한 이야기.

'정신 차려라, 이 세상을 뚫고 나가려면. 서둘러라, 뒤처지지 않으려면.
상위 4퍼센트 세상은 그들을 위해 존재하고 행복한 미래는 그들의 몫이다.
아이의 미래는 엄마의 유전자 조합과 정보력, 판단력에 좌우된다.
현재를 파악하라, 정보를 수집하라, 달려라, 벌써 늦었다,
쉬지 마라, 절대 쉬지 마라.'

목소리는 달랐고 장소도 바뀌었지만 강의의 끝은 늘 같은 곳이었습니다.

집으로 돌아오는 길은 아득한 슬픔으로 가득하기만 했습니다.

강의를 듣고 집으로 돌아오면 못난 엄마라는 자책감에 이 험한 세상을 살아가는 아이에게 아무것도 해주지 못하는 제 모습이 실망스러워서 며칠 동안 심한 몸살을 앓았습니다.

제게는 두 아들이 있습니다.

'사탕이 다섯 개 있습니다. 형하고 동생하고 어떻게 나눌 수 있을까요?'

초등학교 1학년 수학시험이었습니다.

저희 큰아이는 두 개, 두 개라고 썼답니다.

단순히 숫자를 나누는 방법을 묻는 시험 문제를 틀려서
선생님이 왜 그렇게 답을 썼냐고 물어보셨대요.

아이는 이렇게 대답했답니다.

"형이라고 세 개 먹고 동생이라고 두 개만 줄 수 없잖아요."

유난히 우애가 깊은 저희 두 아이.
세월이 흘러 지금 큰아이는 고3이란 힘든 시간을 살아내고 있고,
큰아이가 가장 사랑하는 둘째는 올해 중1이 되었답니다.
어려서부터 엉뚱하고 모험심이 강한 데다 자기주장도 강해서
늘 저의 기대와는 다른 방향으로 생각하고 행동하는 두 아이에게
사랑한다는 말보다는 못 살겠다는 말을 더 많이 해줬던 것 같습니다.
큰아이를 초등학교에 보내면서, 제 생각과는 너무나 다른 아이를
이해하기 위해 부모 교육, 심리 상담, 대화법, MBTI, 애니어그램…
열심히 쫓아다니며 배우고 연습하고 꾸역꾸역 머리에 담았습니다.
그런데 제가 진짜 담았어야 할 것은 담지 못했다는 것을
5년 동안 방황하는 아이를 지켜보면서야 깨달았습니다.
'공감'이란 두 글자.
그냥 같이 울어주고 웃어주고 맞장구쳐주고 느껴주기만 하면 될 것 같은
그 두 글자를 저는 너무 우습게 생각했던 것 같습니다.
그렇게 5년이라는 시간 동안 저와 아이 사이에 흐르던 시내는
결코 건너지 못할 바다가 되어 있었습니다.

고2 겨울방학이 끝날 무렵 저는 아이에게서 전화 한 통을 받았습니다.
아이 학교 〈골든 벨〉 녹화분이 오늘 방송되는데 사정이 생겨서
못 보니까 대신 봐달라고요.
아이가 학교 자체 예선부터 떨어진 것을 알던 터라 관심이 없어
안 볼까 하다가 혹시 지나가는 화면에라도 나오는지 봐달라는
어린아이 같은 말에 텔레비전을 켰습니다.

세상에서 형아를 가장 좋아하는 둘째 아이도 빼짝 텔레비전에
다가앉아 형아를 찾아 숨은그림찾기를 했고,
이따금 아는 문제가 나오면 정답을 외치며 흥분하기도 했지요.
한 시간 동안 아이 모습은 어느 화면에도 비춰지지 않았고
괜히 쓸데없는 시간만 허비했다는 남편의 핀잔을 들어야만 했습니다.
그런데 제 눈에서 눈물이 나오기 시작했습니다.
방송 녹화가 있던 날 아침 9시부터 오후 5시까지 아이는 제작팀이
지시하는 대로 방청석의 한 자리를 지키며 앉아있었다고 했습니다.
그 긴 시간 동안, 주인공이 아닌 배경이 되어 앉아있었을
제 아이가 떠올랐습니다. 그 누구의 주목도 받지 못하는,
정답을 알고 있어도 인정받을 수 없는 순간들….
그때, 아이의 마음이 어땠을까? 성적 따라 자신의 위치가 정해지는 그 시
간들, 지난 5년 동안 아이는 얼마나 많은 상처를 입었을까? 그런 아이에게
나는 얼마나 모질게 비난하고 다그쳤던가. 얼마나 냉정하게 내몰았던가.
너무나 가슴이 아팠습니다. 왜 주인공이 못되느냐고 야단하기보다,
언젠가는 네가 주인공이 되는 무대와 시간이 올 거라고
말해주지 못한 것이 너무 미안했습니다.
그때의 뜨거운 가슴을 오늘 소장님의 강의를 들으며 다시 느꼈습니다.
아이는 미래에 대한 불안함과 자신의 정체성에 대한 고민으로,
저는 부모 역할에 대한 후회와 자책감으로 방황하고 있었습니다.
오늘 소장님이 들려주신 소중한 말씀 속에서 저는 희망을 보았습니다.
그 뜨거움이 식을까봐 서둘러 두서없이 메일을 보냅니다.
정말 감사합니다.

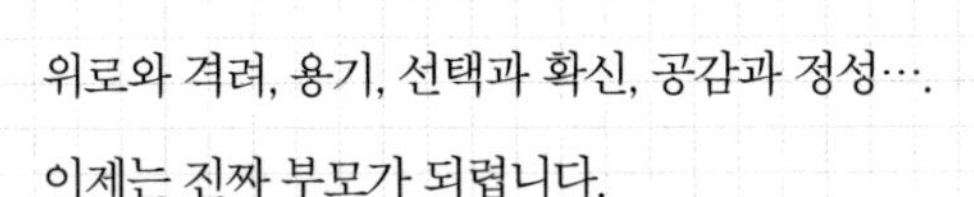

위로와 격려, 용기, 선택과 확신, 공감과 정성….

이제는 진짜 부모가 되렵니다.

늘 건강하세요.

_경기 수원에서, 준형이·준철이 엄마 올림.

과연 이 편지를 읽은 여러분은 어디에 밑줄을 쳤을지 정말 궁금합니다. 저는 읽을 때마다 눈길이 가는 대목이 있습니다.

'큰아이를 초등학교에 보내면서, 제 생각과는 너무나 다른 아이를 이해하기 위해 부모 교육, 심리 상담, 대화법, MBTI, 애니어그램… 열심히 쫓아다니며 배우고 연습하고 꾸역꾸역 머리에 담았습니다.'

이처럼 부모 노릇 잘하려고 노력하는 엄마는 흔치 않습니다. 노력한 만큼 보람을 느끼고 결실을 맺어야 하는데, 읽어보셔서 아시겠지만 결과는 어떤가요?

'저는 부모 역할에 대한 후회와 자책감으로 방황하고 있었습니다.'

그렇게 열심히 노력한 결과가 후회와 자책감이라니, 너무 가슴이 아픕니다. 도대체 무엇이, 왜, 이처럼 노력하는 엄마들을 힘들게 하는 걸까요? 결론부터 말하자면 '표준적인 규범'의 빈자리를 잘못 채웠기 때문입니다.

우리나라 부모 교육에는 외국 이론이 많이 도입되었습니다. 사실 엄마 역할에 정해진 공식 같은 게 있을 수 없겠지요. 귀에 걸면 귀걸이 코에 걸면 코걸이라는 말처럼 어떤 이론을 가지고 부모 교육을 해도 말은 되는 것 같습니다. 그런데 말처럼 현실도 달라질까요? 이게 문제겠지요.

현실과 동떨어진 부모 교육

학구파 엄마의 유형 중 하나인 부모 교육 선호 그룹의 경험과 시행착오를 정리해보겠습니다. 보통 부모 교육을 하는 전문가들은 잘 다듬어진 이론과 성공 사례를 강조합니다.

"제가 교육한 내용대로 여러분이 열심히 실천하면 누구나 성공할 수 있습니다."

그리고 이어지는 성공 사례들. 그런 교육을 받고 나면 엄마들은 대부분 희망을 갖게 됩니다.

"애는 말을 듣지 않고 저도 한심한 것 같고 정말 막막했는데 부모 교육을 받으면서 한 줄기 빛이 보이는 것 같았습니다. 드디어 길을 찾았구나, 성공 사례들을 보면서 자신감을 갖게 됐습니다."

제 책상 위에도 그런 엄마들의 찬사 어린 강의평가서가 수북하게 쌓여 있습니다. 하지만 안타깝게도 엄마들의 자신감은 오래가지 못합니다. 이내 실천의 어려움을 호소하는 목소리로 바뀝니다.

"머리로는 알면서도 실천하기는 어려운 현실에 살고 있네요."

"아는 내용이지만 그동안 실천하지 못해 아쉬움만 남습니다."

일단 실천에 실패하면 또 다른 희망으로 다른 이론을 찾는 엄마들도 적지 않습니다. 하지만 역시 새로운 이론을 배울 때는 좋았지만 실천 단계에서 다시 막히는 경우가 대부분입니다. 저도 한때 외국에서 개발된 부모 교육 이론에 대한 확신이 있었습니다. 과학적인 연구와 충분한 임상실험을 통해 검증된, 매우 논리적이고 정교하게 설계된 이론에 푹 빠졌던 적이 있습니다. 국내에 소개된 이론을 빠짐없이 공부하고 부모 교육과 상담에 적용하기 위해 노력한 적이 있습니다. 부모 역할 훈련,

자기주도 학습, 감정코칭, 비폭력대화 등 잘 정립된 이론을 가지고 열심히 부모 교육을 한 적이 있습니다.

이런 이론들을 접하면 그동안 제가 해왔던 부모 교육이 주먹구구였다는 반성을 하게 됩니다. 이제는 보다 체계적인 이론을 도입했으니 비로소 아이와 멀어져 강을 건너는 엄마들을 구할 수 있을 것이라는 희망이 절로 생깁니다. 하지만 결과는 실망스럽기만 합니다. 소수의 성공 사례가 나오기는 하지만 다수는 실패합니다. 실패한 경우를 살펴보면 제대로 실천하지 않았다는 공통점을 찾을 수 있었습니다. 처음에는 다양한 이론을 접목시켜 좀 더 쉽게 실천할 수 있는 이론을 만들기 위해 노력했습니다. 하지만 우연한 기회에 제 오류를 깨닫게 되었습니다.

국내 메이저 언론사에서 주최한 부모 교육 포럼에서 목격한 장면입니다.

"중학교 2학년 딸을 둔 엄마입니다. 딸이 요즘 사춘기의 절정을 겪는 것 같습니다. 사소한 것까지 충돌하는데, 도저히 감당이 안 돼요. 도무지 어떻게 해야 좋을지 모르겠습니다."

피곤함이 묻어난 한 엄마의 질문에 미국에서 청소년 상담학을 공부했다는 전문가가 답합니다.

"반드시 대화로 해결하셔야 합니다. 우선 열린 질문으로 아이가 말할 수 있도록 유도하시고요. 아이가 하는 말에 적극적으로 공감하시면 됩니다."

그리고 몇몇 자신의 성공 사례를 소개하면서 질문한 엄마를 격려합니다. 그 순간 엄마의 표정을 봤습니다. 답을 찾은 표정이 아니라 조금은 어이가 없다는 표정. 그 모습을 보면서 실천이 아닌 이론이 문제라는 생각을 했습니다. 단순하게 생각하면 이론은 맞는데 실천이 문제라고 생각하기 쉽습니다. 저도 그렇게 생각했습니다. 하지만 이제는 생각이 달라졌습니다.

미국에서 공부한 전문가의 조언은 절박한 엄마 마음에 어떤 반응을 일으켰을까요? 틀린 말은 아니기에 반박할 수는 없지만 비현실적이라는 느낌이 들지 않았을까요? 부모와 아이 사이가 수평적인 외국의 문화와 부모와 아이 사이가 여전히 수직적인 우리 현실의 차이. 외국 이론은 우리 현실에 맞지 않을 수밖에 없습니다.

여기에서 '현실에 맞지 않는 이론'이라는 말에 주목할 필요가 있습니다. 개인의 의지나 노력이 부족하기 때문이 아니라 현실에 맞지 않기 때문에 열심히 노력해도 성공하기 어려운 것입니다. 문제는 엄마들이 비현실적인 이론에 문제가 있다고 비판하기보다 실천하지 못한 자신에게 문제가 있다고 생각하기 십상이라는 점입니다. 훌륭한 엄마가 될 수 있는 좋은 기회를 얻었는데 의지와 노력이 부족해서 제대로 실천하지 못했다고 결국 자신을 못난 엄마라고 자책합니다. 이론 중심 부모 교육의 심각한 부작용이라고 볼 수 있습니다. 한 엄마의 얘기입니다.

> 부모 교육을 받기 전까지 저는 그럭저럭 괜찮은 엄마라는 생각을 했었습니다. 그런데 교육을 받으면서 생각이 달라졌습니다. 강사 선생님이 말씀하시는 훌륭한 부모 역할을 배우면서 문제투성이 엄마라는 사실을 알게 되었습니다. _ 대구

괜찮은 엄마를 문제투성이 엄마로 둔갑시키는 게 부모 교육은 아닐 텐데, 괜히 자책하게 되고 우울해지니 의욕이 떨어지고 실천은 더욱 어려워지고…. 저 역시 비현실적인 이론보다 엄마들을 탓했던 적이 있기에 많이 반성했습니다. 그렇다고 제가 외국 이론을 완전히 배제한 것은

아닙니다. 엄마들에게 하는 이야기가 달라졌습니다.

"부처를 죽여야 부처가 된다는 말이 딱 맞습니다. 이론을 죽여야 실천이 됩니다. 제가 소개한 이론은 그저 참고사항일 따름입니다. 여러분의 생각과 실천을 가다듬는 데 소재로 활용하시면 충분합니다. 그대로 따라 하시려고 하면 절대 안 됩니다. 이 세상에 그런 이론은 없습니다. 나라마다 문화가 다르고 사람마다 처지가 다르기 때문에 그대로 적용할 수 있는 이론은 있을 수 없습니다. 전문가나 이론의 권위에 눌리지 마셔야 뭐 하나라도 배워서 실천할 수 있습니다."

한 엄마의 강의평가서가 저에게 큰 힘을 주었습니다.

사실 부모 교육이라는 걸 잘 몰랐습니다. 우연히 아이가 다니는 학교에서 열리는 부모 교육에 참석한 게 계기가 된 거 같습니다. 처음에는 정말 좋았습니다. 진짜 부모가 된다는 기분도 들고 부모로서 무자격자가 많다는 말에 반성도 많이 했습니다. 그런데 열심히 배우고 집에 가서 실천하려고 해도 강의에서 들은 내용대로 되는 건 거의 없더라고요. 조금 더 배우면 되겠지, 생각하고 거의 2년 넘게 부모 교육을 찾아다닌 것 같습니다. 그러다가 지금은 거의 포기 상태에 이르렀어요. 별 기대 없이 왔는데 소장님 말씀을 들으니 너무 힘이 됩니다. 실천하지 못한 저에게 문제가 있는 것이 아니라 비현실적인 이론이 문제라는 말이 저에게는 정말 위로가 되고 격려가 됩니다. 그동안 제가 어설프게 부모 교육을 받고 억지를 부렸다는 생각이 들었습니다. 이제부터는 제 자신을 믿고 중심을 잡아 아이 교육을 잘할 수 있겠다는 자신감이 생겼습니다. _ 인천 부평

사실 부모 교육은 꼭 필요합니다. 하지만 최근 엄마들이 흔하게 하는 말이 있습니다.

"교육받는다고 사람이 달라지면 어떤 엄마가 그렇게 애 때문에 고생하겠어? 다 쓸데없는 짓이라니까. 나도 해볼 만큼 해봤는데 별로 효과가 없더라고."

결국 부모 교육 무용론이 빠르게 확산되고 있습니다. 한때 부모 교육에 매료돼 아이도 굶기고 남편한테 부모 자격 부족하다며 핀잔을 줬던 선배 엄마들이 후배 엄마들에게 조언합니다.

"너무 빠지면 곤란해요. 교육도 좋지만 아이와 함께 지내는 일상이 소중하다는 걸 결국 깨닫게 되더라고요. 교육받으면서 괜히 흥분했다가 우울했다가 그랬던 것 같아요. 그럴 때마다 아이는 힘들었을 것 같아요."

"저는 누가 그러는데 부모 교육 쇼핑족이었던 것 같아요. 마음에 드는 강사를 찾아 참 많이 돌아다녔어요. 결국 남은 건 엄마로서 참 못났다는 자책뿐인 것 같아요."

"아이가 어느 날 저한테 그러더라고요. 엄마, 이제 교육 좀 그만 받았으면 좋겠어. 엄마가 교육받고 오면 이것저것 시켜서 내가 너무 힘들어…. 그때 깨달았어요. 부모 교육받는답시고 애 잡는 건 아닌지 걱정이 되더라고요."

표준적인 규범이 없는 상황에서, 특히 혼자 알아서 아이를 키워야 하는 엄마들에게 부모 교육은 매우 중요합니다. 그러나 부모 교육을 하다 보면 한 귀로 듣고 한 귀로 흘리는 엄마들을 많이 만납니다. 의무적으로 참석했거나 과거 경험에 비춰 별 도움이 되지 않는다는 선입견을 갖고 있는 엄마들입니다. 엄마 혼자 감당하기에는 어려운 많은 문제들을 해결할 수 있는 좋은 기회를 살리지 못하는 것 같아 안타깝습니다. 하지만 그게 어찌 엄마 탓이겠습니까? 엄마들에게 실질적인 도움이 되지 못하는 부모 교육 탓이 크겠지요. 지금 우리나라의 부모 교육은 과도기인 것 같습니다. 진정 엄마들을 위한 부모 교육이 하루 빨리 정착되기를 바랍니다.

내 아이에게 통하지 않는 성공 사례

'표준적인 규범'의 빈자리를 부모 교육보다는 책을 통해 메꾸려는 엄마들도 적지 않습니다. 한 엄마를 만났습니다.

학부모 ___ 저는 원래 책 읽는 걸 좋아합니다. 아이를 가진 후 육아 관련 책들을 사서 읽기 시작했습니다. 어떤 책이 좋다는 말을 들으면 거의 사서 읽은 거 같습니다. 얼마 전 이사를 할 때 보니 그렇게 한 권 한 권 읽은 책들이 몇 박스나 되더라고요. 엄마들을 만나서 고민을 들으면 어떤 책을 보면 된다고 조언해주기도 합니다.

박 소장 ___ 그런데 왜 저를 찾아오셨나요?

학부모 ___ 아이가 크니까 책에서 읽은 대로 안 되더라고요. 어릴 때는 별 어려움이 없었는데 아이가 자기주장을 하기 시작하면서부터는 일단 대화부터 막혀요. 제가 책에서 배운 대로 아무리 진지하게 설명해도 그냥 흘려듣는 거 같아요. 얼마 전에는 저도 모르게 아이한테 심하게 화를 냈는데, 그날 이후 전 패닉 상태입니다. 아이와의 관계가 많이 망가진 것 같은데 어디서부터 손을 대야 할지 정말 막막해요.

책을 많이 읽고 그 안에서 부모 역할의 지침을 찾은 엄마들을 만나면 한 가지 비슷한 점을 확인할 수 있습니다. 아이와의 소통에서 겪는 어려움의 원인을 찾아보면, 엄마가 평소 아이에 대한 관심보다는 책에 대한 관심이 더 높다는 사실을 알 수 있습니다. 엄마는 아이를 충분히 잘 안다고 생각하지만 평소 아이 모습과 이야기에 관심을 기울여 아이를 이해하는 것이 아니라 책에서 배운 내용에 맞게 아이를 꿰맞춰 판단한 경우가 대부분입니다. 아이의 어떤 모습을 보면 책에서 읽은 내용대로 쉽게 아이를 판단하고, 책에 나온 방법대로 대처하는 것입니다. 어릴 때 공부 습관을 잡아줘야 한다는 내용의 책을 읽고서 아이에게 그대로 적용하기로 결심한 엄마에게 질문했습니다.

박 소장 ____ 하루에 10분만 하기로 한 학습지를 앞에 놓고 아이가 딴짓하고 있으면 왜 그러는지 아이에게 묻기 전에 어떻게 하면 되는지 어머님 머리에 떠오르는 게 있나요?

학부모 ____ 네. 아이가 공부 습관이 잡히지 않아서 그러는 게 빤히 보이는데 아이는 자꾸 다른 핑계를 대니까 힘이 드네요. 처음에는 고분고분 말을 잘 들었거든요.

박 소장 ____ 아이가 매일매일 공부하는 것도 그렇고, 단순 반복이 지루해서 집중이 안 된다고 말하면 어떨 것 같으세요? 아이가 왜 그런 말을 하는지 생각하기 전에 거의 자동으로 엄마로서 해야 할 말이 나오지 않나요?

학부모 ____ 맞아요. 공부 습관이 잡힐 때까지는 참아야 한다는 말이 자동으로 나오죠. 다 아이 입장에서, 자기 잘되라고 하는 말인데 왜 자꾸 어깃장을 놓는지 너무 힘들어요.

엄마가 아무리 아이를 위해 애쓰더라도 그런 엄마 마음이 아이에게 잘 전달되려면 아이에 대한 오해가 있으면 안 되겠지요. 아이가 엄마 말을 들을 때, 자신의 사정을 잘 모르고 하는 말처럼 느낀다면 아이는 어떤 반응을 보일까요? 아이는 지금 공부 습관이 문제가 아니라 반복적인 단순 연산에 대한 거부감 때문에 힘들어하고 있는데, 엄마는 아이가 왜 그런지 생각해보지 않고 공부 습관이 엉망이라고 야단만 칩니다. 과연 아이가 자신을 그렇게도 몰라주는 엄마 말을 잘 들을 수 있을까요? 아이는 지금 매우 심각한 상태여서 엄마에게 말을 건넵니다. 그런데 엄마는 책을 보고 판단한 후 사소한 문제라 여기고 대수롭지 않게 반응합니다. 아이는 심각한데 엄마는 가볍게 반응하면 과연 어떤 일이 벌어질까요? 조심해야 합니다. 책 내용은 뼈와 살을 모두 발라낸 이야기, 보편타당할 수 있지만 실제 아이의 생생한 모습을 모두 제거한 박제 같은 이야기에 불과합니다. 아이를 있는 그대로 이해하고자 노력해야 합니다. 아이를 책에서 배운 내용에 꿰맞춰 파악하는 게 아니라 평소 아이의 표정과 말투, 몸짓에 스며있는 메시지에 주목해야 합니다. 그렇게 아이 상태를 사실적으로 이해해야 비로소 아이와 진심 어린 대화를 나눌 수 있는 엄마가 되는 겁니다. 그런 다음 책에서 배운 내용을 활용해야 부작용이 없습니다.

특히 엄마들이 조심해야 할 책으로 성공 사례집이 있습니다. 엄마의 성공 사례가 되었든 아이의 성공 사례가 되었든 그런 책에 꽂히면 심각한 부작용을 피하기 어렵습니다.

책을 보니까 정말 부럽더라고요. 더할 나위 없이 좋은 내용 같아서 아이에게도 읽어보라고 했어요. 그런데 보는 시늉만 하고 제대로 보지를 않아요. 몇 번

부드럽게 읽어보라고 권하다가 결국 소리를 질렀습니다. "엄마가 그렇게 알아듣게 얘기했는데 그래도 하기 싫으면 네 마음대로 해!" _경기 성남

자기주도 학습 성공 사례 공모전에서 최우수상을 받은 엄마의 이야기를 책에서 봤어요. 아이가 초등학교 때까지는 완전 하위권이었는데 엄마가 아이 공부를 적극적으로 챙기고서부터 성적이 올라 중학교 3학년 때인가 전교 1등을 했더라고요. 그 엄마가 저보다 그렇게 잘난 것도 아닌 것 같고 저도 한번 열심히 해보려고 했는데 도무지 아이가 말을 듣지 않아요. 결국 아이와 사이만 나빠지고 도저히 안 되겠다 싶어 포기했어요. _서울 송파

저희 동네에서 공부 잘하기로 소문난 아이 엄마가 책을 냈다는 얘기를 우연히 듣고 사서 봤어요. 정말 고급 정보가 많더라고요. 그동안 제가 주변 엄마들한테 들은 정보는 거의 쓰레기 수준일 정도로요. 저도 해볼 수 있겠다는 정보를 골라 아이에게 시켰습니다. 처음에는 기대가 컸는데 웬걸? 잘 안 되더라고요. 괜히 아이만 잡는 것 같아 지금은 다 포기했어요. _서울 강남

아이나 엄마나 감동적인 성공 사례를 접하면 빠르게 의욕이 충전됩니다. 드라마 주인공을 보면서 같이 웃고 우는 것처럼, 성공 신화의 주인공이 된 자신의 모습이 눈앞에 어른거립니다. 그렇게 흥분한 상태에 있는 엄마를 만나면 제 이야기가 잘 통하지 않습니다. 책이 아니라 현실의 문제, 지금 아이가 겪는 아픔과 어려움을 진단하고 엄마로서 어떤 역할을 해야 하는지 아무리 진지하게 조언해도 소용없습니다. 성공 요인으로 소개된 방법을 따라 하면 바로 눈앞에 아이의 성공이 보이는데 왜 그렇게 부정적으로 보고 시시콜콜 따지는지 관심 없다는 식으로 반

응합니다. 그런 엄마들은 대부분 흥분과 자괴감 사이에서 롤러코스터를 탑니다.

처음에는 저도 아이도 자신이 있었습니다. 이번에는 반드시 수학을 잡을 수 있을 거라는 믿음이 생겼습니다. 처음 일주일은 아이도 잘하는 것 같았습니다. 그런데 조금씩 힘들어하더라고요. 욕심을 부린 것 같아 조절하자는 얘기를 했는데도 아이는 괜찮다고 하더라고요. 믿고 지켜봤는데 하루는 아이가 울면서 말하는 겁니다. "엄마, 나는 안 되는 것 같아." _ 서울 구로

자극적인 성공 사례일수록 잘 팔립니다. 많은 사람을 자극하는 데 성공하면 베스트셀러가 됩니다. 빠르게 성공 신화가 확산됩니다. 하지만 여기저기서 한숨이 들리기 시작합니다. 성공으로 향하던 기운이 빠지고 실패에 실망하는 기운이 강해집니다. 그렇게 성공 사례가 휩쓸고 간 자리에 남은 건 원망과 자책, "너는 왜 안 되는 거니?", "저는 안 되나 봐요"뿐입니다.

지금도 출판사에서는 베스트셀러가 될 만한 성공 사례를 찾기 위해 열심입니다. 제 책꽂이에도 많은 부모와 아이들을 흥분과 실망 사이에서 오가게 만들었던 수많은 베스트셀러들이 있습니다. 성공 사례를 보고 흥분했다가 극적 반전, 자괴감에 빠진 엄마와 아이들을 위로하고 격려하기 위해 애썼던 경험이 적지 않습니다.

학구파 성향의 후배 엄마들에게 선배 엄마가 전하는 경험담을 소개합니다.

우연한 기회에 부모 인문학 모임에 참석하게 됐습니다. 지금까지 2년 넘게

함께 공부하고 있습니다. 엄마들과 함께 공부할 때는 좋은데, 집에 돌아가 아이를 대하면 공허하다는 생각이 자꾸 드네요. 우연히 소장님 강의를 들었는데 반성이 돼요. 인문학 공부를 하면서 저한테는 정말 중요하게 다가오는 것들이 저희 가족에게는 아닐 수 있다는 생각을 하게 됐습니다. 지금 한창 사춘기인 아이에게는 무엇보다 소중한 것이 저에게는 하찮게 여겨지는 것은 아닌지, 공부하면서 느낀 부족함을 채우기에 바쁘다 보니 정작 가족들에게 중요한 것은 소홀하게 된 것은 아닌지 하는 생각이 듭니다. 머리만 커지고 가슴은 메말라가는 건 아닌지, 공부 좀 살살 하라는 소장님 말씀이 맴도네요. _ 경기 일산

저는 부모 역할이나 엄마 노릇은 삶의 문제이지 앎의 문제는 아니라고 늘 강조합니다. 앎의 문제로 인해 삶의 문제가 뒷전으로 밀리는 경우를 종종 봅니다. 특히 엄마로서의 삶이 공허해서 앎으로 채우려는 분들을 보면 걱정이 됩니다. 아이가 진정 원하는 편안한 엄마의 모습은 점점 약해지고 아이가 힘들어하는 까칠한 엄마의 모습만 점점 강해지는 모습을 보면서 '표준적인 규범'이었던 다정다감한 엄마의 모습이 더 간절해집니다.

최근 많은 공공기관에서도 부모 교육에 열을 올리고 있습니다. 교육철학이나 가치관이 뚜렷한 훌륭한 이들이 강사로 나섭니다. 모두 주옥같은 내용이지만, 역시 부작용이 있다는 사실을 엄마들의 강의평가서에서 확인합니다.

항상 이곳에서 준비하는 강의를 듣고 나면 숙제만 잔뜩 얻어가는 기분이었는데, 소장님 강의는 어느 정도 제가 생각하고 있는 방향과도 맞고 더 구체적으로 제시해주신 것 같아 많은 도움이 된 것 같습니다. _ 서울 용산

숙제만 잔뜩 받은 것 같은 기분은 왜 드는 걸까요? 총론만 있지 각론은 없기 때문일 겁니다. 부모로서 지켜야 할 원칙과 기준으로서 철학과 가치관을 강조하지만 현실에서는 그것만 가지고 엄마 역할을 하기는 쉽지 않습니다. 방향은 옳고 동의가 되지만 그런 방향으로 나아갈 수 있는 징검다리를 찾지 못하면 공허한 얘기에 지나지 않습니다. 자신은 철학도 없고 가치관도 타락한 존재로 전락한 것 같아 우울해지기도 합니다. 가치관 차원에서 보면 사교육을 거부하는 것이 옳지만 현실에서는 결코 쉬운 일은 아닙니다. 물론 홈스쿨을 하거나 대안학교를 보내는 부모들도 있지만 평범한 부모들이 선택하기에는 너무 부담스러운 일입니다. 사교육이 입시 경쟁력이 되어버린 현실에서, 구체적인 대안도 없이 사교육을 시키면 안 된다는 말은 평범한 엄마들을 힘들게 하는 것 같습니다.

저는 원칙만 강조하고 현실적인 실천 방법이 빠진 교육은 하지 않기 위해 노력하고 있습니다. 원칙을 세워 중심을 잡고 원칙에 맞는 방법을 찾아 일상에서 실천해야 긍정적인 변화가 가능하기 때문입니다. 3부와 4부에서 더 구체적인 실천 방법을 찾아보겠지만, 원칙도 중요하고 방법도 중요합니다.

하지만 부모 교육에 나서는 훌륭한 분들의 얘기를 들어보면 방법보다는 원칙을 강조하는 경향이 있는 것 같습니다. 일관되게 원칙을 지키면서 현실의 어려움을 극복한 분들의 이야기는 물론 감동적입니다. 하지만 저처럼 평범한 사람들이 원칙대로 살기에는 현실의 여건이 만만치 않고, 구체적인 방법을 찾는 것도 쉽지 않습니다. 좌절하기 십상입니다. 결국 엄마들은 부모 교육에서 배운 원칙은 철학적이지만 방법은 현실적인 삶을 살게 되고, 현실에 충실하다가 원칙을 버리게 되는 일들도 생깁니다. 부모 교육을 통해 고상한 엄마가 되기로 결심했지만 현실에서는 실망스러운 엄마로 살아가는 자신을 보면서 자괴감에 빠지고 그저 되는 대로 사는 게 속 편하다는 결론에 이르는 것 같습니다.

비현실적인 외국 교육 이론처럼 부모 교육 강사들의 이야기 또한 또 다른 측면에서 비현실적이지는 않나 생각해봅니다. '표준적인 규범'의 빈자리를 훌륭한 이들이 들려준 원칙과 방법으로 채우려고 하지만 현실적으로 감당하기 어려워지면서 자포자기하는 엄마들이 점점 많아지고 있습니다. 그런 과정에서 엄마는 혼란을 겪고 결국 아이 마음과 멀어져 강을 건너게 되죠.

현실과 타협하지 않고, 옆집 엄마 얘기에 흔들리지 않고 책이나 교육을 통해 소신을 갖고 부모 역할을 하는 엄마들에게도 문제는 있습니다. 아이에게 훌륭한 엄마가 되어야 하는데, 스스로 생각하는 원칙과 소신으로 훌륭한 엄마가 되려고 하면 역시 아이와 멀어집니다.

"저는 다른 엄마들처럼 아이에게 사교육을 시키지 않습니다. 성적보다는 아이가 행복하기를 바랍니다."

이렇게 말하는 엄마들은 주변에서 훌륭한 엄마라는 얘기를 들을 수는 있을지언정 아이와는 멀어진다는 사실을 알아야 합니다. 아이를 기준으로 판단하는 것이 아니라 자기 소신을 기준으로 삼는 엄마가 되면 곤란합니다. 엄마의 소신에 아이 마음이 끼어들 틈이 없으면 결국 아이와 멀어지는 게 당연합니다. 학교에서 성적 때문에 친구들에게 무시당하는 것 같아 침울해진 아이 마음을, 그래서 학원에 가서 성적을 올리고 싶은 아이 마음을 엄마는 소신을 갖고 무시하는 실수를 범할 수 있습니다.

힐링족 엄마들

한때 '웰빙'을 말하던 사람들이 지금은 '힐링'을 말합니다. 제 강의를 들은 엄마들 중에서도 힐링이 돼 좋았다고 말씀하시는 분들이 적지 않습니다. 어떤 어머님의 제 강의평가 내용입니다.

늘 마음이 무겁고 제 자신이 열려있지 않아 고민스럽습니다. 그래도 조금의 해결책이나 공감을 느낄 수 있는 소장님 강의로 답답한 마음을 털어버립니다. _서울 관악

제 강의를 통해 답답한 마음을 털어버릴 수 있었다니 다행이기는 합니다. 하지만 제 머리에는 힐링족 엄마들의 모습이 떠오릅니다. 우리나라 엄마들에게 힐링은 매우 중요합니다. 여전히 심한 여성 차별과 엄마들에게 지워지는 과도한 부담, 사회복지와 안전망이 부실한 상황에서 가중되는 개별 가정의 부담, 엄마가 온전히 감당해야 할 돌봄 역할까지…. 엄마들은 피곤합니다. 엄마들이 힐링이라도 하지 않으면 견디기 어려운 사회 여건과 분위기를 모르지 않습니다. 그런데 힐링을 통해 얻은 심리적 에너지를 아이에 대한 애정과 관심에 쏟는 경우가 많지 않은 것 같아 걱정입니다. 엄마들끼리 몰려다니면서 힐링에 몰두하느라 부모 역할을 너무 가볍게 생각하는 엄마들을 많이 보았기 때문입니다.

마음이 맞는 엄마들 몇몇이 모여 영화도 보고 스타 강사의 강의도 듣고 처음에는 너무 좋더라고요. 지친 일상의 활력소 같았어요. 그러면서 피곤한 일상으로부터 도피하려는 저를 보았습니다. 집안일을 하다가도 짜증이 나고, 아이가

마음에 안 드는 행동을 해도 짜증부터 내게 되더라고요. 그저 엄마들 만나 힐링할 궁리만 하게 되네요. _서울 노원

엄마들이 열광하는 힐링의 대가, 스타 강사의 강의를 들어본 적이 있습니다. 가벼움과 진지함 사이를 교묘하게 줄 타면서, 웃음과 눈물을 동시에 짓게 하는 강사의 능력에 감탄했습니다. 하지만 중간중간 흘리는 이야기들이 많이 거슬렸습니다. 학교와 선생님들에 대한 엄마들의 불만을 속 시원하게 긁어주었지만 그만큼 엄마들에게 공교육에 대한 불신을 조장하고 반대로 사교육에 우호적인 분위기로 몰고 가는 것은 아닌지 걱정스러웠습니다. 엄마들을 힘들게 하는 사춘기 아이들의 온갖 행패(?)와 여러 가족의 이기적인 모습을, 엄마를 대신하여 누군가가 신랄하게 비판하면 엄마로서 그동안에 쌓였던 억울함이 눈 녹듯 사라집니다. 역시 엄마들에게 강한 힐링을 해주지만, 결과적으로는 아이와 가족들에 대한 불신을 키우게 하는 것은 아닌지 걱정이 됩니다. 엄마들을 '웃기는' 힐링과는 반대로 '울리는' 힐링도 인기를 끄는 것 같습니다. 엄마로서의 삶을 괴롭게 했던 오랜 고민과 고생을 짧은 시간에 몇 마디의 말로 말끔하게 청소해주는 분들도 있습니다. 저도 그런 분들의 경륜과 식견에 감탄하지만 여전히 걱정스럽습니다. 그 자리에서는 감동을 받아 많은 눈물을 흘렸지만 다시 일상으로 돌아왔을 때가 걱정되는 겁니다. 늘 진지할 필요는 없지만 한 번쯤은 깊이 고민하고 생각해야 할 문제들을 힐링의 소재로 삼아 가볍게 처리하고 만다면 어떻게 될까요?

 엄마들의 힐링 모임에는 규칙이 있습니다. 집안 얘기, 아이 교육 얘기, 가족

얘기는 가급적 피합니다. 서로 즐겁고 유쾌한 시간을 보내기 위해 노력할 따름입니다. 말 그대로 힐링이 목적인 모임인 거지요. 저도 그냥 좋은 줄 알았는데 소장님 얘기를 듣고 깨달은 게 있습니다. 힐링은 좋은데 골치 아픈 일들은 자꾸 회피하는 것 같고 별생각 없이 웃고 즐기는 삶에 중독된 것 같다는 생각을 하게 됐습니다. _ 서울 송파

옆집 엄마들이 판치는 모임이 엄마들을 까칠하게 만든다면, 힐링 콘텐츠에 열광하는 힐링 모임은 엄마들을 무기력하게 만드는 것은 아닐까요? 책과 교육이 엄마들의 생각을 지배하게 되면 문제가 되는 것처럼, 힐링에 빠진 엄마들이 중요한 아이 문제나 가족의 문제를 생각하기 싫어하거나, 단순한 일로 치부해버리면 문제가 되는 것 같습니다. 힐링이 워낙 인기를 끌다 보니 온갖 힐링 콘텐츠가 넘쳐납니다. 그런 상황에서 힐링을 적절하게 잘 활용하는 엄마들보다는 힐링에 빠져 허우적거리는 엄마들이 더 많아진 것 같습니다. 힐링에 빠진 사이에 자신도 모르게 강을 건너는 엄마들을 봅니다. 아이가 아무리 심각한 신호를 보내도 제대로 알아차리지를 못합니다. '다 지나가리라', 이렇게 엄마 자신을 위로하고 힐링하는 사이에 아이의 마음과는 멀어져 강을 건넙니다.

03

제발 강을 건너지 마세요

전국을 다니며 많은 엄마들을 만나면서 문득 생각했습니다. '우리나라 엄마들이 아이에게 진심으로 바라는 것은 정말 뭘까?' 답을 찾기 위해 부모 교육을 하면서 받은 강의평가서를 하나하나 다시 읽기 시작했습니다. 최근 받은 강의평가서만 만장이 넘습니다. 그 안에 담긴 엄마들의 진심을 읽기 위해 노력했습니다. 제가 파악한, 우리나라 엄마들이 아이들을 바라보면서 갖게 되는 희망은 비슷하고 공통점이 뚜렷하게 보입니다.

"아이가 공부를 열심히 했으면 좋겠어요!"
"아이가 노력한 만큼 성적이 잘 나왔으면 좋겠어요!"
"아이가 원하는 대학에 못 가면 어쩌죠?"
"입시가 복잡해서 어떻게 준비해야 할지 모르겠어요!"
"SKY를 나와도 취업이 잘 안 된다는데 진로를 어떻게 잡아야 할까요?"

"내 아이가 돈 때문에 고생하지 않고 평탄하게 잘 살았으면 좋겠어요!"

혹시 제가 엄마들의 마음을 잘못 읽은 것은 아닌지 여러 차례 엄마들에게 다시 물어봤더니 대부분 공감했습니다. 왜 아이들은 이런 엄마들의 마음을 몰라주는 걸까요? 엄마 자신을 위한 것이 결코 아닌데, 분명 아이들을 걱정하고 아이들을 위해 애쓰겠다는 것인데 아이들은 왜 그런 엄마 마음을 외면하는 걸까요? 하지만 아이들의 마음도 엄마들과 다르지 않습니다. 다양한 기회를 통해 아이들을 만날 때마다 확인하는 마음입니다.

"저도 공부를 열심히 잘해서 부모님에게 칭찬받고 싶어요!"
"보란 듯이 명문대에 합격해서 주변에도 자랑하고 싶어요!"
"좋은 직장을 구해 여유 있게 생활하면서 부모님들에게도 효도하고 싶어요!"

한창 전쟁하며, 심각한 상처를 주고받는 대치동 엄마들과 아이를 만났을 때도, 서로 행복하고 잘되기를 바라는 엄마와 아이의 '진심'은 달라지지 않았다는 사실을 확인할 수 있었습니다. 엄마의 마음과 아이의 마음은 크게 다르지 않습니다. 의도적으로 아이에게 상처를 주는 엄마도, 작정하고 엄마에게 상처를 주는 아이도 본 적이 없습니다. 엄마의 진심과 아이의 진심이 만나기만 하면 되는데, 어찌 보면 당연한 이 순리가 정반대의 상황으로 치닫는 현실이 안타까울 따름입니다.

아이 안에 있는 답

"엄마로서의 삶이 행복하십니까? 엄마 노릇이 쉽나요, 어렵나요?"

엄마들에게 자주 하는 질문입니다. 밝은 표정으로 긍정적인 답을 하는 엄마들이 간혹 있기는 합니다. 그러면 다시 묻습니다.

"애가 아직 어린가 봐요?"

대부분의 엄마들이 "네"라고 답합니다. 그리고 빵 터진 엄마들의 유쾌한 웃음소리, 일상이 피곤하고 지친 엄마들에게 잠시나마 힐링을 주는 것 같아 좋지만 웃음 뒤에 남겨진 씁쓸한 여운 때문에 가슴이 아픕니다. 언제부터인지는 잘 모르겠지만 한때 행복을 주었던 아이가 고민거리가 되면서 쉽지 않은 엄마 역할에 허덕이는 자신의 모습이 떠올랐기 때문이겠지요.

우리나라 엄마들은 대부분 아이를 믿고 아이에게 원하는 것을 묻기 전에 먼저 옆집 엄마에게 묻습니다. 그리고 옆집 엄마들에게 인정받기 위해 애씁니다. 옆집 엄마가 자랑을 하면 비웃으면서도 자신도 자랑하고 싶은 욕망에 사로잡혀 아이를 자랑거리로 만들기 위해 인터넷을 뒤지고 책을 보고 부모 교육을 찾아다닙니다.

아이 안에 있는 답을 굳이 밖에서 찾는 동안, 엄마 마음은 아이와 멀어지고 다시 만날 수 없는 강을 건넙니다. 부모로서의 진심은 서서히 힘을 잃고 학부모로서의 욕심이 기승을 부리기 시작합니다. 자신도 모르게 강을 건너, 아이와 심리적으로 이별합니다. 저는 고통스러워하는 엄마들에게 이렇게 말합니다.

"엄마 마음과 아이 마음 사이에 흐르는 강 때문입니다. 서로 믿지 못하고 대화가 되지 않는 이유도 바로 그 강 때문입니다. 그러니 제발 그 강을 건너지 마세요. 이미 건넜다면 아이 마음이 있는 쪽으로 다시 건너와야 합니다."

제 호소에 엄마들은 다양하게 반응하는데, 제 진심이 잘 전달되지 않는 경우가 많습니다. 엄마들의 표정 변화에서 알 수 있습니다. 처음에는 제 말에 주목하다가 같이 제 강연을 듣는 주변 엄마들을 자꾸 살핍니다. 다른 엄마들이 주목하는 모습을 확인하고 나면, 시선을 다른 곳으로 돌려 외면하는 척하다가 결국 자리에서 일어납니다. 이런 엄마들은 엄마로서의 진심을 잃고 욕심에 사로잡혀 강을 건넜다는 저의 지적을 인정하고 싶어 하지 않습니다. 자신은 여전히 엄마로서 아이를 진심으로 대하고 있다고 믿고 싶어 합니다. 그러다 아이로부터 호된 반격을 받고 나서 뒤늦게 저를 찾아온 한 엄마의 이야기를 소개합니다.

남편과 사별하고 아이를 혼자 키우고 있어요. 결혼 전부터 시부모님들과 사이가 좋지 않았습니다. 남편은 명문대를 나왔는데 저는 대학을 가지 못했거든요. 결혼 반대도 심했고 결혼하고 나서도 올케들과 은근히 비교당하는 게 정말 싫었어요. 남편이 세상을 뜨고 나서 시댁에 발길을 끊으려고 했는데 친정 부모님들도 다 돌아가시고 아이도 할아버지를 좋아해서 왕래를 하고 있습니다. 가끔이지만 아이한테 꼭 좋은 대학 가야 한다고 말씀하십니다. 마치 저 들으라고 하시는 말씀 같았어요. 대학도 못 나온 게 남편까지 고생시켜 죽게 하더니 애 인생까지 망친다는 원망처럼 들렸습니다. _서울 영등포

위 사례의 아이는 어려서부터 아빠와 함께 야구를 좋아했고 초등학교 때는 야구 선수였던 적도 있었습니다. 엄마는 아빠가 세상을 등지고부터 아이에게 야구를 절대 못하게 했고, 공부를 시키려고 무진히 애썼

습니다. 아이가 중학교 3학년이 되던 어느 날, 엄마는 경찰서에서 온 전화를 받았습니다. 아이가 오토바이를 훔쳐서 지금 경찰서에 있다는 날벼락 같은 얘기였습니다. 결국 엄마는 무너졌습니다. 몇 년 전에 제 강의를 들을 때만 해도, 정말 화가 났다고 했습니다. '내가 내 새끼 공부 잘 시키겠다는데 웬 참견이야?' 그런데 아이가 엇나가기 시작하면서 학원은 과외로 바꾸고 아이와 함께 심리 상담도 받아보고 방학 때 캠프에도 여러 번 보내보고 가끔 아이를 붙잡고 눈물로 애걸복걸해봤지만 갈수록 힘들 뿐이었다고 합니다. 엄마는 이것저것 아이한테 들어가는 돈이 부담스러웠지만 능력이 없어 아이 인생 망쳤다는 소리를 들을까 봐 이를 악물고 일했습니다. 경찰서에 가서 겨우 수습하고 아이를 데리고 집에 오는데 눈물이 나면서 갑자기 제가 한 이 말이 떠올랐다고 했습니다.

"사람이 건강을 잃으면 모든 걸 잃는 것처럼, 엄마가 진심을 잃고 욕심에 사로잡혀 아이와 사이가 나빠지면 모든 걸 잃게 됩니다."

엄마의 트라우마

원原가족, 그러니까 자신의 부모로부터 제대로 사랑받지 못한 것이 '한'처럼 남아있는 대부분의 엄마들도 강을 건너지 말라는 저의 간곡한 제안을 처음에는 거부합니다. 성장 과정에서 겪은 아픔에서 벗어나지 못한, 소위 트라우마가 강한 엄마들이 적지 않습니다. 엄마 개인의 탓이라기보다는, 주로 복잡한 가족 관계에 엮이다 보니 아물지 않은 과거의 상처가 다시 도져 생기는 문제입니다. 아이 때문이라고 생각하지만 사실은 자신의 '과거' 때문에 강을 건너는 엄마들을 흔히 봅니다.

명문대 콤플렉스가 있었던 것 같습니다. SKY를 나온 동창을 만나 아이가 특목고에 다닌다는 얘기를 듣고 나니 부모의 학력이 대물림된다는 얘기가 떠오르면서 아이가 공부를 못하는 게 제 잘못인 것 같은 생각이 들었습니다.

_ 서울 은평

저희 형제는 모두 시골에서 자랐지만 공부를 다 잘했습니다. 저만 가까스로 대학에 갔습니다. 조카들도 모두 공부를 잘해 많이 부러웠습니다. 제 아이도 밀리면 안 된다는 생각을 했던 것 같습니다. _ 경기 성남

저는 남편과 사이가 안 좋습니다. 아이가 어릴 때부터 사사건건 교육 문제로 부딪쳤습니다. 아이 아빠는 그냥 놔두면 알아서 잘 큰다는 식인데 제 생각은 정반대거든요. 남편은 싸우다 지쳤는지 더 이상 간섭하지 않을 테니 알아서 하라고 한 다음부터 전혀 신경을 쓰지 않아요. 그때부터 아이가 공부를 못하면 제가 남편한테 진 것 같다는 생각이 들었습니다. _ 서울 동작

강을 건너지 말라는 제 얘기를 들은 적이 있지만 거부감이 들어 무시했던 엄마들을 다시 만나는 경우가 많습니다. 엄마들의 사연을 들어보면 거부 반응의 주범은 확실합니다. 과거의 아픔에서 벗어나지 못하고 아이의 성공으로 대리만족하려는 엄마들은 대부분 제 제안을 거부합니다. 아마 제 진심보다는 엄마들의 아픔이 키운 욕심이 더 강하기 때문인 것 같습니다. 그렇게 강해진 엄마의 욕심이 아이를 힘들게 하고 결국 아이가 중독이나 무기력 등 다양한 방식으로 반격한 다음에야 비

로소 저의 진심을 알아주는 것 같습니다.

그리고 역시 '표준적인 규범'이 사라진 현 상황이 아쉽습니다. 살아 있는 표준 규범, 바로 비슷한 경험을 한 선배 엄마나 어른들이 그런 후배 엄마들의 욕심이 바로 '한' 때문이라는 사실을 미리 일깨워준다면 얼마나 좋을까 생각합니다.

아이와의 전쟁이 본격적으로 시작되기 전, 아직은 평화를 유지하고 있는 엄마들을 만나면 참 어렵습니다. 아직은 그럭저럭 별문제가 없다고 생각해서 그런지 어디를 향해 가고 있는지 진지하게 설명해도 알아듣지 못합니다. 조금만 더 가게 되면 만나게 될 비극을 아무리 실감 나게 설명해도 소용이 없습니다. 우선 엄마들은 자신이 기대한 내용과는 거리가 먼 제 얘기에 실망합니다. 아이를 위해, 아이에게 도움이 되는 정보를 얻기 위해 왔는데, 제가 엉뚱한 소리를 한다고 여기는 것 같습니다. 엄마는 희망에 부풀어 아이의 밝은 미래를 꿈꾸고 있는데 찬물을 끼얹는 제 얘기가 달갑지 않겠지요.

가끔 예외가 있기는 합니다. 짧은 시간이지만 제 얘기를 듣고 사고의 전환이 이뤄진 엄마들이 있습니다.

> 아이를 위해서 강의를 들으러 왔는데 제 자신을 위한 강의였습니다. 사실 막연히 불안했는데 제가 어디를 향해 가고 있는지 알려주셔서 너무 고맙습니다. _ 경기 오산

강을 건너면 안 된다는 제 말이 무슨 의미인지 아직은 이해가 잘 안 되는 엄마들, 실용적인 정보를 얻으러 왔는데 야단맞는 것 같아 기분 나빠진 엄마들, 자기는 지금 잘하고 있다고 생각하는데 시비를 거는 것

같아 거부감이 드는 엄마들, 특히 아직은 아이가 어려 엄마 말을 잘 듣는 것 같아 의욕에 차 있는 후배 엄마들에게 선배 엄마들이 '저 사람 말이 맞으니 새겨들어야 한다'라고 한마디 거들어주면 얼마나 좋을까, 하는 생각을 자주 합니다.

후배 엄마들의 갈등과 방황

갈등하는 엄마들의 모습도 안타깝습니다. 엄마들은 욕심을 부리면 아이가 잘될 것 같다는 생각과 욕심을 버리지 않으면 점점 아이와 사이가 멀어지고 어려움을 겪게 될 것 같다는 생각 사이에서 갈등합니다. 갈등하는 엄마들은 이미 강을 건넌 경우가 많습니다. 엄마들은 강 저편에 있는 아이가 신호를 보내도 초기에는 그 신호의 심각성을 제대로 파악하지 못합니다. 제 얘기를 듣고 나서 어느 정도 아이가 보내는 신호를 이해하게 됐지만 그렇다고 자신의 마음이 욕심으로 가득 차 강을 건넜다는 걸 인정하기는 어려운 상태라고도 볼 수 있습니다. 노골적으로 강의평가서에 자신의 갈등을 드러내는 엄마들도 있습니다. "학원 설명회에 가면 만족하지만 교육청 교육에 오면 갈등이 생겨서 머리가 아파요." 넌지시 갈등을 드러내는 엄마들도 있습니다. "고개를 많이 끄덕이게 하는 강의였습니다. 그럼에도 불구하고 여전히 불안감이 있어요." 욕심을 버려야 겠다는 생각은 들지만 자칫 아이를 방치하게 되는 것은 아닌지 불안하다는 뜻이겠지요. 갈등하는 후배 엄마들을 만날 때마다 역시 어른과 이웃이 사라진 지금의 상황이 안타깝습니다.

강남 엄마들에게 큰 인기를 끌고 있는 커뮤니티 운영자들과 함께 학부모 교육을 기획한 적이 있습니다. 강남 엄마들의 심리 상태와 속사정을 속속들이 잘 알고 있는 그 커뮤니티 운영자는 제가 평소 엄마들에게 하는 얘기가 강남 엄마들에게 꼭 필요하다는 생각을 갖고 있었습니다. 함께 위기에 빠진 강남 엄마들을 구할 수 있으리라는 기대를 갖고 머리를 맞대어 프로그램을 기획했습니다. 그리고 수강생 엄마를 모집하기 위한 설명회를 열었습니다. 제 얘기를 듣는 엄마들의 표정을 보며 공감대가 형성되고 있다는 생각을 했습니다. 그런데 웬걸, 신청자가 단 한 명도 없었습니다. 개인적으로 상담을 희망한 엄마들은 많았지만 엄마로서 욕심을 버리고 진심을 회복하기 위해 함께 공부하자는 제안은 외면했습니다. 분명 속으로는 필요성을 느꼈을 겁니다. 지금 자신이 겪는 문제의 본질을 이해하고 해법을 찾는 자리를 마다할 이유가 없겠지요. 하지만 겉으로는 외면했습니다. 처음에는 저를 무시하는 것 같아 기분이 나쁘고 아쉽기도 했지만 곧 생각을 정리했습니다. 멀쩡한 척하면서 제 제안을 거부했지만, 자신의 아픔은 숨긴 채 다른 엄마들에게 잘난 체하지는 말았으면 좋겠다고요. 겉은 멀쩡하지만 속은 곪아있는 대치동 엄마들, 그런 속사정을 모르는 대한민국의 다른 엄마들이 대치동 엄마들을 부러워하고 있기 때문입니다. 속사정까지 알게 되면 결코 부러워할 게 없는데 말이죠.

엄마 노릇 열심히 할수록 아이와 멀어지는 게 우리나라 현실입니다. 엄마들이 욕심을 부리기 때문입니다. 아이 마음과 멀어진 엄마 마음, 이미 강을 건너 버린 상태에서 갈등을 피할 수 없습니다. 강을 건너버린 수많은 엄마들의 가슴 아픈 경험담을 들으며 제 머리에 기억된, 마음에 새겨진 비극적인 장면들이 제 인생 진로를 바꿔놓았습니다. 제발 강을 건너지 말라는 저의 애끓는 호소는 종종 외면당하기도 하지만 포기할 수 없지요. 누군가는 엄마들을 말려야 하니까요.

엄마들이 강을 건너지 않길 바라는 마음에서 엄마들에게 아이가 크면 후회할 것 같은 다섯 가지를 물었습니다. 많은 엄마들이 특히 공감한 내용을 골라봤습니다.

- 아이에게 더 많이 웃는 얼굴로 말할 걸….
- 둘만의 즐거운 추억을 차곡차곡 쌓아갈 걸….
- 아이의 실수 앞에서 윽박지르거나 평가하지 말 걸….
- 아이의 새로운 시도를 사랑이라는 탈을 쓰고 섣부른 간섭으로 꺾지 말 걸….
- 아이가 더 나은 모습을 보여주지 않아도 "너라서 사랑해"라고 말해줄 걸….

아이에게 웃는 얼굴로 대하지 못하는 엄마가, 아이와 좋은 추억이 없는 엄마가, 실수를 지적하고 야단치는 엄마가, 사사건건 간섭하는 엄마가, 아이를 있는 그대로 존중하지 못하는 엄마가 과연 아이에게 어떤 영향을 미칠까요? 나중에 후회하기 전에 깊이 생각해봐야 합니다. 또한 새롭지도 어렵지도 않은 일들인데 엄마들은 뻔히 알면서도 실천하지 못하는 이유도 생각해봐야 합니다. 이어지는 2부에서 해답을 찾게 될 것입니다.

아이를 낳는 순간 비로소 엄마가 되고 누구나 엄마 역할은 처음입니다.

당연히 '처음 엄마'는 서툴 수밖에 없습니다.
대가족으로 어른들과 함께 살면서 도움을 받고
마을이 함께 아이를 키울 때는 처음 엄마도 어렵지 않았습니다.
표준적인 규범의 보호를 받으면서
어렵지 않게 엄마 역할을 할 수 있었습니다.
하지만 오늘날 표준적인 규범은 낡은 것이 되었고
새로운 규범은 만들어지지 않았습니다.
결국 요즘 엄마들은 각자도생의 길을 가게 됩니다.
나름 아이 교육에 열심이지만 자신도 모르는 사이에
아이 마음과 멀어져 강을 건너는 엄마들이 너무 많습니다.
강을 사이에 두고 벌어지는 엄마와 아이의 갈등은
많은 가슴 아픈 사연을 낳고 있습니다.
엄마와 아이, 반드시 다시 만나야 합니다.
먼저 엄마와 아이를 갈라놓는 그 강의 정체를 알아야 합니다.
엄마와 아이 사이에 흐르는 강, 바로 우리나라 학부모 문화에 대한
이야기를 시작하겠습니다.

2

발견

엄마와 아이를 갈라놓는 강의 정체

01

인문학과의 만남

아이 교육에 있어 현실에서는 어쩔 수 없이 많은 문제를 안고 살아가지만 무엇보다 부모의 진심을 회복하는 것이 가장 절실합니다. 하지만 엄마들의 욕심을 한껏 자극하는 사람들이 많아져서 큰일입니다. 그럴수록 저도 부모의 진심을 되찾아야 한다는 제 이야기의 강도를 점점 높이게 됩니다. 웬만한 얘기를 해서는 욕망을 자극하는 얘기에만 관심을 보이는 엄마들의 마음을 흔들 수 없기 때문이지요. 자신도 모르게 강을 건너 결국 피눈물을 흘리는 엄마들의 가슴 아픈 사연을 소개합니다. 모두 실제 사건들입니다.

- 인천의 한 초등학생이 PC방에 갔다가 엄마에게 들켰습니다. 부모에게 혼이 날 게 두려웠는지 스스로 목숨을 끊었습니다.*

* 〈경향신문〉, 2014년 10월 3일.

- 유명 자사고 2학년, 전교 1등인 학생이 스스로 목숨을 끊었습니다. 엄마에게 짧은 카톡을 남긴 게 전부입니다. "이제 더 이상 못 버티겠어요."*
- SKY 대학 진학에 실패하고 미국으로 유학을 간 A군. 안타깝게도 미국 대학에 적응하지 못한 채 귀국한 뒤 은둔 생활을 하다가 게임 중독에 빠지고 결국 살인 충동을 느껴 행인을 찔러 살인자가 되었습니다.**

아이를 명문대에 진학시키려고 성적에 집착했던 엄마들의 욕심이 낳은 비극적인 사건들입니다. 물론 이런 일들이 흔하게 벌어지지는 않습니다. 그렇다고 부모와 아이의 삶을 한순간에 무너뜨리는 안타까운 일들이 벌어지는 현실까지 부정할 수는 없습니다. 특별히 심각한 가족 문제가 요인이라기보다는 주로 엄마의 욕심이 화근이 되어 벌어지는 일들입니다. 엄마 스스로 욕심을 깨닫지 않는 한 어느 가정에서도 벌어질 수 있는 일이기에 경각심을 가질 필요가 있습니다.

명문대 진학에 성공해도 취업 단계에서 좌절하는 경우도 많습니다. 결국 엄마들의 욕심이 충족되기는커녕 엄마와 아이를 모두 곤경에 빠뜨립니다.

- 15군데 서류 접수, 두 곳 합격, 인적성에서 모두 탈락(서울대 국문과)
- 토플 112점, 책을 쓴 경험 있음, 열 군데 서류 모두 탈락(서울대 사회학과)

* 〈매일신문〉, 2013년 3월 28일.

** 〈노컷뉴스〉, 2010년 12월 17일.

• 학점 3.9, 미국 교환학생 수상 경험, 15군데 지원, 세 군데 서류 통과, 최종에서 모두 탈락(연대 경제학부)*

SKY 대학을 졸업했지만 9급 공무원이 꿈인 젊은이들도 많습니다. "30대 후반의 서울대 출신 9급 공무원에게 과연 어떤 일을 시켜야 할까요?" 지자체 공무원들에게 들은 이야기입니다. 30대 직장인들의 건강이 많이 악화되고 있다는 연구 결과가 있습니다. 치열한 경쟁에서 안 잘리고 살아남기 위해서는 자신의 정신적·신체적 건강을 돌볼 겨를이 없는 것 같습니다. 심심치 않게 40대 사회 지도층 인사의 몰락을 봅니다. 스스로 목숨을 끊고 마약과 돈의 유혹에 빠지고 여고생 앞에서 바지 지퍼를 내리기도 합니다. 과연 성공한 인생이라고 말할 수 있을까요? 남편 돈벌이가 괜찮을 때는 아이 사교육비로 돈을 펑펑 썼지만, 남편이 명예퇴직하고 수입이 끊기자 대형 마트의 계산원으로 나서는 50대 엄마들이 늘고 있습니다.

부모 욕심을 채우려고, 공부 잘하는 아이를 만들려고, 다른 아이들에게 뒤지면 어쩌나 하는 불안감에서 벗어나려고 엄마들이 애쓰다 겪게 된 일들을 우리나라 초등학생, 중학생, 고등학생, 대학생, 30대, 40대, 50대의 사례들을 통해 소개했습니다. 많은 엄마가 수입은 줄어도 아이들의 사교육비는 줄이지 않습니다. 부모와 아이 모두 오늘의 행복을 포기한 채 앞만 보고 달려가지만 결국 아이의 미래를 지키지 못하는 것은 물론, 부모의 노후까지도 위협받는 상황이 계속되는 이유는 무엇일까요? 나는, 내 아이와 우리 가족은 결코 그런 일을 겪게 되지 않을 것

* 〈주간조선〉, 2014년 11월 17일, 2332호.

이라고 확신할 수 있을까요? 엄마 노릇 잘해보려고 그렇게 애썼는데 왜 이런 일들이 벌어지는 걸까요?

모든 엄마는 이미 훌륭하다

엄마들의 욕심을 자극하는 목소리가 점점 커지는 만큼 아이들을 위한 목소리, 엄마들의 진심 회복을 외치는 저의 목소리는 점점 작아지는 것 같습니다. 하지만 비록 강의평가서의 작은 목소리지만 저의 진심을 알아준 엄마들이 있어 고맙습니다.

달리고 있는 제 마음속에 브레이크 역할을 해주셨습니다. _ 충북 제천

강을 건널 뻔 했습니다. 감사합니다. _ 경기 일산

강을 건너지 말아야겠습니다. 혹시 건넜더라도 다시 돌아와 내 아이를 이해하도록 하겠습니다. _ 서울 강남

엄마들의 반성도 많이 보입니다.

저도 아이에게 상처 주는 엄마인 것 같아 마음이 아프네요. _ 강원 원주

제 아이를 학대하는 학부모가 되기는 싫어요. 안 그러겠습니다. _ 경기 성남

우리 아이는 부모가 있는 고아였던 것 같습니다. _ 충남 아산

훌륭한 엄마로서의 다짐도 많이 보았습니다.

엄마는 끝까지 자식을 포기하지 않고 같은 편이 되어야 한다는 말, 무엇에 얻어맞은 것처럼 머리가 아득해지고 눈물이 났습니다. _ 경기 화성

최근 아들에게 들었던 두 마디가 있습니다. "엄마는 자꾸 한숨을 쉬어. 내가 뭘 하든 다 못마땅하게 생각해." 아들의 말이 가시처럼 마음에 걸렸었는데, 소장님 강의를 듣고 제가 그런 시선으로 아이를 바라보고 온전히 믿지 못했다는 생각이 들었습니다. 조금 더 저 스스로를 깊이 생각하고 아이에 대한 믿음을 키우려고 노력하는 부모가 되어야겠네요. _ 경기 화성

하지만 이런 강의평가가 힘이 되기도 하지만 제 마음을 무겁게 만들기도 합니다. 반성과 다짐만으로는 엄마로서의 진심 회복은 물론 아이의 진심과 다시 만나는 것조차 어렵기 때문입니다. 엄마로서 아무리 깊이 반성하고 굳게 결심했더라도 곧 흔들리게 되고 다시 이전의 욕심이 가득한 상태로 돌아가는 모습을 너무도 많이 봐왔습니다. 엄마의 마음에 욕심을 일으키는 요인은 사방에 깔려있는데, 엄마 혼자 반성하고 결심한다고 될 일이 아닙니다. 엄마만의 반성과 다짐은 개인적입니다. 환경파괴와 대기오염이 문제의 원인인데 혼자서 산소마스크를 쓰는 것과 비슷하다고나 할까요.

엄마들은 처음에 아이에게 문제가 있다고 판단하고 해결하려고 애씁니다. 결국 아이 문제가 아니라 엄마 자신의 욕심이 문제라는 사실을

깨닫고 진심을 되찾기 위해 노력해보지만 욕심에서 벗어나지 못하면서 부모 교육 무용론이 빠르게 확산되고 있습니다. 교육받는다고 달라지지 않는다는 엄마들의 생각은 부모 교육을 하는 저에게 강한 압박이 되었습니다.

처음엔 소장님 강연에 깊이 감동했습니다. 진심을 일깨워주는 분이 계시다니 고맙기도 했습니다. 하지만 지금은 아닙니다. 저는 지금 깊은 무력감에 빠졌습니다. 우리나라 교육이 엉망이고 다들 경쟁에 미쳐있는데 저만 정신 차린다고 될 일이 아니라고 생각합니다. 저 혼자 아이를 믿고 기다리다가 도저히 따라갈 수 없을 정도로 뒤처지면 어쩌나 하는 불안과 걱정이 더 커졌습니다. 그래서 지금은 소장님이 원망스럽습니다. _ 서울 서초

엄마들의 원망을 들을 때마다 회의에 빠졌습니다. 골치 아픈 부모 교육을 계속 하느니 쉽게 돈 벌 수 있는 입시 컨설팅 일을 다시 할까, 유혹도 느꼈습니다. 하지만 가슴 아픈 엄마들의 모습이 떠올라 포기할 수 없었습니다. 부모 교육의 새로운 돌파구를 찾기 위해 내가 놓친 것은 무엇일까 되짚어보고 새로운 모색을 하는 중에 한 줄기 빛을 봤습니다. 바로 얼 쇼리스의 인문학과 만난 것입니다.

얼 쇼리스•는 미국에서 약자들을 위한 인문학을 시작한 사람입니다. 알코올 중독자, 노숙자, 출소자, 실업자들에게 가장 필요한 것은 인문학이라고 주장하고 실행했습니다. 그는 기존의 다양한 복지 정책이나

• 얼 쇼리스(Earl Shorris, 1936~2012) : 1995년 미국 뉴욕에서 가난한 사람들을 위한 인문학 교육과정인 '클레멘트 코스'를 개설한 미국의 언론인이자 사회비평가. 《희망의 인문학》, 《인문학은 자유다》를 썼다.

직업 교육을 통한 재활 정책이 실패할 수밖에 없는 이유를 약자들 스스로 일어서도록 돕지 못한 데서 찾았습니다. 그는 인문학 교육을 통해 자신의 주장을 입증했습니다. 얼 쇼리스 인문학 교육의 성공 요인을 분석하여 부모 교육에 적용하기 위해 노력하는 과정에서 새롭게 정립한 저의 생각은 이렇습니다.

모든 인생은 본래 훌륭합니다. 단지 사람마다 서로 다른 작은 차이를 심각한 문제가 있는 것처럼 부각시켜 온갖 차별을 일삼는 사회적인 분위기가 문제일 뿐입니다. 총 같은 무기로 사람을 위협하면 위축될 수밖에 없는데, 그러한 무력武力은 숨기고 결과적으로 위축된 모습만으로 약자들에 대한 차별을 정당화하는 것이 문제인 것입니다. 많은 사람이 훌륭하지 못한 사회의 방해 때문에 어려움을 겪는 사람들을 비난합니다. 사회적 강자인 자신들은 훌륭하니까 훌륭한 삶을 살 수 있는 권리가 있고, 사회적 약자인 너희들은 훌륭하지 못하니까 훌륭한 삶을 살 수 없는 게 당연하다고 주장하는 것이죠. 그런 강자들의 주장에 넘어가면 약자들은 대부분 자신은 문제가 많은 사람이라고 생각하고, 사회의 온갖 차별을 차별이 아닌 문제가 있는 자신에 대한 합당한 대우라고 받아들이게 됩니다. 그처럼 자신에 대한 신뢰를 잃고 자존감을 상실한 사람을 도울 수 있는 유일한 방법은 바로 그들 자신도 훌륭한 사람이라는 사실을 깨닫도록 돕는 것뿐입니다.

얼 쇼리스는 사회적 약자들을 위한 기존 정책이 차별을 없애거나 차별에서 벗어날 수 있도록 돕는 것이 아니라 차별에 따른 어려움을 완화시키는 데 불과하다는 사실을 지적합니다. 사회적 약자를 위한 기존 정책이 실패할 수밖에 없는 이유는 사람들을 차별 안에 가둬둔 채 외부의 지원을 받지 않으면 더욱 어렵게끔 의존적으로 만들기 때문이라고 설명합니다. 얼 쇼리스는 저를 이렇게 꾸짖는 듯 했습니다. '그렇게 아무리 엄마들에게 친절하고 자세하게 설명해봐. 자신이 욕심에 빠져 있고 진심을 되찾아야 한다는 네 주장을 엄마들이 쉽게 받아들일 수는 있지만, 스스로를 성찰하여 깨달은 결과가 아니라면 결과적으로 엄마들을 너의 교육에 의존하도록 만든 것과 같아. 엄마들 스스로 일어서도록 돕지 못하는 네 교육은 그래서 실패할 수밖에 없어!'

엄마의 욕심과 진심

얼 쇼리스의 클레멘트 코스를 공부하면서 저의 부모 교육 약효가 오래가지 않는 이유를 깨달았습니다. 엄마들이 스스로 훌륭한 엄마라는 사실을 깨닫고 스스로 진심을 회복할 수 있는 방법을 찾도록 도왔어야 하는데 저는 일방적인 교육을 통해 엄마들을 가르치려고 했습니다. 결국 엄마들을 '의존적'으로 만들었고 그것이 문제라는 사실을 알게 되었습니다. 다시 시작하는 기분으로 '엄마 인문학' 강의를 준비했습니다.

'인문학을 배우기 전에는 욕이나 주먹이 먼저 나갔어요. 그러나 이젠 그렇지 않아요. 나를 설명할 수 있게 됐거든요.'•

얼 쇼리스의 인문학을 통해 훌륭한 삶을 회복한 한 청년의 말을 우리나라 엄마들에게도 듣고 싶었습니다.

'엄마 인문학을 배우기 전에는 혼란스럽고 불안하고 걱정이 많았습니다. 하지만 지금은 아닙니다. 제가 왜 그랬는지 설명할 수 있게 됐거

• 〈지식채널e〉, '위험한 힘', 484화, 2008년 12월 15일.

든요.'

욕심에 사로잡힌 엄마가 대세를 장악한 현실에서 과연 엄마들이 진심을 회복할 수 있을까요? 처음에는 의심했던 저도, 지금은 충분히 회복할 수 있다고 확신합니다. 강한 충격과 따끔한 메시지를 전해야 엄마들이 욕심에서 벗어날 수 있을 거라고 생각했는데 지금은 아닙니다. 저의 진심이 잘 전달되면 엄마들의 진심도 잘 회복되리라 믿게 되었습니다. 중요한 것은 엄마들이 엄마로서의 진심을 포위하고 공략하여 욕심으로 변질시키는 사교육과 같은 우리 사회의 무력을 잘 볼 수 있도록 돕는 일입니다. 제 강의는 부모의 욕심을 지적하고 얼마나 심각한 문제를 낳는지 설명하는 방식에서 부모가 왜 욕심을 부리게 되는지, 우리나라 엄마들의 진심을 변질시키는 오염원으로서 엄마들을 위협하는 무력을 잘 파악하도록 돕는 방식으로 달라졌습니다.

이후에 자세히 설명하겠지만 표준적인 규범의 빈자리는 대부분 학부모 문화로 채워졌습니다. 사실 엄마의 진심과 욕심은 잘 구분되지 않습니다. 아이가 아직은 엄마의 욕심에 별다른 거부 반응을 보이지 않으면 욕심이 진심처럼 느껴지기도 합니다. 엄마들에게 욕심이 문제를 일으켜 엄마도 아이도 불행해졌던 여러 사례를 들려주면 욕심과 진심을 좀 더 잘 구분하는 것 같습니다.

문제는 엄마가 강의 현장을 떠나 학부모 문화가 지배하는 현실에 돌아가 이런저런 얘기를 듣다보면 상황이 달라진다는 것입니다. 주변에서 흔히 들리는 얘기는 진심이 아니라 욕심을 자극하는 얘기뿐입니다. 엄마 자신도 모르게 욕심이 강해지고 강의를 들으면서 느꼈던 진심은 희미해집니다. 다시 욕심이 지배하는 원래 상태로 되돌아가고 맙니다.

그러나 엄마의 진심이 왜 욕심이 되는지, 그 이유를 알게 되면 달라집니다. 자신도 모르게 욕심에 빠지는 것이 아니라, 진심이 욕심으로 변질되는 과정을 관찰할 수 있게 되면 달라집니다. 엄마의 마음과 오염원을 분리시켜 볼 수 있게 되면 경계할 수 있습니다. 자신도 모르게 학부모 문화에 오염되는 상황에서 벗어나 엄마로서의 진심을 지킬 수 있게 됩니다. 제 강의를 여러 번 들었던 엄마가 강의를 마치자 인사하면서 제 손을 꼭 잡았습니다. 그리고 진지한 표정으로 이렇게 말했습니다.

복습하는 기분으로 왔는데 새로운 내용이 대부분이라 깜짝 놀랐습니다. 소장님이 강의에서 새로 소개한 얼 쇼리스의 얘기를 듣고 깨달았어요. 제 생각은 달라지지 않았는데 소장님 얘기에 설득돼서 마치 소장님 생각이 제 생각인 것처럼 착각했다는 걸요. 소장님 생각을 이해만 하고 있었지 여전히 저는 이전의 제 생각대로 아이를 대하고 있었다는 것이 문제였는데, 제 생각은 바꾸지 않고 실천이 안 된다고 투덜거렸다는 사실을 알게 됐습니다. 지금은 소장님 생각과 제 생각의 차이를 곰곰이 따져보고 있어요. 제 생각 속에 숨어있는 욕심을 조금씩 보게 됩니다. 왜 그런 욕심이 생겼는지 이해가 됩니다. 점점 진심으로 아이를 만날 수 있을 것 같다는 자신감이 생깁니다. _ 경기 성남

부모 교육만이 아니라 모든 공부가 그런 것 같습니다. 뭔가 배운 것 같고 감동도 있어 따라 해보지만 결국 중간에 흐지부지된 경험들이 있을 겁니다. 대부분 의지나 노력 부족이라고 반성하지만, 사실은 온전히 깨닫지 못했으면서 마치 아는 것처럼 착각한 것이 문제입니다. 다른 사람의 얘기를 듣고 이해가 되면 그 순간부터 마치 자신의 생각인 것처럼 여겨져 바로 실천 단계로 넘어가는 경우가 많습니다. 하지만 이해에 그친 내용을 실천하는 것은 어렵지만 철저히 깨달은 내용을 실천하는

것은 쉽습니다. 타산지석이란 말처럼 다른 사람의 이야기를 통해 자신의 모습이 보여야 합니다. 다른 사람 말이 옳고 자신도 그렇게 되면 좋겠다고 기대하는 것이 아니라, 자신에게 어떤 문제가 있고 어떤 변화가 필요한지 분명하게 자신의 생각을 정리할 수 있어야 합니다.

표준적인 규범의 빈자리는 너무 큽니다. 하나부터 열까지 어느 것 하나 안심하고 믿고 따를 수 있는 규범이 없습니다. 엄마들이 하나하나 정보를 수집하고 스스로 판단해야 할 일들이 너무 많습니다. 온갖 말들이 다 들립니다. 과연 어떤 말을 믿어야 하는지 고민이 많습니다. 그런 상황에서 엄마들의 믿음을 얻기 위해 노력하는 사람들이 점점 늘고 있습니다. 엄마들의 마음을 사면 많은 이득을 볼 수 있기 때문이겠지요. 당장 믿음을 주는 사람들의 말을 믿고 따라가다 보면 문득 자신이 강을 건넜다는 사실을 알게 됩니다.

엄마들을 정말 힘들게 하는 학부모 문화의 실체와 영향력을 낱낱이 깨달아야 진심을 회복할 수 있습니다. 자신의 진심이 욕심으로 변질되었다는 사실에 반성하고 결심하는 것만으로는 부족합니다. 자신의 마음에 숨어있는 그 욕심을 진심과 분리시켜 그 차이를 설명할 수 있어야 합니다. 정확하게 말하면 욕심은 엄마의 진심이 아니라 엄마들을 이용하여 자신의 이익을 취하려는 세력이 전염시킨 병원균이라고 생각할 수 있어야 합니다.

SBS 특집 다큐 〈부모 vs 학부모〉 2편 '기적의 카페'를 준비할 때 있었던 일입니다. 관찰 카메라를 집안에 설치해야 하기에 사례자 모집에 어려움을 겪을 거라는 제작진의 예상은 빗나가고 신청자가 많아 공정하게 선발해야 하는 부담이 생겼습니다. 제가 30분 단위로 직접 면접을 보았습니다. 열 가정 정도를 만나고 나서 소름이 돋았습니다. 참가 신청을 한 사연이 모두 다르고, 가족의 사정도 제각각이었지만 너무도 비슷한 것이 있었습니다. 부모들, 특히 엄마들의 생각이 거의 판박이였습니다. 한 엄마와 나눈 대화가 거의 비슷하게 다른 엄마를 만나면 반복되었습니다. 엄마들은 바뀌었지만 이야기는 거의 비슷했습니다. 마치 한 엄마가 자신의 혼령을 자리에 두고 떠나면 다른 엄마가 그 혼령이 시키는 대로 말한다는 느낌이 들 정도로요. 자못 엄마라면 이래야 한다는 생각은 거의 다르지 않았습니다. 당시 제가 담당 방송 작가에게 한 말이 기억납니다.

"제가 엄마들과 하는 얘기 들으셨지요? 정말 무섭지 않나요? 어떻게 그렇게 똑같은 생각들을 하시는지. 학부모 문화가 엄마들의 생각을 지배하고 있다는 사실을 잘 알고 있었지만 마치 귀신에 홀린 것처럼 비슷한 생각을 가진 엄마들을 만나니 소름이 다 돋네요. 오늘 겪은 걸 칼럼으로 써서 신문사에 보내려고요."

방송 전까지는 비밀 유지가 필요하다는 작가의 만류로 칼럼을 쓰지는 않았지만 학부모 문화가 개별 엄마들에게 어떤 영향을 미치고 있는지 새삼 확인했습니다.

학부모 문화에 갇힌 엄마들

《세상의 엄마들이 가르쳐준 것들》이라는 책이 있습니다. 미국, 핀란드, 독일, 중국, 일본, 한국을 오가며 4남매를 키운 한국계 미국인 엄마와 유대인 아빠의 육아 이야기입니다. 책에서 가장 인상 깊었던 대목을 소개합니다.

> 저는 지금껏 열린 사고를 한다고 생각했지만, 사실은 낯선 양육 방식에 대한 편견을 갖고 있었다는 것을 깨달았습니다. 제가 가지고 있는 고정관념을 깨기 위해서는 그 문화를 직접 경험해보는 것이 가장 좋은 방법입니다. 이 경험은 지금까지 제가 속해있는 문화를 되돌아보고, 그동안 정상적이고 보편적이고 '최고'라고 생각해왔던 것들이 단지 문화에 바탕을 둔 사고였다는 것을 알 수 있었던 값진 시간이었습니다.*

제가 엄마들에게 하고 싶은 이야기도 이와 같습니다. 우리나라 엄마들은 나름 열심히 부모 역할을 위해 다양한 가능성을 탐색하고 합리적인 선택을 한다고 생각하지만, 사실은 학부모 문화의 틀 안에 갇혀있습니다. 하지만 그런 사실을 깨닫지 못합니다. 안타깝게도 자신의 엄마 역할을 좌지우지하는 학부모 문화를 충실히 따르다 보면 대부분 아이와 멀어지는 강을 건넙니다. 아이가 강 저편의 엄마에게 신호를 보내기 전까지는, 아이가 심리적으로 너무 멀리 떨어져 힘이 드니까 제발 강 이편으로 돌아오라는 강력한 신호를 보내기 전까지는 학부모 문화에 충실한 엄마로 살아갑니다. '정상적이고 보편적이며 최고'라고 생각한 자신의 엄마 역할이 사실은 학부모 문화의 지시였다는 사실, 그래서 엄마도 아이도 어려움을 겪게 된다는 사실을 하루라도 빨리 깨달아야 하는데 아이가 신호를 보내기 전까지는 알아차리지 못해 상황은 더욱 심각해집니다.

문화라는 게 과연 뭘까요?

* 크리스틴 그로스-노, (2014).《세상의 엄마들이 가르쳐준 것들》, 부키, 7~8쪽.

학부모 문화란 학부모가 학생을 둔 부모로서 자신의 역할을 수행하는 과정, 즉 자녀 교육의 과정에서 보여주는 일관된 규칙이나 의미 체계로 볼 수 있다.*

쉽게 말해 엄마로서 어떤 역할을 해야 아이를 잘 키우는 것인지, 엄마로서 아이에게 인생에서 중요한 것은 무엇이라고 강조해야 하는지, 구체적으로 엄마가 아이를 위해 무엇을, 왜, 어떻게, 언제 해야 하는지, 고민할 때마다 그 답을 정해주는 것이 바로 학부모 문화라고 할 수 있습니다.

대한민국 학부모 문화에 대한 대표적인 연구 결과**를 소개합니다. 연구 결과에 제 설명을 덧붙였습니다.

수월 지향: 착하고 평범한 아이로 키우는 것은 옛날이야기가 되었고 인성에 다소 문제가 생기더라도 남보다 잘난 아이로 키워야 한다는 생각. 아이가 공부를 잘하면 다른 잘못은 그냥 넘어가도 아이가 착하고 성실하지만 공부를 못하면 구박한다는 말이 되겠지요.

타자 준거: 누군가와 비교하지 않으면 직성이 풀리지 않는다. 비교 우위를 점해야 한다는 생각. "엄마, 저 이번 시험 잘 봤어요. 성적이 많이 올랐어요." 아이가 칭찬을 기대하는 상황에서 엄마는 "그래, 시험이 쉬웠

* 한국교육개발원, (2007년 12월). 〈학부모 문화연구〉, 5쪽.
** 김희복, (1992). 〈학부모 문화연구 : 부산지역 중산층의 교육열〉. 서울대학교, 196~213쪽.

나보구나, 몇 등인데?"라며 기를 죽인다는 말이 되겠지요.

엄마 주도: 엄마 자신의 삶을 포기하고 아이를 위해 헌신해야 한다는 생각. 평소 아이를 믿고 기다려주면서 부모 역할을 훌륭하게 잘하고 있는 엄마에게 "왜 그렇게 아이한테 신경을 안 써요? 혹시 친자식 맞아요?"라고 비난한다는 말이 되겠지요.

가족 이기주의: '우리' 아이들을 위한 공적 활동보다는 '내' 아이만을 생각하는 사적 지원에 집중해야 한다는 생각. 아이가 다니는 학교 행사에 적극적으로 참여하고 봉사도 열심히 하는 엄마에게 "저 엄마는 정말 할 일이 없나 봐"라며 비아냥거린다는 말이 되겠지요.

투자 지향: 아이 교육에 부모가 돈을 들여야 성공할 수 있다는 생각. 아이가 스스로 노력해서 성적이 오르면 잘 믿지 않지만 부모가 과외를 시켜 성적이 오르면 기뻐한다는 말이 되겠지요.

권위 포기: 자식을 상전으로 받들어서라도 남에게 인정받는 아이로 키워야 한다는 생각. "엄마, 명절에 시골 가면 어른들이 버르장머리 없다고 하는 말 정말 짜증 나!", "그래 엄마가 보기에도 그런 것 같다. 괜히 시비 거는 것 같으니 이번에는 엄마 혼자 다녀올 테니까 집에 있는 게 낫겠다!" 이런 식으로 부모로서 지켜야 할 권위를 포기하고 아이 비위 맞추기에 급급하다는 말이 되겠지요.

지난 90년대의 연구 결과지만 지금도 그런 문화가 많은 학부모들에게 영향을 미쳐 살아 움직이는 모습을 쉽게 볼 수 있습니다.

오래된 표준적인 규범

시대를 초월하여 고정불변인 문화는 없습니다. 새로운 문화가 나타나 사람들에게 영향력을 미치기 시작하면 기존 문화는 힘을 잃고 사라집니다. 우리에게는 다른 이야기가 있었습니다. 이것이 꼭 문화라고 단정할 수는 없지만 분명 90년대의 학부모 문화와는 다른 의미를 가지고 부모들에게 적지 않은 영향력을 미쳤던 이야기들이 있었습니다.

아이가 반듯하게만 크면 됐지.
모난 돌이 정 맞는다고 평범하게 살아야지.
엄마 치맛바람에 집안 망한다니까.
내 새끼 소중한 줄 알면 남의 자식도 그래야지.
오냐오냐 애 키우면 버르장머리 엉망이 된다니까.
사람 도리가 중요하지 나중에 커서 뭐가 되겠어.

주로 전통적인 지혜의 계승자인 어른들의 말씀을 통해 전해졌던 이런 이야기들이 학부모들 사이에서 계속 오르내렸다면 앞서 소개한 90년대 학부모 문화를 강력하게 견제하지 않았을까요? 실제 새로운 문화보다는 오래된 이야기, 전통적인 문화를 표준적인 규범으로 삼아 부모 역할을 하는 엄마들을 가끔 만납니다. 이 엄마들의 마음은 대체로 아이 마음과 잘 연결되어 있습니다. 한마음 한뜻으로 살아가는 훌륭하고 행복한 가족이라는 느낌이 듭니다. 분명 주변 부모들에게 좋은 본보기가 될 만한데 현실은 그렇지 않습니다. 다른 엄마들에게는 전통적인 지혜가 아니라 낡은 생각, 서로를 신뢰하는 훌륭한 가족이 아니라 아이 교육에 소극적인 가족으로 보이는 것 같습니다. 최신 유행에 민감하게 반응하는 후배 엄마들이 부모 역할의 중심을 잡는 데 꼭 필요한 이야기인데 지금은 거의 들을 수 없어 안타깝습니다.

2007년 교육개발원에서 연구한 결과도 소개합니다. 사교육 지향성, 엄마 주도성, 성적 지향성, 정보 의존성이라는 학부모 문화를 찾아냈습니다. 여기에서 눈여겨봐야 할 것이 있습니다. 1992년과 2007년, 채 20년이 지나기 전에 학부모 문화에 중대한 변화가 나타났다는 점입니다. 특히 사교육 지향성이라는 새로운 문화에 주목해야 합니다. 1992년과 2007년 사이에 어떤 일이 있었을까요? 1994년에 학력고사 대신 수능이 도입됩니다. 고등학교에서 기른 학력을 평가하는 학력고사는 대학 진학 이후에 필요한 수학능력을 예측하는 데 적절하지 않다는 이유로 도입된 대학수학능력평가시험이 사교육 폭발의 뇌관이 됩니다. 학교 공부를 통해 입시를 준비할 수 없게 됩니다. 또한 특수목적고등학교(이하 특목고)라는 입시 명문고가 생기면서 특목고 선발시험에 고등학교 문제가 출제된 적이 있습니다. 결국 사교육으로 선행학습을 하라는 말이 됩니다. 사실상 사교육을 권장하는 입시제도의 등장은 학부모 문화에도 큰 영향을 미치며 '사교육 지향성'이라는 새로운 문화를 탄생시킵니다.

결국 요즘 엄마들이 모두 모이는 곳은 학부모 문화입니다. 엄마와 아이 사이에서 서로의 생각과 마음을 모아 답을 찾아야 하는데 옆집 엄마에게 묻습니다. 인터넷에서 정보를 찾습니다. 책을 봅니다. 부모 교육을 받습니다. 모습은 다르지만 결국 대부분의 엄마들이 아이와 멀어지는 강을 건넙니다. 부처님 손바닥이라는 말처럼 모두 학부모 문화의 영향권에서 일어나는 일들이기 때문입니다.

지금부터는 엄마들이 건너는 강의 정체를 밝혀보겠습니다. 엄마들의 진심을 욕심으로 변질시키는 강력한 오염원, 학부모 문화의 실체를 낱낱이 밝히고 진심을 회복할 수 있는 방법을 알아보겠습니다. 강을 건너는 방식은 다양하지만 강을 건너게 하는 이유는 비슷합니다. 바로 학부모 문화의 유인력입니다. 그리고 그 강은 바로 학부모 문화입니다. 엄마와 아이를 모두 불행하게 만드는, 서로의 마음을 갈라놓는 학부모 문화를 분석해보았습니다.

02

사교육 늪에 빠진 엄마들

엄마와 아이 사이를 가르는 강물에는 사교육이라는 성분이 다량 포함되어 있습니다. 엄마들의 마음을 욕심으로 물들이는 첫 번째 강력한 오염원, '사교육 지향성'• 은 '학교 교육보다는 사교육이 더 낫다'는 믿음입니다. 학교에서 아무리 열심히 공부해도 좋은 대학에 못 간다, 부모가 책임지고 아이를 학원에 보내야 아이가 명문대에 갈 수 있고, 미래가 열린다는 굳은 믿음입니다. 사교육의 도움을 받지 않고 아이 스스로 공부해서 명문대에 합격했다는 얘기를 들어도 거짓말이라고 단정짓게 하는 문화입니다. 아이가 공부를 잘하면 사교육 덕이고, 못하면 사교육을 받지 못해서라고 생각하는 엄마들의 사고방식입니다. 사교육 지향성 문화를 자신의 신념으로 삼아 한 번 강을 건너면 회복하기 어려운 후유증을 겪습니다. 특별히 조심해

• 한국교육개발원, (2007년 12월). 〈학부모 문화 연구〉, 207쪽

야 하는데도 요즘 엄마들, 특히 아이 교육을 처음 시작하는 후배 엄마들의 생각을 완전히 지배하는 것 같아 걱정입니다. 이런 사교육 문화는 문화라기보다는 유행에 가깝고, 탄생 배경이 되었던 입시 제도의 사교육 유발 요인도 거의 정리되었는데도 갈수록 기승을 부려 큰일입니다.

사교육이라는 신경안정제

저는《대한민국은 사교육에 속고 있다》•라는 책의 저자이기도 합니다. 그 책에서 사교육도 공교육도 아닌, 아이 정서가 가장 중요하다는 주장을 했습니다. 사교육에 몸담으면서 절실하게 확인한 사실을 간절히 외쳤습니다. 사교육이 아이들 정서에 심각한 악영향을 미쳐 결과적으로 아이 공부에 심각한 위기를 초래한다고, 사교육도 공교육도 아이에게는 필요한 환경이자 자원일 뿐, 우리가 주목해야 할 것은 환경과 자원이 아니라 그것을 활용하는 아이들이라는 메시지를 전했습니다. 당시 많은 화제를 낳았지만 벌써 10년 가까운 시간이 흘렀습니다. 불행하게도 제 주장과는 정반대로 아이들에 대한 관심은 오히려 줄고 사교육의 영향력만 더욱 강력해졌습니다.

사교육을 한마디로 표현하면 '정글'인 것 같습니다. 맹수가 득실거리고 늪과 숲이 깊어 사람의 생명을 위협하는 곳, 살아남아도 엄마와 아이 모두에게 깊은 상처를 남기는 곳이 바로 사교육 정글이 아닐까 생각합니다. 정글인줄 뻔히 알면서 그곳으로 향하는 엄마들의 행렬이 멈

• 박재원, (2008).《대한민국은 사교육에 속고 있다》, 스쿨라움.

춰지지 않은 현실이 정말 안타깝습니다. 한 초등학생 엄마와 아이의 사례•를 들어보겠습니다.

엄마는 아이를 새벽 세네 시까지 재우지 않고 공부를 시켰으며 아이의 자존감을 떨어뜨리는 말을 자주 내뱉었습니다. 아이에게 정규 수업과 방과 후 학습 외에도 학습지 교육과 피아노·수영·태권도 학원 수강을 추가로 시켰습니다. 옆에서 보다 못한 아빠가 이혼 소송을 제기합니다. "아내는 거듭된 만류에도 교육이라는 명분으로 딸을 새벽 늦게까지 공부시키고 이를 제지하면 큰소리치거나 욕했다.", "계속해서 무시를 당하며 부당한 대우를 받고 있어 더 이상 혼인관계를 유지할 수 없으므로 재판상 이혼을 시켜달라.", "아내의 과도한 교육 강요로 딸이 지쳐 있으므로, 딸의 친권자 및 양육자로 지정해달라."

하지만 엄마의 생각은 달라지지 않습니다. "경쟁 사회에서 딸에게 공부를 시키는 것은 부모로서의 의무이고, 그 의무를 다하고 있으므로 교육관 차이를 이유로 이혼할 수 없다"

엄마는 끝까지 아이가 겪는 고통을 느끼지 못하고 자신의 주장을 굽히지 않았습니다. 법원은 결국 아빠의 뜻을 받아들여 이혼 판결을 내렸습니다. 사실 사교육으로 인한 가정의 불화, 특히 엄마와 아빠 사이의 의견 충돌은 매우 심각한 우리 사회의 문제이기도 합니다.

이 이야기를 들은 많은 엄마들이 말합니다. "해도 해도 너무하네요. 아이가 불쌍해요." 그렇게 다른 아이의 경우로 사교육 문제를 바라보면 많은 엄마들이 비판적인 자세를 가집니다. 하지만 자기 아이의 문제가 되면 태도가 달라져 대부분 사교육 늪에 깊이 빠지고 맙니다.

• 〈뉴스1〉, 2016년 2월 19일.

과연 이 엄마는 왜 그랬을까요? 제 주변에는 비교적 솔직하게 엄마로서 본인의 사교육 경험담을 고백하는 분들이 많습니다. 무리한 사교육으로 인해 아이에게 심각한 문제가 드러난 다음에야 하는 얘기이기는 합니다. 여담이지만, 그런 엄마들의 얘기를 들을 때마다 TV 아홉 시 뉴스에 일주일만 이러한 사교육 폐해 사연들이 그대로 방송되면 엄마들의 생각이 달라지지 않을까 하는 생각이 듭니다. 엄마들의 얘기를 들어보겠습니다.

처음부터 그랬던 것은 아니예요. 오히려 남들처럼 무리하게 사교육 시키지 말자고 생각했거든요. 그런데 다른 애들 보면서 괜히 불안해지더라고요. 하나 둘 늘리기 시작한 사교육이 거의 애 잡는 수준에까지 이르렀어요. 아이를 보면서 안타까운 마음이 들기도 하죠. 왜 안 그렇겠어요? 하지만 다른 애들도 다 그렇게 하니까 제 아이도 참고 견뎌야 한다는 생각을 하게 되더라고요. _서울 도봉

처음부터 아이가 힘들어하고 거부 반응을 보일 정도로 사교육을 시키는 엄마는 없습니다. 모든 엄마들이 가볍게 시작했다가 심각한 수준까지 가게 되죠. 가볍게 시작하기 때문에 자신은 해당 사항이 없다고 생각해서 그런지 아무리 사교육의 심각성을 경고해도 잘 들리지 않는 것 같습니다.

저도 사교육 때문에 힘들었던 기억이 있어서 아이는 절대 시키지 않겠다고 남편과 결혼 전에 약속까지 했어요. 그런데 아이가 크면서 사교육을 시키지 않으려니까 너무 힘이 드는 거예요. 괜히 불안하기도 하고 제 고집부리다가 아이 망치는 건 아닌지 걱정도 되고요. 그러다가 아이가 원하는 학원을 하나만 보내

자고 했는데 너무 제 마음이 편해지는 거예요. 주변 엄마들한테 잘난 체한다는 소리 안 들어도 되고 일단 제 마음이 편해지니 좋더라고요. 그렇게 시작했는데…. _서울 마포

사교육 지향 문화는 엄마 개인의 교육 철학이나 가치관을 압도할 만큼 강력합니다. 어려움이 있어도 소신껏 살다 보면 자부심이라는 심리적 보상이라도 주어져야 하는데 전혀 그렇지 않습니다. 자부심은커녕 엄마 역할 잘못하는 건 아닌지 불안해지고 오히려 심리적으로 위축되는 경우가 대부분입니다. 결국 엄마의 소신을 꺾고 사교육을 시키면 마음이 편해집니다. 사교육은 엄마들의 신경안정제 역할을 톡톡히 합니다. 그래서 진통제처럼 부작용이 있다는 걸 알면서도 피하기 어려운 선택이 됩니다.

엄마들의 서열 의식

사교육 지향 문화는 학생들의 문화가 아니라 학부모들의 문화입니다. 따라서 종종 사교육을 무기로 다른 엄마들과 경쟁하는 대리전 양상으로 치닫기 일쑤입니다.

학교는 제가 어떻게 할 수가 없잖아요. 그런데 학원은 엄마인 제가 어떻게 하느냐에 따라 결과가 완전히 달라질 수 있는 거잖아요. 일단 한 번 시작하고 나니까 다른 엄마들한테 절대 지면 안 된다는 생각이 들더라고요. 학원을 정하는 것도 그렇고 기출문제 같은 정보를 구하는 것도 그렇고 제가 고생하는 만큼

아이에게 결과가 나타나니까 보람이 있더라고요. 주변 엄마들도 저를 인정하는 분위기고 그래서 점점 더 열심히 뛰어다닌 것 같아요. _ 대구 수성

사교육을 맹신하는 문화는 엄마들에게 외모나 소득보다 더 강력한 서열 의식을 심어줍니다. 일단 사교육 경쟁을 통해 우월감을 맛본 엄마들은 물불 안 가리게 되고, 그렇게 일부 엄마들이 치고 나가면 다른 엄마들도 대부분 따라가지 않고는 못 배긴다는 사실을 확인할 수 있습니다. 그처럼 엄마들은 사교육이라는 늪에 빠지고 사교육 그늘에서 살아야 마음이 편합니다.

사교육 늪은 진심을 가진 정상적인 엄마를 비정상으로, 욕심에 사로잡힌 비정상적인 엄마를 정상으로 둔갑시키는 마술이기도 합니다. 학원 시간표에 맞추느라 주변 편의점에서 정크 푸드로 끼니를 때우는 아이를 보면서 안타깝게 생각하는 엄마의 진심은 약해지고, 한 과목이라도 더 학원에 보내야 한다는 엄마의 욕심만 강해집니다. 아이들의 지친 표정을 보면서 위로하고 격려하고 싶은 엄마의 진심은 약해지고, 독촉하고 재촉하고 싶은 욕심만 강해집니다. 아이들과 함께 보내는 시간이 행복하기를 바라는 엄마의 진심은 약해지고, 조금이라도 더 공부하기를 바라는 엄마의 욕심만 강해집니다.

사교육 늪에서 정상적인 생활이 어려워진 아이들은 자신의 어려움을 다양한 신호로 표현하고 있습니다. 공부와 여가의 균형이 무너져 무기력증에 빠진 아이들, 과도한 공부 스트레스를 풀기 위해 중독에 빠지는 아이들, 경쟁 압박을 이기지 못하고 틱과 ADHD 같은 이상 증상을 보이는 아이들이 있습니다. 최근에는 특히 모든 게 귀찮다는 무기력증을 보이는 아이들이 빠르게 늘고 있습니다. 하지만 엄마들은 아이들이

보내는 신호의 심각성을 잘 느끼지 못합니다.

종종 사교육 그늘에 있는 엄마들이 제게 도움을 청합니다. 특히 아이가 중학생이 되면서 노골적으로 사교육을 거부하는 일들이 벌어지면 엄마로서 대처하기가 쉽지 않지요. 엄마들의 요구는 뻔합니다. 아이의 거부 반응을 효과적으로 제압하거나 교묘하게 회피할 수 있는 방법을 간절히 구합니다. 사교육에 위탁 관리를 맡기는 방법 말고 달리 뾰족한 수가 없기에 느끼는 당혹감, 엄마로서 많은 희생을 감수했지만 반항하는 아이를 보면서 느끼는 배신감, 아이가 한때 공부를 잘했을 때 남들에게 한껏 자랑을 했기에 터놓고 말할 수 없는 난처함 등등을 호소하는 엄마들을 만나면 꼭 돕고 싶다는 마음이 듭니다. 하지만 대부분의 경우 제 도움은 별다른 효과를 보이지 못합니다. 엄마들은 대증요법을 원하는데 저는 원인 치료를 말하기 때문입니다.

최근 각종 치료나 캠프 프로그램, 컨설팅과 코칭 등의 방법으로 문제 해결이 가능하다고 유혹하는 변종 사교육이 크게 늘고 있습니다. 하지만 대부분 증상 완화에 그치거나 때를 놓쳐 상황이 개선되기보다는 악화되는 경우가 많아 주의해야 합니다. 엄마와 아이 사이에서 벌어지는 문제를 아이만 변화시킨다고 해결될 수는 없겠지요. 엄마는 그대로인데 아이만 달라지는 일도 일어날 수 없겠죠.

근본적인 원인 치료는 엄마가 욕심에서 벗어나 진심을 회복하여 다시 아이의 진심과 만나는 것이 되겠지요. 하지만 엄마들은 여전히 자신의 욕심과 진심을 잘 구분하지 못합니다. 보다 정확하게 말하면 자신이 그동안 욕심을 부렸다는 사실을 인정하기가 어려운 것 같습니다.

불안과 두려움의 실체

요즘은 엄마들에게 부모인가 학부모인가에서 더 나아가, 학學부모인가 학虐부모인가를 묻고 있습니다.

소장님 말씀을 들으면서 제 아이들 모습이 자꾸 떠올랐습니다. 부모가 학부모가 되고 아이를 무리하게 학원에 보내기 시작하면 결국 아이를 학대하는 학虐부모가 된다는 말이 바로 저를 두고 하는 말 같았습니다. 눈물을 흘리면서 반성했습니다. 이제는 멈추려고 합니다. _ 인천 부평

제 강의를 듣고 이와 비슷한 생각을 하신 엄마들이 적지 않습니다. 하지만 저는 압니다. 눈물까지 흘리며 반성했지만 쉽게 멈출 수 없다는 것을. 사교육 지향성이라는 문화가 표준적인 규범 역할을 하는 상황에서 단지 반성하는 정도로는 다른 길을 찾기가 결코 쉽지 않기 때문입니다. 하지만 멈추는 데 성공한 엄마들도 있습니다. 한 엄마의 얘기입니다.

아이의 오늘의 즐거움과 행복보다 미래의 행복을 위해 사교육에 투자했던 제 모습을 돌아봅니다. 아이들의 자연스러운 감정 표현을 오해하고 화냈던 모습들도 떠오르네요. 제 불안과 두려움의 실체를 알고 지혜롭게 대처할 의지를 다져봅니다. _ 서울 관악

'불안과 두려움의 실체'를 봤다는 말에 주목합니다. 앞에서 엄마의 진심이 회복되는 출발점은 반성이 아니라 깨달음이라고 했습니다. 반

성과 깨달음의 차이는 매우 큽니다. 반성은 엄마의 욕심으로 인해 작아졌던 진심을 느낄 때 일어납니다. 하지만 깨달음은 엄마의 욕심을 진심으로부터 분리시킬 때 일어납니다. 엄마의 욕심 때문에 힘들어하는 아이 모습이 떠올라 눈물이 났더라도, 학부모 문화의 영향을 다시 받으면 상황은 쉽게 역전됩니다. 욕심은 강해지고 진심은 힘을 쓰지 못합니다. 하지만 엄마의 욕심이 학부모 문화의 영향 때문에 외부에서 주입된 것이고, 엄마의 진심을 위협하고 있다는 사실을 알게 되면 달라집니다. 욕심을 자극하는 학부모 문화에서 엄마의 진심을 분리시켜 지킬 수 있게 됩니다.

이제는 조금도 불안하지 않아요. 저의 불안과 걱정을 마주 볼 수 있게 되었거든요. 그 안에 빠져있을 때는 정말 힘들었어요. 이건 아니다 싶다가도 금방 마음이 달라지는 거예요. 그런데 학부모 문화가 조화를 부려 엄마 마음에 불안과 걱정을 일으킨다는 소장님 말씀을 계속 생각했어요. 내 마음을 내가 주체하지 못하고 계속 놀아났구나, 그런 생각이 들더라고요. 갑자기 제 마음이 편해지는 거예요. 불안과 걱정을 풀기 위해 별짓 다했던 제 모습을 기억하면 웃음이 나요. 지금 너무 행복하고 좋아요. 그런데 주변 엄마들한테 아무리 얘기해도 못 알아들어요. 하지만 이해해요. 저도 그랬으니까요. _ 세종시

사실 사교육을 시키고 안 시키고는 문제의 본질이 전혀 아닙니다. 엄마의 마음이 본질입니다. 아이에게 꼭 필요하고 도움이 되는 사교육도 얼마든지 있습니다. 여건이 허락한다면 당연히 시켜야 합니다. 그런데 문제는 아이에게 도움이 되는지, 그렇지 않은지가 기준이 아니라 엄마 마음이 불안한가, 그렇지 않은가가 기준이라는 것입니다.

사교육 지향성이라는 문화의 배후에는 당연히 세계적으로 가장 발달한 우리나라 사교육 산업이 있습니다. 자본주의 사회에서 공급자는 소비자를 필요로 합니다. 소비자의 지갑을 열기 위해 첨단 기법의 마케팅과 무차별적인 광고 공세까지 아낌없는 노력을 기울입니다. 소비자의 선택에 따라 공급자의 운명이 결정되기 때문이겠지요. 사교육 산업에 오래 종사한 사람이었던 저는 사교육을 맹목적으로 따르는 엄마들의 문화를 이렇게 설명합니다.

"우리나라 부모들은 안타깝게도 잘못된 교육 정책 등의 영향으로 사교육을 활용하지 않으면 아이를 제대로 키울 수 없는 상황에 처해있습니다. 그런 상황에서 특히 우리나라 엄마들은 부모로서의 진심을 잃고 사교육 소비자 마인드를 갖게 되었습니다."

엄마가 사교육 소비자가 되는데 결정적인 기여를 하는 것이 바로 사교육 지향성이라는 학부모 문화겠지요. 공급자가 직접 소비자를 유혹하는 것이라면 어느 정도는 소비자 입장에서 자기방어를 하게 됩니다. 하지만 사교육 소비는 매우 자발적으로 이뤄집니다. 자발적으로 사교육 소비자가 되는 엄마들을 말리는 것은 결코 쉽지 않습니다. 오히려 반격당하기 십상이지요. 하지만 종종 제가 지적한 핵심에 바로 도달하는 엄마들도 있습니다.

우리나라 엄마들은 엄마가 아니라 사교육 소비자일 뿐이라는 말이 계속 맴돌더라고요. 나름 아이를 위해 노력하는데 소비자라는 말이 처음에는 많이 거슬렸어요. 그런데 문득 홈쇼핑에서 충동구매하고 후회하는 제 모습과 소장님 얘기가 오버랩 되더라고요. 사용자는 아이지만 구매자는 엄마라는 말도 기억이 나서 곰곰이 생각해봤어요. 사실 아이한테 물어보지 않고 제가 정한 학원에 아이를 보냈거든요. 그리고 성적이 오르지 않으면 아이를 닦달했는데, 소비자가 물건을 샀는데 마음에 들지 않으면 화를 내는 것과 비슷하다는 소장님 얘기와 또 연결이 되더라고요. 저도 모르게 사교육 소비자로 충실하게 살았던 것 같아요. 그동안 아이는 많이 힘들었을 걸 생각하니 정말 미안해요. 이제는 사교육 소비자가 아닌 진짜 엄마가 되고 싶어요. _서울 동작

지향과 활용의 차이

사교육에 대한 믿음이 신앙 수준인 대치동에 가면 항상 느낍니다. 사교육이 엄마들의 눈과 귀, 입을 대신하는 것 같습니다. 세상을 이해하고 성공과 실패를 판정하는 기준이 모두 사교육입니다. 몇 해 전 경남 통영의 한 여고 학생이 수능에서 전국 수석을 차지한 적이 있습니다. 그 학생을 직접 취재했던 기자를 통해 자세한 이야기를 들었습니다.

자사고와 특목고가 아닌 시골의 일반 고등학교에서, EBS 교재도 사기 어려운 가정형편에, 정보는커녕 먹고살기에 급급한 부모 밑에서 공부했다고 합니다. 개천에서 용이 난 사례가 확실했습니다. 그 학생이 수석을 차지했다는 사실보다 부모의 경제력과 정보력이 대물림된다는 고정관념을 깼다는 사실이 더 중요했습니다. 대치동 엄마들에게 매우 의미 있는 성공 사례이기에 그 요인을 분석해서 배울 필요가 있다는 말을 하면, 사실 자체를 믿지 않았습니다. 사교육을 받은 게 확실한데 일부러 숨겼다고 생각하거나 사교육을 비판하고 공교육을 옹호하기 위해 조작된 사례라고 생각했습니다.

물론 대치동에 그런 엄마들만 있는 건 아닙니다. 한 방송 프로그램에

서 만난 학생과 엄마의 이야기를 하고 싶습니다. 그 학생은 중학생 때 경제 분야에 꽂혀 다양한 활동을 했습니다. 취약 과목인 수학을 공부해야 할 시간에 경제 관련 기사를 읽고, 책을 구해 요약정리하고, 자신의 생각을 정리하는 글을 쓰기도 했으니 수학 공부는 당연히 뒷전으로 밀렸겠지요. 하지만 당시 그 학생은 강남의 사립 고등학교에서 전교 1등이었습니다. 경제 공부를 하면서 익힌 방법을 그대로 수학 공부에 적용했더니 사교육 없이도 스스로 성적을 끌어올릴 수 있었다고 합니다. 방송에서 제 역할은 학습법 전문가로서 그 학생의 공부 방법을 분석하고 일반화하여 조언하는 것이었습니다. 방송 촬영 내내 저는 그 학생의 엄마가 궁금했습니다. 녹화를 마치자마자 학생에게 물었습니다. "어머님하고 같이 왔으면 잠시 뵐 수 있을까?" 마침 어머님이 함께 오셔서 잠시 대화를 나눴습니다.

박 소장 ___ 학생 얘기를 들어보니 어머님이 더 대단하신 것 같아요. 어떻게 대치동에서 아이를 수학 학원에 안 보낼 수 있으셨어요?

학부모 ___ 저도 사실 많이 불안했지요. 수학 공부를 좀 했으면 좋겠는데 만날 경제 공부만 하니 답답하기도 했고 그냥 놔둬야 할까 많이 고민했습니다. 하지만 저는 다른 엄마들한테 휩쓸리지 않고 아이를 믿고 기다리는 게 제 역할이라고 생각했어요.

박 소장 ___ 주변 엄마들한테 많이 시달리셨을 것 같은데 어떠셨어요?

학부모 ___ 뭐라 그러는 엄마들이 있었어요. 하지만 그런 엄마들이 모르는 게 있어요. 저는 집에서 아이와 함께 있을 때 행복했거든요. 아이가 필요하다고 선택한 학원에 가기는 했지만 학교가 끝나면 대부분의 시간을 집에서 같이 보냈어요. 이런저런 얘기를 참 많이 했어요. 그러다 보니 다른 엄마들이 뭐라고 해도 저는 아이와 함께 지내는 게 좋아서 별 신경을 쓰지 않았어요.

박 소장_____ 아이가 이제 고등학교 2학년인데 지금은 어떤가요?

학부모_____ 요즘은 학교에서 늦게까지 공부하고 오는데 별로 걱정은 안 돼요. 꼭 성적이 많이 올라서가 아니라, 주변 아이들 보면 많이 지쳐 있는 것 같은데 제 아이는 아직 쌩쌩하거든요. 그냥 지켜보면서 아이가 집에 와서 잘 먹고 잘 쉴 수 있도록 해줘요.

이런 사례를 소개하면 대치동 엄마들의 반격이 다시 시작됩니다.

아이가 자기 할 일 알아서 잘하면 저도 애 학원 보내면서 고생시키고 돈 쓰고 싶지 않아요. 혼자 공부하는 게 어려운 애니까, 과외 선생이라도 붙여야 따라가니까 어쩔 수 없잖아요. 아이 학원 보내지 말라는 말은 그만 듣고 싶어요. 약 올리는 것도 아니고 이제는 지겹네요. _ 서울 강남

그런 애는 머리가 되는 애라니까요. 우리 애도 그 애처럼 공부하는 대로 성적이 척척 나와주면 누가 이 짓 하겠어요. 자꾸 아이를 다른 데 갖다 붙이지 마세요. 학원이라도 보내야 겨우 성적이 나오는 애한테 상처 줄 일 있어요?
_ 서울 송파

사교육이 문제가 아니라 엄마와 아이의 관계가 더 중요하다는 제 말을, 그렇기 때문에 엄마와 아이의 관계를 악화시키기 십상인 사교육은 조심해야 한다는 제 말을 곡해합니다. 사교육 효과에 대한 믿음이 강해, 아이에 대한 믿음이 그만큼 약해진 것을 깨닫지 못합니다. 사교육

의 무한경쟁 논리에 빠져 아이 스스로 할 수 있는 준비가 될 때까지 기다려주지 못한 것이 문제라는 사실을 깨닫지 못합니다. 사교육 늪에서 헤어나지 못하는 엄마와 아이들을 보면 너무 안타깝습니다. 효과적으로 사교육을 활용하려면 일단 사교육에 의존하는 상태에서 벗어나야 한다는 제 말이 잘 들리지 않는 것 같습니다.

'표준적인 규범' 역할을 대신하는 사교육 문화는 매우 강력합니다. 마땅히 견제할 역사적 전통도, 공동체의 경험도 없는 새로운 사회적 규범이다 보니 거의 모든 학부모의 의식을 지배하고 있습니다. 심지어 대안학교에 아이를 보낸 엄마들도 다르지 않습니다. 혁신학교 운동을 열심히 하는 교육자들의 자녀도, 사교육 지향과는 정반대의 교육적 가치관을 가진 이들의 자녀도 사교육을 받는 경우가 많습니다.

만약 우리 사회에서 존경받을 만한 사람들이 사교육 문화에서 벗어나 부모 노릇을 훌륭하게 잘하는 모습을 보다 많이 보여주었다면 어땠을까요? 많은 엄마들이 쉽게 사교육 늪에 빠져들지 않았을 겁니다. 사교육이 학부모 문화까지 장악하여 빠르게 확산되고 사회에 깊게 뿌리내리지 못했을 겁니다. 지금도 우리 사회 곳곳에서 사교육을 비판하는 분들이 많이 있습니다. 만약 그런 분들의 말과 행동이 일치했다면 아마도 상황이 이렇게까지 악화되지는 않았을 것이라는 아쉬움이 남습니다.

사교육은 부모 개개인의 문제만이 아니라 우리 사회를 병들게 하는 심각한 문제입니다. 교육부는 지금까지 사교육을 잡기 위한 목적으로 엄청난 예산을 투입하며 다양한 정책을 폈습니다. 시민사회 영역에서도 사교육의 심각성을 일깨우고 대안을 마련하기 위한 노력들을 줄기차게 하고 있습니다. 하지만 결국 사교육과의 전쟁에서 번번이 패합니다. 제가 판단한 그 이유는 간단합니다. 엄마들의 마음을 제대로 알지 못했기 때문입니다. 모두 자기 입장에서 사교육을 반대하고 비판했지, 어쩔 수 없이 사교육을 시키는 엄마들의 마음을 제대로 헤아리지 못한 것이 가장 결정적인 패인이라고 생각합니다. 제가 확인한 엄마들의 마음은 '우리나라는 여전히 경쟁체제다. 경쟁에서 뒤지지 않으려면 사교육이냐 공교육이냐는 중요하지 않다. 어떻게 해야 경쟁에서 뒤지지 않을 수 있는지 답을 찾아야 한다'입니다.

엄마들의 마음을 보충하면 이런 말이 되겠지요. '대학 입시는 물론 특목고와 자사고까지, 심지어 영재교육원 선발까지 온갖 경쟁을 시켜 놓고, 그래서 어쩔 수 없이 사교육을 시키는데, 왜 자꾸 사교육 시키지 말라고 그러는 건지 모르겠다.' '때리는 시어머니보다 말리는 시누이가 더 밉다'라는 말이 떠오릅니다.

학교 교육을 통해 충분히 경쟁력을 기를 수 있다면 누가 자기 돈 내고 학원에 보내겠어요? 학교에 문제가 생겨도 부모들은 어떻게 해볼 도리가 없으니 학원에 보내는 것 아닙니까! _ 경기 의정부

공교육 입장에서 바라본 사교육과 엄마 입장에서 보는 사교육은 다르다는 사실, 사교육을 비판하는 다양한 목소리와 엄마들의 목소리는 다르다는 사실이 문제가 됩니다. 사교육을 권하는 세력이 엄마들에게 접근하는 방식은 매우 세련되지만, 반대하는 세력이 엄마들에게 접근하는 방식은 거칠고 투박하고 거부감마저 듭니다. 사교육과는 달리 별다른 이해관계 없이 엄마와 아이의 이익을 위해 노력하는 공교육 말에 더 귀 기울여야 하는데 현실은 정반대로 가고 있습니다. 자신을 이용하

는 것을 알면서도 달콤한 사교육의 목소리는 귀에 쏙쏙 들어오고 공교육의 목소리는 괜히 듣기가 싫은 것입니다.

사교육을 견제해야 하는 사람들이 제 역할을 다하지 못하는 사이에 엄마들은 혼란에 빠지고 결국 사교육 지향성이라는 문화에 의지할 수밖에 없게 되었습니다. 사교육을 제대로 아는 사람들이 참여한 연구나 정책도 거의 없는 실정입니다.

똑똑한 사교육 활용법

사교육이든 공교육이든 아이들의 성장과 발달에 필요한 환경이자 자원으로 봐야 합니다. 문제는 부작용이나 후유증 없이 자원과 환경을 활용해야 한다는 겁니다. 그리고 효과 면에서 별 차이가 없다면 굳이 사교육을 시킬 필요는 없습니다.

똑똑한 사교육 소비자가 되는 첫 출발은 거듭 강조하지만 엄마 마음에 스며든 사교육 지향 문화를 발견하고 제거하는 것입니다. 불안과 걱정의 배후 세력인 사교육 지향 문화의 영향권에서 엄마 마음이 벗어나야 아이 마음과 다시 만날 수 있고 아이 처지를 이해할 수 있습니다. 사교육 소비자가 아닌 아이의 보호자 입장에서 아이에게 유리한 판단을 할 수 있습니다. 그리고 사교육에 대한 균형 잡힌 시각을 갖는 게 필요합니다. 사교육 효과는 물론 사교육의 부작용과 후유증을 똑똑히 알아야 아이 편에서 생각하고 판단할 수 있습니다.

제가 사교육 1번지 대치동에서 직접 체험한 사교육의 부작용과 후유증을 요약해보았습니다.

교육 선진국에서는 대부분 개별화 교육을 추구하고 있습니다. 배움의 속도 차이, 관심의 방향 차이, 공부하는 방법의 차이를 최대한 존중해야 제대로 된 교육을 할 수 있다는 주장이 개별화 교육입니다. 하지만 사교육은 교육적으로 존중해야 할 개인의 다양한 차이를 부정할 수밖에 없습니다. 자신들이 개입하면 언제나, 누구에게나 도움이 된다고 주장합니다. 그리고 자신의 주장을 입증하기 위해 최선을 다합니다.

여기에서 사교육의 가장 심각한 부작용이 나타납니다. 자기 속도대로 잘 가는 아이에게 사교육이 끼어들면 아이는 무리를 하게 됩니다. 처음에는 느리게 공부하는 아이가 답답했는데 사교육이 빠르게 끌고 가니까 엄마들은 만족할지 모릅니다. 하지만 아이의 다양한 개성을 충분히 고려하지 않은 교육은 결국 아이가 공부를 싫어하게 되는 결정적인 원인이 된다는 사실을 정확히 알아야 합니다. 이 문제에 대한 한국 사회의 오해는 매우 심각합니다. 아이에게 잘 맞지 않는 공부 방향이 원인인데 아이의 의지나 노력, 재능이 부족하기 때문이라고 우깁니다.

반드시 사교육만의 문제는 아닙니다. 하지만 모든 아이는 자신에게 맞는 속도와 관심, 방법대로 공부할 수 있어야 합니다. 아이의 공부 개성을 무시한 무리한 공부로 아이들이 공부 상처를 입게 되면, 거부감이 생겨 공부를 멀리 하거나 겨우겨우 소극적으로 할 수밖에 없습니다. 그런 아이를 보면서 부모들은 사교육을 더 시키지 않으면 도저히 안 되겠고 판단합니다. 부모가 사교육에 더 의존할수록 아이들은 공부가 더 싫어지는 악순환에 빠집니다. 아이들의 공부 상처는 더욱 깊어지고 손쓸 수 없는 지경에 이릅니다.

만약 사교육이 없었다면 자신의 속도와 관심, 방법에 따라, 비록 조금은 더디더라도 공부 페이스를 찾아갈 수 있었을 아이가 사교육에 맡

겨져 대부분 공부 상처를 입고 공부와 결별하는 경우가 너무 많습니다. 강남에서 재수학원 원장을 하면서 만난 학생들에게 들었던 이야기입니다.

"이제는 정말 공부해야 한다는 생각이 들어요. 그런데 막상 책상에 앉으면 하기 싫다는 생각뿐이에요. 자꾸 딴생각을 하고 엉뚱한 짓을 합니다. 그럴 때마다 제 자신이 너무 한심스러워요."

우리 사회는 아직도 엄마들의 사교육 선호 문화가 아이들을 얼마나 힘들게 만드는지 잘 모릅니다. 제가 자주 하는 질문입니다. "아이들이 눈뜨고 있을 동안, 어디에서 가장 오랜 시간을 보냅니까?" 당연히 학교라고 답합니다. 문제는 사교육 경험이 많은 아이일수록 학교 수업을 우습게 안다는 사실입니다. 자신에게 주어진 가장 소중한 시간 자원을 낭비하게 되는 것이 사교육의 심각한 부작용이라는 사실을 반드시 알아야 합니다. 대부분의 시간을 보내는 학교 수업을 우습게 낭비하고 학교에서 만나는 선생님을 가볍게 무시하는 아이가 겪을 일을 생각하면 아찔합니다. 자신에게 주어진 공부 시간의 3분의 2에 해당하는 학교 수업 시간을 낭비하고 학원에 가서 고작 남은 3분의 1만을 활용하는 것이, 사교육에 의존적인 아이들의 모습입니다. 특히 어린아이들은 평소 부모가 학교와 선생님을 어떻게 생각하는지에 큰 영향을 받습니다. "학교 수업 분위기가 엉망이라며!", "무슨 선생님이 그따위니?" 이런 말들을 쉽게 하는 엄마들을 자주 봅니다. 반면 사교육에 대해서는 아주 우호적입니다. 강남의 한 백화점에서 스승의 날 누구한테 선물할지를 물었습니다. 학교 선생님이라고 답한 경우는 한 자릿수에 머물렀지만 학원 강사는 3분의 1이 넘었습니다.

학교를 버리고 학교 밖에서 사교육을 통해 공부하는 어린아이들을 보면 고난의 길에 접어들었다는 생각에 가슴이 아픕니다. 그런데 아이들이 하는 말이 참 가관입니다. “저는 사실 학교에서 배운 게 별로 없어요. 학원에서 배운 걸로 시험 봤어요.” 물론 틀린 말은 아닙니다. 문제는 그런 어리석은 얘기가 학교는 엉망이고 학원은 최고라는 생각을 낳는다는 것입니다. 학교 수업을 제대로 활용하면 되는데 아니 반드시 제대로 활용해야 공부 부담을 덜 수 있는데, 스스로 학교를 버리고 나서 그것의 소중함을 완전히 무시하고 있으니 참으로 큰일입니다.

“학교 공부 제대로 하는 아이가 학원에서도 열심히 합니다. 학교 공부 엉망인 아이가 공부 잘하는 게 쉬운 일일까요?” 대부분의 사교육 종사자들도 이렇게 말합니다.

뛰어난 영재성을 발휘해서 이미 중학교 시절에 대학 수준의 물리학을 공부한 학생에게 누군가 이렇게 물었습니다. “평소 학교 수업 시간에는 뭘 했나요?” 학생은 이렇게 답했습니다. “다 아는 내용이라고 생각하지 않았습니다. 선생님에게 배울 게 있다고 생각했습니다. 수업을 들으면 새롭게 알게 되는 것들이 꼭 있었습니다. 이것저것 생각할 게 꽤 많이 생기더라고요.”

재인과 회상

사람의 기억에는 재인과 회상이 있다고 합니다. 재인은 자신이 기억하고 있는 것을 확인하는 과정이며, 회상은 자신이 아는 것을 바탕으로 기억을 재구성하는 과정이라고 설명할 수 있습니다. 사교육에 의존적인 아이들을 보면, 특히 어려서부터 사교육 경험이 많은 아이들은, 선생님이 설명을 하면 대부분 자기가 이미 아는 것이라는 반응을 보이면서 건성으로 넘기는 경우가 흔합니다. 하지만 정작 선생님이 네가 아는 것을 설명해보라고 하면 대부분 입을 열지 못합니다. 재인에는 문제가 없지만 회상에는 심각한 어려움을 겪는 것입니다. 모르는 것은 없는데, 제대로 아는 것도 없는 아이들입니다. 특히 이런 아이들은 마무리 단계의 학습에서 큰 어려움을 겪습니다. 진도를 마친 다음에 확인 학습을 할 때는 전체를 다시 공부하기보다 정리한 내용을 중심으로 공부해야 효율적인데 제대로 정리를 못합니다. 제대로 이해한 것과 그렇지 못한 것, 중요한 것과 그렇지 않은 것, 기억하고 있는 것과 기억해야 할 것을 분류하고 점점 공부 범위를 좁혀야 하는데 잘 안 됩니다. 마무리 단계에서 핵심은 철저하게 주관적인 것이어야 합니다. 누군가가 정리해준 핵심요약은 별 의미가 없지요. 문제를 푸는 것이 중요한 것이 아니라 문제를 풀면서 느끼는 어려운 내용과 오답 요인을 분석해서 해결해야 그만큼 성적을 올릴 수 있는데, 그 과정은 누구도 대신해줄 수 없습니다. 사교육의 또 다른 부작용은 바로 자습 능력의 퇴화라고 할 수 있습니다.

더 이상 어떻게 해볼 수 없을 정도로 엉망이 된 아이들의 모습과 그것을 옆에서 지켜봐야 하는 엄마들의 안타까운 표정은 사교육 지향 문화를 마치 구세주처럼 여기기 시작한 후배 엄마들에게 꼭 보여주고 싶은 장면이지만 증거 수집이 어렵습니다. 선배 엄마로서 후배 엄마들을 위해 자신이 겪은 일들을 솔직하게 알려주면 얼마나 좋을까요? 여전히 대한민국은 사교육의 늪에 깊이 빠져 있습니다. 이제는 늪에서 탈출하려는 의지도 잃은 것 같습니다. 사교육 없는 세상은 상상조차 할 수 없는 처지이기에 포기 상태라는 생각도 합니다.

거듭 말하지만 아이 교육에 있어서 사교육은 필수 불가결한 요소가 결코 아닙니다. 예전에 비해 그 필요성과 중요성이 높아진 것은 사실이지만 절대적이지는 않습니다.

사교육에 지나치게 의존하지 않고 적절하게 활용하려면 아이들 공부의 기본 질서를 지킬 필요가 있습니다. 아이들의 나이와 학년이 바로 기본 질서입니다. 남보다 더 좋은 사교육 기회를 가급적 많이, 빨리 제공하겠다고 생각하는 엄마들은 쉽게 늪에 빠집니다. 하지만 나이와 학년에 맞게 필요한 사교육을 필요한 만큼 선택적으로 활용하는 엄마들이 있습니다.

아이에게 먼저 사교육을 경험하게 한 다음에 아이가 경험한 사실을 바탕으로 최종 의사 결정을 하는 것도 필요합니다. 가고 싶은 마음이 생기는지, 집중은 잘되고 도움이 되는지, 얻는 것도 있지만 잃는 것은 없는지, 아이의 생각과 의견을 들어야 하는데 반대로 엄마가 시키는 대로 따라 해야 하는 경우에 대부분 사교육 악순환의 늪에 빠집니다. 막연히 수학과 영어 사교육을 시키는 것이 아니라 아이에게 필요한 내용은 무엇인지, 어떤 도움을 받을 수 있는지 등을 제대로 확인하고 시작 시점과 끝낼 시점을 미리 정하는 것도 필요합니다. 가급적 학교 교육을 최대한 활용하고 부족한 것을 보완하는 것이 사교육이라는 생각은 기본입니다.

제가 아무리 강조해도 이미 엄마 마음이 강을 건너 사교육 편으로 넘어간 경우에는 별 소용이 없다는 사실을 잘 알고 있습니다. 선배 엄마들의 사교육 피해 경험은 모두 사라지고, 일시적으로 성공한 후배 엄마들의 모습만 보이는 상황에서 제 얘기는 공허하게 들릴지 모릅니다. 전직 사교육 관계자의 말을 소개합니다. 특히 자발적으로 사교육 늪으로 들어가는 후배 엄마들이 사교육 실체를 제대로 파악하는 데 도움이 되기를 바랍니다.

사교육의 가장 큰 폐해는 이중경쟁 구조라고 봅니다. 일단 학교에서도 아이들은 점수와 순위로 줄 세우기 경쟁을 하는데, 학원도 마찬가지로 성적이 낮은 그룹부터 높은 그룹을 레벨별로 편성하거든요. 이 체제 안에서 학원은 가장 낮은 반에서 아이가 시작하더라도 정기고사라든지 레벨 테스트를 통해서 점점 올라갈 수 있다는 욕망을 심어줍니다. 그런데 십여 년간 강사를 하면서 가장 낮은 반에 있는 아이들이 레벨이 상승한다 하더라고 한두 등급 상승이지 가장 낮은 등급의 아이가 최상위로 올라가는 경우는 거의 본 적이 없습니다. 그런데도 학원에서는 욕망 구조를 심어주고, 이 욕망 구조 때문에 아이들은 기본적으로 학교에서도 경쟁 구조에 시달립니다. 학원에서도 상위권 학생들은 성적을 유지해야 하고, 하위권 학생들은 상위권으로 올라가고 싶어도 제대로 되지 않기 때문에 스트레스를 받는 것입니다. 그리고 학습 노동 강도를 이중고로 겪게 됩니다. 학교 수업을 자체적으로 복습할 시간은 없으면서도, 학교에서 좋은 성적을 받으려면 과제도 복습도 해야 하고, 학원에서도 마찬가지로 수업을 받고 나면 복습해야 합니다. 게다가 학원은 학교보다 더 많은 양의 과제를 부여합니다. 이런 상황에서 학생들이 학습 노동적인 측면에서 큰 고통에 시달리는 것입니다. 이 두 가지 부분이 학원의 가장

큰 문제점입니다.[*]

공부에 도움이 될까 해서, 남들 다 보내니까 별 고민 없이 아이를 학원에 보냅니다. 시작은 그렇게 했지만 아이들을 학원에 계속 묶어두기 위한 학원의 작전에 휘말리면 정신을 차릴 수 없습니다. 돈독이 오른 것처럼 '사교육독'이 올라 막무가내로 아이를 닦달하기 십상입니다. 아무리 아이가 학원 뺑뺑이를 도느라 겪는 어려움을 호소해도 핑계로만 들립니다. 사교육 지향 문화를 등에 업은 사교육업자들은 아이를 존중하여 학원에 보내기를 꺼려하는 엄마들을 야단칩니다. 당신은 아이 사랑이 부족한 엄마라고.

* EBS 2TV 특별기획, 〈전격 기자회견: 나는 고발한다〉 1부, 2015년 12월 14일.

아이를 끌고 다니는 엄마들

'엄마 주도성'•은 한마디로 '아이들은 모른다'는 학부모 문화입니다. 아이가 자신의 생각은 포기하고 엄마 뜻에 따라야 철부지 같은 인생, 실패한 인생을 살지 않게 된다는 집단 무의식입니다. 사교육 지향성이라는 학부모 문화로 인해 불안에 빠진 엄마들이 피할 수 없는 또 다른 문화가 바로 아이를 철저하게 관리하는 엄마 주도성 문화입니다. 공교육은 학교 주도가 분명합니다. 엄마들이 끼어들 틈이 별로 없습니다. 반면 사교육은 거의 완벽하게 엄마 주도입니다. 사교육 지향성은 불가피하게 엄마 주도성으로 연결됩니다. 엄마 주도성이란 문화의 포로가 되어 사교육으로 아이를 열심히 관리하다 보면 결국 아이와 멀어져 강 저편으로 가게 됩니다.

• 한국교육개발원, (2007년 12월). 〈학부모 문화 연구〉, 208쪽.

나대는 엄마와 고립되는 아이

주변에서 흔히 '나대는' 엄마들을 봅니다. 자신을 아이 인생의 구세주처럼 생각하는 것 같습니다. "○○ 캠프에 보냈더니 아이가 달라졌어요. 꿈이 생긴 것 같아요. 전에는 안 그랬는데 뭘해도 열심히 하더라고요.", "우리 아이 영어 하는 거 보면 다들 놀라요. 외국에서 살다온 줄 아는데 사실은 제가 고생 좀 했지요.", "역시 아이 재능은 엄마 하기 나름인 것 같아요."

평범한 아이였는데 엄마의 노력으로 비범한 아이를 만들었다는 줄거리가 비슷비슷합니다. 나대는 엄마의 무용담을 듣는 주변 엄마들의 표정은 사뭇 진지합니다. '표준적인 규범'이 사라진 혼란스러운 상황에 종지부를 찍어줄 구세주의 탄생, 주변 엄마들의 표정에서 구세주 엄마들을 향한 동경의 마음을 엿볼 수 있습니다. "아이 공부 잘 시키는 엄마들을 보면 괜히 주눅 들어요. 솔직히 그 엄마들 말을 다 믿는 건 아니지만 그래도, 저보다는 훨씬 잘하는 것 같아요."

반대로 나대는 엄마들을 볼 때 저의 눈빛은 걱정으로 가득해집니다. 이미 엄마 마음이 강을 건넜음을 잘 알기 때문이죠. 지금이야 자기 아이가 다른 아이들보다 우월해 보일지 몰라도 조만간 엄마 마음과 아이 마음이 멀어질 텐데 그다음에는 어쩌나 싶은 걱정에 가슴이 답답해집니다.

조금 일찍 학원이 끝나 집에 와서 컴퓨터 게임을 하던 아이, 그날따라 일찍 퇴근한 엄마가 나타나자 허겁지겁 컴퓨터를 끄고 공부하는 척을 했다가 추궁당하자 엄마가 보는 앞에서 창문으로 뛰어내린 초등학생이 떠오릅니다. 학교 수업 시간에 창문 밖으로 뛰어내린 중학교 1학년 여학생의 모습이 떠오릅니다. 자신의 페이스북에 '공부가 어렵다. 왜 공부하는지 모르겠다'는 글을 남기고 스스로 목숨을 끊은 고등학생이 떠오릅니다.

제가 너무 극단적으로 생각하는 걸까요? 하지만 우리나라 10세에서 19세 사이 청소년 사망 원인 중 1위가 바로 자살입니다(2위는 교통사고 3위는 암). 저는 기회가 될 때마다 엄마들에게 호소합니다. "아이들 자살은 교통사고와 비슷합니다. 누구나 조금만 방심하면 당할 수 있다는 점에서, 그런데 당하기 전까지는 그 누구도 심각하게 생각하지 않는다는 점에서 비슷한 것 같습니다. 다만, 교통사고는 무엇을 조심해야 하는지 잘 알지만, 부모 역할에서 조심해야 할 점은 잘 모르고 계신 것 같습니다. 오히려 조심하기는커녕 무모할 정도로 아이들을 몰아붙이는 부모가 많은 것 같습니다."

어느 날 아침 일찍 한 고등학생이 보낸 메일을 받았습니다. 읽으며 아차 싶었습니다. 메일에서 아이의 자살 충동을 느꼈기 때문입니다. 학교에 있을 시간이었기에, 서둘러 학생이 다니고 있는 학교로 연락해 담임 선생님과 통화했습니다. 제가 받은 메일 내용을 전달했더니 깜짝 놀라는 눈치였습니다. 사실 메일을 받기 전에 그 학생을 딱 한 번 본 적이 있습니다. 제가 쓴 책과 신문기사 스크랩을 들고 한 신문사에서 주관한 부모 교육에 찾아왔었습니다. 부모와 대화를 하고 싶어 궁리하다가 저를 알게 되었고, 엄마 아빠에게 제가 쓴 칼럼과 책을 읽어보라고 권했다고 합니다. 하지만 도무지 자신의 얘기는 듣지 않으려고 하는 부모에게 절망하다가 혹시 저를 직접 만나면 뾰족한 수가 나오지 않을까 기대하고 왔다고 했습니다. 같은 부모로서 미안하고 안타까웠습니다. 가끔 메일로나마 아이 얘기를 들어주고 위로하는 중에 있었던 일입니다.

그 아이 마음은 부모로부터 고립되어 있다는 느낌으로 가득 차 있었습니다. 고립감에서 벗어나기 위한 노력이 번번이 좌절되자 절망감이 커지고 있었습니다.

저는 아이들 마음에 자라는 고립감과 절망감을 너무 자주 봅니다. 그리고 그 배후에 엄마 주도성이라는 학부모 문화가 도사리고 있다고 판단합니다. "내가 너를 위해 이렇게 노력하는데 어떻게 그렇게도 내 마음을 몰라주니!" 엄마 마음에 아이를 원망하는 마음이 강할수록 아이의 고립감과 절망감은 커진다고 보면 틀림없습니다.

오래된 '표준적인 규범'에 '다 자기 하기 나름'이라는 말이 있었습니다. 하지만 지금은 '다 엄마 하기 나름'으로 바뀌었습니다. 아이는 자기 속도대로 열심히 가고 있는데 엄마는 너무 느리다고 야단칩니다. 아이는 나름 자기가 알아서 잘하고 있는데 엄마는 시키는 대로 하지 않는다고 혼을 냅니다. 아이는 실수도 하지만 나름 꼭 필요한 경험을 쌓고 있는데 엄마는 지금 그럴 때가 아니라고 재촉합니다.

엄마들이 공교육에서 '을'이라면 사교육에서는 '갑'입니다. 엄마 주도권을 마음껏 발휘할 수 있기 때문입니다. 사교육 입장에서 보면 엄마 주도성은 너무나 고마운 문화입니다. 엄마들이 자발적으로 고객이 되고 소비자가 되어주니까요. 사교육 산업이 가장 발달한 대치동을 중심으로 매니저 맘이라는 신생어가 탄생했습니다. 아이 미래는 엄마의 매니지먼트 능력, 바로 엄마의 관리력이 좌우한다는 의미입니다. 엄마라면 누구도 시비 걸 수 없는 절대명령이 되었습니다.

대부분의 엄마들은 엄마 주도성이라고 쓰고 엄마의 관리라고 읽습니다. 저는 엄마 주도성이라고 쓰고 엄마의 독재라고 읽습니다. 표현은 엄마의 관리지만 본질은 바로 엄마의 독재라는 사실을 알리고자 부모 교육을 하면서 토론을 진행한 적이 있습니다. 주제는 바로 가정과 감옥의 공통점 찾기였습니다. 토론 결과를 정리해봤습니다.

굶기지 않는다, 감독관이 있기에 마음대로 할 수 없다, 자기 마음대로 먹거나 입을 수 없다, 보거나 생각할 수 없고, 나갈 수도 공부할 수도 없다. 반항하면 죽는다, 규칙을 어기면 응분의 대가가 있다, 복역 기간이 있다, 장기 복역의 후유증으로 사회 부적응자를 양산한다, 내 생각은 없다….

이런 결과를 놓고 토론에 참여했던 엄마들 스스로 깜짝 놀라는 분위기였습니다. 한 엄마의 말입니다. "가정과 감옥에 공통점이 많다는 사실을 확인하니 참 마음 아픕니다. 내 아이는 과연 감옥에 살고 있을까요, 가정에 살고 있을까요?"

제가 강의에서 엄마들에게 자주 하는 질문이 있습니다.

"여러분들 집에 가면 함께 사는 비슷한 나이 또래의 남자가 한 명 있지요? 만약 그 인간이 여러분을 관리한다고 생각해보십시오. 인격적으로 존중하고 소통하려는 것이 아니라 자신의 의도에 맞게 여러분을 관리한다고 여겨지면 함께 사시겠습니까?"

물론 대부분의 엄마들이 함께 살 수 없다고 답합니다.

"하지만 아이들은 자신을 관리하는 엄마들과 함께 살아갑니다. 아직은 독립하기 어렵기 때문에 관리당하는 수모를 감내하면서 어쩔 수 없이 함께 살아가고 있다고 보는 게 맞습니다."

가정을 감옥으로 만드는 것이 바로 엄마 주도성 문화입니다. 행복한 가정을 꿈꾸는 엄마지만, 사실은 관리라는 미명으로 감옥을 만드는 것이 바로 엄마 주도성이라는 문화입니다. 제가 엄마 주도성이라는, 조금은 생소한 표현을 계속 강조하는 이유가 있습니다. 엄마의 진심을 회복하기 위해서는 엄마 주도성이라는 문화의 실체가 이해되는 것뿐 아니라, 눈에 훤히 보여야 하기 때문입니다. 그런 문화가 진심에 스며들면 욕심으로 변질되고 결국 엄마들은 진심이 욕심 같고, 욕심이 진심 같은 상태에서 헷갈리게 됩니다.

괴물이 되는 엄마

엄마들 중에는 어렴풋하게나마 이미 자신이 강을 건넜다고 느끼는 분들이 있습니다.

> 어느 시점부터 아이에게 성질을 부리고 화만 내는 저를 보게 됐어요. 아이가 이전처럼 말을 잘 듣지 않으면서 시작된 것 같습니다. 점점 힘들고 어떻게 해서라도 아이를 잘 키워보려고 애쓰는데 아이는 제 마음을 몰라준다고 생각하니 약도 오르고 화도 치밀었어요. 저도 모르게 아이가 풀다 만 학습지를 집어던진 적도 있습니다. 소장님 강의를 듣고 그 모든 게 제 욕심 때문이었다고 생각하니 아이에게 너무 미안합니다. _서울 노원

조금씩 차이는 있지만 저에게 이런 레퍼토리의 고백을 한 엄마들이 얼마나 될까요? 아주 많습니다. 처음에는 저도 그런 엄마들의 반성을 믿었습니다. 눈물까지 흘려가면서 반성했는데 달라지지 않는 게 이상하다고 생각했습니다. 하지만 지금은 그렇게 반성하는 엄마들이 오히려 더 걱정됩니다. 엄마 뜻을 잘 따라주지 않는다고 아이를 미워했다가 그런 자신을 반성하고 아이에게 사과하며 변신을 꾀해보지만 결국 좌

절하게 되면, 아이는 물론 엄마 자신까지 미워지는 경우가 많기 때문입니다. '엄마는 어떤 경우라도 아이를 진심으로 믿고 기다려야 한다'는 말이, 엄마 주도성이라는 문화로 '믿고 기다리다 애 망치기 딱 좋다'는 말로 변질되었습니다. 아이의 필요가 기준이 아니라 엄마의 욕심이 기준이 되었고, 아이를 위한다는 확신을 가지고 아이를 학대하는 일이 너무도 자연스럽게 벌어집니다. 이런 상황에서 엄마 개인의 반성과 결심만으로 달라질 것은 거의 없습니다. 깊이 반성하고 결심할수록 오히려 더 좌절하는 엄마들이 늘고 있습니다.

아이가 아직 어려 엄마의 관리에 반발하기 전까지는 극성스러운 엄마들이 승승장구합니다. 주변에서 아이 잘 키우는, 능력 있고 적극적인 엄마라는 칭찬을 듣는 순간, 속된 말로 눈이 돌아갑니다. 아이를 본격적으로 사육하기 시작합니다. 아이의 미래를 기획하고 실행하기 위해 물불을 가리지 않습니다. 그러다 어느 순간부터 아이의 반격이 시작되면 주춤하게 되고 그런 상황에서 저를 만나면 대부분 반성의 눈물을 흘립니다. 그렇게 반격하는 아이들이 늘어나면서 보다 교묘하고 세련된 아이 관리 방법을 알려주는 책이나 교육, 전문가가 인기를 끌고 있습니다. 정말 걱정됩니다. 엄마 주도의 관리를 포기하고 아이와 서로 인격적으로 존중하는 관계로 발전해야 하는데 관리 방법만 바꾼들 무엇을 해결할 수 있을까요? 해결은커녕, 문제를 더 악화시킬 뿐입니다.

강의를 듣고 많이 울었어요. 이웃 엄마한테 얘기했습니다. 애한테 너무 심하게 하는 것 같은데 그러다 아이하고 사이가 틀어지면 큰일이라고. 진심으로 얘기했는데 그 엄마가 저를 한심하게 보는 겁니다. 그렇게 엄마가 약해지면 어떻게 하느냐는 식으로 오히려 훈계를 하는데 정말 할 말이 없더라고요. _ 서울 송파 엄마의 진심은 개인적이지만 엄마의 욕심은 집단적입니다. 아무리 간절한 엄마의 진심이라도 집단적 문화의 보호를 받는 욕심을 이기기에는 역부족입니다. 엄마들이 지배적인 문화에서 벗어나려고 애쓸수록 또 다른 어려움에 빠집니다. 주변 엄마들이 적극적으로 나서서 아웃사이더로 취급합니다. 눈빛부터 달라집니다. 이방인 취급을 하는 정도를 넘어서 상종하면 안 되는, 반드시 비난하고 공격해서 멀리 내쳐야 할 좀비처럼 취급합니다.

"○○ 엄마는 도대체 아이를 어떻게 키우는 거야? 그렇게 물러 터졌으니까 애가 대드는 거지. 그런 엄마들이 물을 흐리는 게 문제라니까. 어디로 이사라도 가면 좋겠네."

엄마로서의 진심을 회복하기 위해 노력하다 보면, 뒤에서 일부러 들으라고 떠들어대는 엄마들을 만나게 됩니다. 보다 적극적으로 공세를 펴는 엄마들도 있습니다. "나도 애가 그런 적이 있어서 하는 말인데 그때 물러서면 정말 안 된다니까. 그게 다 기 싸움인데 벌써부터 밀리면 나중에 아이가 고등학교에 들어가면 어떻게 하려고 그래. 마음 단단히 먹고 내가 시키는 대로 해." 엄마의 눈물보다 강한 게 문화라는 사실을 새삼 확인합니다. 눈물은 순간이고 문화는 지속적입니다. 눈물은 개인적이고 문화는 집단적입니다. 문화를 따르면 능력 있는 엄마가 되는데 벗어나면 무능력한 엄마가 됩니다. 문화를 따르면 아이를 사랑하는 엄마가 되는데 벗어나면 아이보다 자신을 더 사랑하는 이기적인 엄마가 됩니다. 문화를 따르면 최신 엄마가 되는데 벗어나면 구식 엄마가 됩니다. 그래서 눈물을 흘리고 반성하다가도 오히려 더 적극적으로 엄마 주도성을 발휘하여 아이를 이전보다 더 확실하게 잡는 '괴물' 같은 엄마가 되는 것이겠지요. 그런 괴물 같은 엄마가 하나둘 늘어나면서 엄마

주도성이라는 문화는 더욱 강해지고, 강을 건너지 않고 진심을 지키려는 엄마들은, 괴물 엄마들의 등쌀에 더욱 고립되어 외로움을 느끼게 되는 것 같습니다.

친구 없는 아이

엄마 주도는 아이 주도와 상극입니다. 아이의 자발성을 심각하게 훼손하게 됩니다. 엄마가 준 마음의 상처는 어떤 식으로든 아이에게 나타나게 되어 있습니다.

> 아이에게 공부만 하는 삶을 살지 않게 하려고 공동육아에 보내고 학습 위주의 사교육은 하지 않았는데도 아이는 유사 틱과 각종 심리적 문제를 보입니다. 자신의 감정을 드러내거나 표현하는 데 서툴고요. 제가 어떻게 도와주어야 좋을까요? _ 서울 관악

최근 위와 비슷한 질문을 많이 받습니다. 공부보다는 아이의 행복을 위해 노력한 엄마인데 왜 아이는 그렇게 되었을까요? 엄마가 원하는 것이 공부인지 행복인지는 사실 중요한 문제가 아닙니다. 아이가 원하는 것이 무엇인지가 핵심이겠지요. 엄마의 생각에 따라 일방적으로 아이를 끌고 가면, 당연히 아이에게서 다양한 병리 현상이 나타납니다. 엄마 자신은 아이가 원하는 것을 마음껏 할 수 있도록 허용했다고 하지만 사실 아이가 원하는 것을 판단한 사람은 바로 엄마인 경우가 많습니다. 아이가 진정 원하는 것과 아이가 원하는 것이라고 엄마가 판단

한 것의 차이, 그에 따른 아이의 마음고생이 결국 다양한 증상으로 나타나는 것입니다. 이런 경우가 더 위험합니다. 성적만 좇는 엄마들과 자신은 다르다는 생각, 자신은 교육 철학이 있고 소신을 지키는 엄마라는 생각 안에 엄마 주도성이 도사리고 있으면 더 심하게 아이를 잡는 엄마가 됩니다. 위 엄마의 상담 내용 중 다음에 주목할 필요가 있습니다. '자신의 감정을 드러내거나 표현하는 데 서툴고요. 제가 어떻게 도와주어야 좋을까요?' 아이는 서툴기 때문에 엄마가 도와야 한다는 생각이 바로 엄마의 진심이 아닌 엄마 주도성에서 비롯됐다는 사실을 아직도 깨닫지 못하고 있습니다. 엄마 주도에서 벗어나 아이의 주도권을 인정하는 길밖에 없다는 사실을 깨닫기까지 갈등은 계속될 것입니다.

아이가 새로운 친구와 사귀는 데 자꾸 저의 도움을 원합니다. 이제 초등학생이 되니 스스로 사귀어야 한다고 말해주지만 한편으로는 좋은 방법을 제시해주고 싶습니다. 아이에게 어떤 방법을 제시해줘야 할까요? _ 서울 관악

엄마 주도성을 맹종하는 엄마들에게서 자주 듣는 하소연이 아이의 친구 문제입니다. 아이가 엄마 말을 잘 들어 만족하지만 친구 관계가 문제이고 사회성이 떨어지는 것 같아 걱정이라는 얘기를 숱하게 듣습니다. 하지만 아이가 엄마 말을 잘 듣는 것이 친구 관계를 가로막는 주원인이라는 생각은 못합니다. 엄마와의 관계에서 자율성을 인정받지 못한 아이가 어떻게 친구 관계를 제대로 만들 수 있을까요? 친구야말로 자기 마음에 들어야 하는 건데 엄마 마음에 드는 친구를 사귀어야 한다는 부담감 때문에 대부분의 아이가 대인관계에서 소극적이 되는 사정을 알아야 합니다. 역시 엄마 주도성이 낳은 심각한 부작용이라고

봐야겠지요. '스스로 사귀어야 한다고 말해주지만 한편으로는 좋은 방법을 제시해주고 싶습니다.' 아이에게 스스로 사귀어야 한다고 말은 하지만 좋은 방법을 제시하고 싶은 엄마의 마음, 이게 바로 심리학에서 말하는 이중구속입니다.

"엄마는 저한테 알아서 하라고 하는데요. 몇 번 제 마음대로 해본 적이 있어요. 그런데 엄마가 그렇게밖에 못하느냐는 식으로 화를 내시는데 할 말이 없더라고요. 그다음부터는 엄마 눈치를 더 보게 되더라고요."

저와 상담하는 아이들이 자주 하는 말입니다.

최근 우리 사회 곳곳에 숨어있는 엄마 주도성으로 인한 피해자들의 이야기가 조금씩 수면 위로 떠오르고 있습니다. 한 대학교 강의실에 낯선 중년 여성이 나타났습니다. 자초지종을 확인해보니 감기몸살을 앓는 아이를 대신해서 출석 체크를 하기 위해서였다나요. 한 학교의 교원 선발 면접 현장에 중년 여성이 나타났습니다. 서류 심사에서 워낙 우수한 평가를 받아 해당 학교에서 잔뜩 기대를 하고 있었는데 자초지종을 확인해보니 면접관들이 자기 아이를 오해할까 봐 대신 설명해주려고 왔다나요. 한 회사의 과장님 앞으로 꽃다발이 배달되었습니다. 보낸 사람이 정확하지 않아 여기저기 확인해보니 한 신입사원의 엄마가 자식 잘 부탁한다고 보냈다나요.

얼마 전 강의할 때 어떤 할머니가 매우 경청하시는 모습을 보고 의아했습니다. 손주 걱정이 되셔서 오셨나 했습니다. 강의 끝나고 상담을 요청하셨습니다. 무슨 이야기를 하실까 들어보니 30대 후반에 혼자 사는 장기실업자 아들 때문에 걱정이라고 하셨습니다. 좋은 대학도 나오고, 주변에서 아이 관리 잘한다는 칭찬이 자자했는데, 직장에서 한 번 심하게 고생하더니 그 뒤로 집에 눌러앉아 결혼할 생각도 안 하고 인생을 허비한다는 것입니다. 이 70대 할머니가 제게 물어보셨습니다. "지금이라도 아이가 스스로 살 수 있도록 도와줘야 하겠지요?" 이 생각으로 10년 넘게 고민하셨다고 합니다. 아이를 품에 끼고 관리하는 게 무엇인가 잘못되었다는 것, 아이가 건강하게 자라지 못하고 약해진다는 것을 어느 순간부터는 확실히 느꼈지만, 다른 방법을 시도하지 못하고 계속 망설이고 있었던 것이죠. 제 강의를 듣고 아이의 자립을 도와야겠다고 결심하려는데, 그래도 여전히 가시지 않는 불안감 때문에 마지막까지 기다리셨다가 물어본 겁니다.

이것이 엄마 주도성에 사로잡힌 대한민국 엄마들의 안타까운 모습입니다.

한 번 1등과 계속 1등의 차이

주변을 보면 엄마의 그늘에 가려 잠재력을 꽃피우지 못하고 시들어버린 어린아이 같은 청소년과 성인들을 흔히 볼 수 있습니다. 모두 엄마 주도성 문화가 가져온 심각한 부작용입니다. 하지만 후배 엄마들은 지금도 그처럼 나약한 아이를 만들기 위해 애쓰고 있습니다.

소장님 얘기를 듣고 아이를 강하게 키우겠다고 다짐했습니다. 그런데 저도 모르게 또 아이를 관리하고 있더라고요. 제가 보기에 정말 별 볼 일 없는 엄마 같은데 아이를 대학교 영재교육원에 보내고 있더라고요. 그 엄마 주변에 다른 엄마들이 모여드는 걸 보니까 제가 너무 초라해지는 거예요. 엄마가 주도적이면 아이가 약해지고, 결국 엄마도 아이도 불행해진다는 소장님 얘기가 더는 들리지 않더라고요. 들을 때는 분명 눈물이 났었는데 지금은 원망스럽습니다. 그냥 쭉 밀고 가는 건데 괜히 중간에 흔들려서 저도 아이도 뒤처진 거 같아 약이 올랐어요. _ 경기 일산

엄마 주도성 문화에 한번 오염되면 아무리 강단 있는 엄마라도 정신을 못 차립니다. 엄마들 사이에서 벌어지는 주도성 경쟁에 자신도 모르게 끼어들면 물불 안 가리고 앞만 보고 달리는 엄마로 돌변합니다. 아이의 일거수일투족을 철저하게 관리해야만 마음이 편한 'CCTV맘'들도 알고 보면 평범한 보통 엄마들입니다. 아이를 믿고 기다리는 것이 엄마의 도리라는 정도는 알고 있는 엄마들입니다. 하지만 몇몇 엄마 주도성의 성공 사례, 별 볼 일 없는 엄마들이 아이를 잘 관리해서 주변에서 부러움을 사는 모습을 접하면 약이 바짝 오르거나 초조해집니다. 아이 인생 길게 보고 가야 한다는 전통적인 지혜는 아이와 한 몸이 되어 달려가야 할 성공 가도에 장애물처럼 느껴집니다. 하지만 그런 엄마들의 일방적인 독주에 찬물을 끼얹을 만한 실패 사례는 충분히 있습니다.

안녕하십니까? 저는 SKY 대학은 아니지만 최근 SKY보다 더 주목받는 서울 명문사립대 중어중문학과 졸업 예정자입니다. 저는 사교육을 통해서 얻은 명문대 출신이라는 간판이 날개가 아니라 오히려 무거운 짐이 된다는 것을 고발하러 나왔습니다. 어려서부터 독서가 취미였고 공부에 재미를 금세 붙였습니다. 부모님의 기대가 클 수밖에 없었습니다. 엄마가 시키는 대로 학원에 다니라니까 다니고, 학원 외고 입시반에 가라면 갔습니다. 그리고 부모님 기대에 부응하기 위해 외고에 입학했고 명문대를 가라고 해서 한눈팔지 않고 열심히 공부해서 성적대로 대학에 입

학했습니다. 저는 엄마의 말에 아무런 토를 달지 않고 그대로 움직이는 모범생이었습니다. 내 적성이 무엇이고 필요한 공부가 무엇인지 고민해 볼 기회가 없었습니다. 대학에 입학하자마자 엄마는 목표한 바를 이루셨기 때문에 저에게서 손을 놔버리셨습니다. 누군가 강제로 시키지 않으니 스스로 공부할 것을 찾을 줄도, 대외활동 같은 경력을 쌓을 줄도, 취업을 앞두고 자기 계발을 할 줄도 몰랐습니다. 그 방황이 지금까지 이어져 오고 있습니다.*

분명 엄마 주도 문화는 성공 사례보다 실패 사례가 훨씬 많습니다. 그런데 소수 성공 사례는 크게 부풀려지고 다수 실패 사례는 숨어버립니다. 성공한 소수 학생은 학원 광고를 포함해 온갖 매체를 통해 널리 알려지고 실패한 다수 학생은 조용히 자취를 감춥니다.

엄마 주도성은 사교육 소비로 이어진다는 말을 했습니다. 소비를 부추기는 데 가장 효과적인 것이 바로 성공 사례입니다. 반대로 실패 사례는 철저히 숨겨야겠지요. 엄마가 열심히 잘해서 아이가 앞서가고 있다고 자랑하는 경우도 대부분 성공 사례인 척하는 것이지 사실은 실패 사례인 경우가 대부분입니다.

또 하나 엄마들이 잘 모르는 것이 있습니다. 한 번 1등과 계속 1등의 차이를 반드시 구분할 수 있어야 합니다. 제가 만든 말인 '한 번 1등'이란 엄마의 관리력으로 한때 공부를 잘했던 아이의 경우를 말합니다. 엄마의 관리를 잘 받아들여 아이가 고분고분 시키는 대로 잘 따라 하는 경우입니다. 아이가 잘 따라 하면 엄마들은 관리 강도를 높이고 이내

* EBS 2TV 특별기획, 〈전격 기자회견: 나는 고발한다〉 5부, 2015년 12월 18일.

아이들의 반발이 시작됩니다. 성적은 떨어지고 한 번 1등으로 그치게 되는 것이지요. 그런데 문제는 여기서 착시현상이 나타난다는 겁니다. 한 번 1등이 추락하면 또 다른 한 번 1등이 나타나기 마련인데, 아이들은 달라지지만 엄마들이 볼 때는 계속 엄마 주도성의 성공 사례가 이어지는 것처럼 보입니다. 아이들은 한 명씩 엄마 주도성의 희생양이 되어 쓰러지지만 아직 쓰러지지 않은 또 다른 한 번 1등이 나타나 엄마 주도성이라는 효과를 입증하는 증거가 됩니다. 실패 사례가 쌓이면서 약화되어야 마땅한 문화가 오히려 더욱 단단해지는 기현상이 벌어지게 되는 것이지요.

한 엄마의 일대기, 흥망성쇠의 과정을 모두 볼 수 있다면 아무리 표준적인 규범이 사라진 혼란스러운 상황이라 하더라도 대부분의 후배 엄마들은 엄마 주도성이라는 학부모 문화의 그늘에 자발적으로 들어가려 하지 않을 것이 확실합니다. 깜깜한 무대 전경은 보이지 않고 스포트라이트를 받는 장면만 보이는 상황, 바로 엄마가 주도하여 아이를 한 번 1등으로 만든 순간의 장면만 눈에 보이는 상황을 연출하여 다수 엄마들을 홀리고 있습니다. 화려한 조명 밖, 쓰러진 많은 아이와 그들을 지켜보는 엄마들의 눈물을 함께 보아야 하는데, 그래야 저의 진심이 통하고 엄마들의 진심도 살아날 텐데 걱정이 많습니다.

엄마는 매니저가 아닌 파트너

부모 교육을 마치고 나면 다른 분들이 모두 떠날 때까지 기다렸다가 조심스럽게 질문을 하는 엄마들이 종종 있습니다.

학부모 ___ 사실 저는 오늘 소장님 강의를 들을 때까지 자신이 있었습니다. 저는 영어를 못하지만 엄마표 영어를 열심히 배워 아이가 영어를 잘합니다. 요즘은 공부 습관을 잡아주는 중인데 조금씩 문제가 생기는 것 같아 고민하다가 오늘 왔습니다. 아이 표정을 보면 알 수 있다는 소장님 말씀을 듣고 제가 잘못 가고 있다는 생각을 했습니다. 아이가 제가 시키는 걸 그럭저럭 잘하는 것 같았는데 요즘 들어 말수도 줄고 자꾸 건성으로 한다는 느낌을 받았거든요. 정말 제가 잘못하고 있는 걸까요?

박 소장 ___ 아이가 부담을 느끼는 것 같습니다. 아이가 엄마의 요구에 조금씩 거부감을 느끼기 시작하면 그다음부터는 손을 쓸 수 없어요. 공부 습관이 중요한 게 아니고 아이가 자신이 느끼는 감정을 엄마에게 솔직하게 말할 수 있도록 관계 회복에 집중하셔야 합니다. 아이 마음과 엄마 마음이 서로 통하는 상태여야 엄마의 노력이 아이에게 자연스럽게 흘러들어 갈 수 있어요. 엄마가 아무리 유능한 매니저가 되더라도 결국 공부는 아이가 하는 건데 엄마의 요구에 부담을 느끼기 시작하면 엄마의 노력은 아이에게 약이 아니라 독이 됩니다. 마음이 멀어진 상태에서 엄마의 노력은 아이에게 흘러가지 못하고 엄마 마음에 쌓이게 돼요. 그러면 아이가 점점 미워지고 실망하고 원망하는 수준까지 금세 갑니다. 그렇게 아이 마음과 자꾸 멀어지면 자신도 모르게 아이를 학대하는 엄마가 된다는 사실, 꼭 명심하셔야 해요. 아이를 위해 뭘 해야 할지, 어떻게 해야 할지 고민하는 대신 다시 아이와 같은 마음이 되도록 노력하시면 됩니다. 아이 마음에 다시 엄마 마음이 접속할 수 있어야 엄마의 노력이 아이에게 흘러갈 수 있습니다.

엄마의 관리는 아이가 아직 스스로의 마음을 알아차리지 못할 때까지, 엄마 마음이 아직 자기 마음과 비슷하다고 느낄 때까지만 통한다는 말을 거듭했습니다. 엄마의 관리력이 높아질수록 아이들의 마음은 엄마들의 마음과 멀어집니다. 그런데도 엄마들은 엉뚱한 방향으로 계속 갑니다. 엄마 주도의 관리를 내려놓고 멀어진 아이 마음에 가까이 갈 수 있어야 하는데 새로운 관리법으로 눈을 돌립니다. 엄마들의 잘못이라기보다는 엄마들이 그런 착각에 빠져야 자신의 이익을 챙길 수 있는 사람들이 너무 많아진 탓이겠지요.

언제부터인가, 엄마는 매니저라는 콘셉트의 책들이 인기를 끕니다. 엄마표는 영어에 이어 수학에서 국어까지, 전 과목으로 확장되는 추세입니다.

아이 잘 키워보려고 육아서부터 안 읽은 책이 거의 없습니다. 부모 교육도 정말 열심히 찾아다녔죠. 교육 관련 다큐멘터리도 빠짐없이 보고 적었습니다. 제 주변 엄마들이 모르는 게 있으면 제게 항상 물어보았고, 저는 어렵지 않게 답할 수 있었습니다. 그런데 어느 날 아이에게 틱 증상이 나타났습니다. 또 여기저기서 정보를 구해 약물 치료를 하게 됐습니다. 문득 생각했습니다. 제가 공부한 걸 늘 아이에게 적용하려고 했는데 혹시 그래서 아이가 스트레스를 받은 걸까? 제가 노력할수록 아이들은 점점 까칠해졌던 것 같은데 이제야 왜 그랬는지 알 것 같습니다. 요즘은 아이들에게 미안한 마음뿐입니다. _충남 천안

표준적인 규범의 빈자리를 엄마의 노력으로 채우려는 시도 자체는 전혀 문제가 없습니다. 하지만 엄마만의 노력으로는 한계가 분명합니다. 3부와 4부에서 자세히 알아보겠지만 아이와 한편이 되어 같이 가야 합니다. 그래야 더 멀리, 지치지 않고 오래갈 수 있습니다. 아이를 잘 관리하는 매니저 엄마를 성공 사례로 착각하면 엄마 주도성이라는 문화에 휘말리게 되고, 아이와 함께 가는 것이 아니라 아이를 끌고 가야 합니다. 아무리 일찍 시작해 빨리 달려도 아이는 힘겹고 엄마는 지치면서 중간에 포기하게 됩니다. 아이와 엄마 마음이 멀어진 상태에서 엄마의 노력은 결코 아이에게 약이 될 수 없습니다. 독이 될 뿐이죠.

아이를 믿고 기다리다 때를 놓치면 큰일이라는 말이 늘 걸렸습니다. 아이를 믿고 기다린 엄마들이 꼭 후회하고 나중에 손을 쓰려면 돈도 더 든다는 말에 넘어졌습니다. 그러다 문득 저희 엄마 모습이 떠올랐습니다. 제가 알아서 할 때까지 늘 기다려준 엄마를 기억하자 제 마음이 달라졌습니다. 지금은 믿고 기다리는 건 때를 놓치는 것이 아니라 가장 확실한 때를 찾는 것이라고 생각을 바꾸었습니다. _충북 청주

주변에서 주도성이 지나친 엄마들을 보면서 아이를 적극적으로 도와주는 엄마가 아니라 아이를 몹시 괴롭히는 엄마라고 생각할 수 있기를 바랍니다. 그런 엄마들처럼 아이의 일거수일투족을 감시하지 못한

다고 불안해할 필요가 없습니다. 아이에게도 혼자만의 시간, 독립된 공간이 꼭 필요합니다. 아이가 클수록 엄마의 부담이 커질 것처럼 여겨지면 지금 잘못된 방향으로 가고 있음을 알아차려야 합니다. 아이가 클수록 엄마는 홀가분해진다는 기대가 생기고, 그렇게 되기 위해 노력해야 합니다. 엄마 역할에 피로감을 느끼고 있다면 지금 아이에게 하고 있는 엄마 역할에 대한 구조 조정이 필요하다는 신호입니다. 엄마로서 행복감을 느낄 수 있을 때까지 덜어내고 비워야 합니다. 아이에게 어떤 일이 생길까 미리 걱정된다면 역시 잘못 가고 있는 게 확실합니다. 평소 아이 마음을 잘 들여다보고 아이가 도움을 청한 다음에 엄마로서 무엇을 해야 하는지 생각해도 늦지 않다는 생각이 들어야 합니다.

아이 인생은 엄마가 살아줄 수 없다. 아이의 꿈과 진로의 주인공은 엄마가 아니라 아이가 되어야 한다. 아이 인생의 주연은 아이이고 부모는 스텝이 되어야 한다. _ 강원 원주

엄마가 주인공이 돼서는 절대 안 됩니다. 관리자, 매니저가 돼서도 결코 안 됩니다. 엄마는 스텝이고, 보호자이고 파트너여야 합니다. 그래야 아이들이 주인공으로서 책임감을 가지고 엄마들에게 멋진 모습을 보여줄 것입니다. 지금까지 아이들의 모습에 실망했다면 그건 아이가 주인공이 되지 못했기 때문임이 확실합니다. 엄마가 주인공 자리를 아이에게 내주는 순간부터 아이는 다른 모습을 보이기 시작합니다.

아이를 끌고 100미터 달리기처럼 전력 질주하는 나대는 엄마들의 페이스에 휩쓸리면 안 됩니다. 아이와 한마음으로 손잡고 보폭을 맞춰 가면 지치지 않고 오래, 멀리 갈 수 있습니다. 그래야 앞설 수도 있습니다.

04

아이 성적에 목숨 건 엄마들

'성적 지향성'[•]은 '성적이 자녀 교육 지원 방식을 결정한다'는 의미입니다. 우리나라 엄마들은 성적에 목숨을 걸다가 아이가 한계를 보이면 그때서야 아이의 적성과 진로를 생각한다는 말이 되겠네요.

엄마의 아이 성적에 대한 집착이 현재의 불행은 물론 미래까지 망칩니다. 하지만 아이 성적에 대한 엄마의 집착은 진심이 아닙니다. 아이가 태어나는 순간, 존재 자체만으로 행복했던 바로 그 마음이 엄마의 진심입니다. 그러나 언제부턴가 엄마들은 성적이 나쁜 아이를 미워합니다.

"아직 어려서 그런 거니까 너무 걱정하지 마!", "공부도 다 때가 있어!", "그런 아이가 정신 차리면 더 무섭게 공부한다니까!" 성적표에

• 한국교육개발원, (2007년 12월). 〈학부모 문화 연구〉, 209쪽.

찍힌 숫자를 보고 조급해진 엄마에게 전해지는 어른들의 이야기는 큰 위로가 되었습니다. 모든 일에는 때가 있다는 표준적인 규범의 보호를 받는 엄마들은 비록 아이의 성적이 나빠도 성장 가능성을 쉽게 포기하지 않았습니다. "야 그놈 봐라, 장군감인데!", "저 녀석 뭘 해도 잘하겠는걸!", "저런 애가 커서 더 잘 산다니까!" 아이가 비록 공부를 못해도 엄마들은 쉽게 실망하고 좌절하지 않았습니다. 주변에서 들려주는 이웃들의 이야기가 큰 희망이 되었습니다. 사람은 누구나 타고난 재능이 있기에 자기 밥그릇은 타고난다는 표준적인 규범의 지원을 받는 엄마 마음은 아이의 잠재력에 대한 믿음을 쉽게 포기하지 않았습니다.

성적이 뭐길래

우리나라는 전통적으로 공부를 몹시 강조하는 역사를 가지고 있습니다. 하지만 우리의 전통에는 공부 일변도의 분위기를 견제할 수 있는 건강한 규범도 살아있었습니다. 비록 공부는 못해도 아이의 다양한 가능성을 인정하는 말들을 쉽게 들을 수 있었습니다. 하지만 오늘날 엄마들의 마음은 완전히 달라졌습니다. 아이의 성적에 따라 일희일비하는 엄마가 되었습니다. 급기야 성적 때문에 아이를 학대하는 엄마들도 흔히 볼 수 있습니다.

> 학습지 교사로 일하던 A(47·여) 씨는 2008년, 당시 중학교 1학년이던 아들을 성적이 떨어진다는 이유로 학대했다. '죽는 게 낫다'는 욕설은 물론이거니와 책상에 톱질을 하거나 잠을 자지 못하도록 침대 매트리스를

세워놓기도 했다. 식사 중이던 아들을 발로 차기도 했다. 이런 학대는 아들이 초등학생일 때부터 시작됐다. 문제집을 제대로 풀지 못하면 "살아봤자 사회에 쓰레기가 된다", "저 ○○하고 인연을 끊어야지 집구석 말아먹게 생겼네"라는 폭언이 이어졌다. 아들과 두 살 터울의 장녀는 상대적으로 성적이 좋아 편애했다.[•]

지난주 부산의 중학교 2학년 학생이 20층 베란다에서 몸을 던졌다. "이번 시험 정말 잘 치려고 엄청 노력했지만 뜻대로 안 됐다. 성적 때문에 비인간적인 대우를 받는 이 세상을 떠나기로 결정했다"고 한다. 아이팟을 갖고 싶었던 그 아이는 중간고사 성적이 오르면 사주겠다는 부모의 약속에 나름 최선을 다했지만 결국 원하는 결과를 얻지 못했다. 스마트폰도 얻지 못하고 부모에게 꾸지람까지 들은 그는 "성적으로 사람을 평가하는 이 사회를 떠나고 싶다. 한국이 왜 자살률 1위인지 잘 생각해보라"며 우리 어른들을 일갈한다. 그런데 그 아이가 남긴 마지막 부탁이 나의 눈시울을 뜨겁게 한다. "아이팟을 함께 묻어달라."[••]

물론 위와 같은 사례들이 극단적인 것은 분명합니다. 하지만 그런 비극적인 일들이 벌어지는 사회에서 엄마들과 아이들이 함께 살아가고 있습니다. 비록 정도의 차이는 있겠지만 대부분의 엄마와 아이도 비슷한 영향권 안에 있다고 보고 조심하고 경계해야 하지 않을까요?

• 〈코리아 헤럴드〉, 2011년 9월 28일.

•• 〈경향신문〉, 2011년 2월 30일.

영어 유치원 하나에 소아정신과도 하나

방송 프로그램 녹화 중에 있었던 일입니다. 사회자는 부부였는데 잠시 쉬는 시간에 아빠가 먼저 고민을 털어놓습니다. "집사람이 심하게 아이 공부에 신경을 쓰는 것 같아요. 아이는 아직 어린데, 교육에 관련해서는 집사람이 너무 예민하게 반응해서 말도 못 붙이게 하네요. 제 생각을 얘기하면 옛날이야기 그만하라고 화를 버럭냅니다." 저는 이미 방송 녹화 중에 엄마가 성적 지향 문화의 포로라는 걸 쉽게 알 수 있었습니다. 아이는 이제 겨우 네 살이지만 엄마는 아이의 수준을 다양하게 측정하여 관리하고 있었습니다. 제가 아빠와 대화하는 중에 엄마가 끼어들어 조언을 청합니다. 지금 아이에게 한글은 ○○을, 영어는 ○○을, 수학은 ○○을 시키고 있는데 혹시 더 좋은 게 있으면 추천해달라고 합니다.

"너무 빠른 것 같은데요? 지금은 그렇게 일찍 시작한 아이와 나중에 시작한 아이가 많이 차이 나는 것 같지만 초등학교에 다니면 거의 비슷해집니다. 그런데 문제는 일찍 시작한 아이는 그만큼 그 시절에 꼭 경험해야 할 것들을 건너뛰어 나중에 두고두고 문제가 되는 경우가 있습니다. 신체 활동과 정서 활동 그리고 인지 활동이 시기별로 균형을 이루어야 하는데, 네 살이면 신체 활동과 정서 활동이 중심이 되어야 해요. 쉽게 말해 몸과 마음이 튼튼하게 자란 후에 머리 쓰는 일을 시작해야 열심히 할 수 있고 노력한 만큼 실력도 늘게 됩니다."

제 말에 아빠는 표정이 밝아졌지만 엄마는 눈빛이 달라졌습니다. 그리고는 쏘아붙이듯이 말합니다. "제 아이는 보통 수준이거든요. 다른 애들 보면 얼마나 잘하는지 몰라요. 제 아이가 뒤처지는 걸 그냥 지켜

볼 순 없잖아요." 그 엄마에게 '영어 유치원이 하나 생기면 소아정신과 병원도 하나 생긴다'는 말을 하고 싶었는데 참았습니다. 이미 엄마 마음에 성적 지향성이라는 문화가 꽉 차 있었습니다. 제가 아무리 진심을 얘기해도 공격하거나 비난하는 얘기로 들릴 게 뻔했습니다. 지금도 가끔 방송에서 그 아빠를 봅니다. 아이는 커서 초등학교에 다닐 텐데 현재는 어떤 모습일까 궁금합니다.

아이 교육이 처음인 후배 엄마들은 요즘 엄마들이 얼마나 아이 성적에 병적으로 집착하는지 잘 모릅니다. 엄마로서 해야 할 일을 판단할 때 아이 성적을 가장 중요한 기준으로 삼는다는 사실을 모르고 있습니다. 여기에서 성적은 시험 성적만이 아니라 다른 아이와 비교하여 우열을 가릴 수 있는 다양한 기준을 모두 포함합니다.

역사를 좋아하는 아이가 있습니다. 그냥 좋아하는 정도가 아니라 몇몇 주제는 '덕후' 수준의 실력을 갖고 있습니다. 역사학자가 되겠다는 꿈도 분명합니다. 웬만한 역사책은 거의 섭렵했고, 그 과정에서 독해력을 길러서 그런지 다른 과목 공부에도 별 어려움이 없습니다. 문제는 수학인데 영 흥미를 붙이지 못했습니다. 그럭저럭 학교 수업을 따라가는 정도는 되지만 다른 과목에 비해 성적이 많이 떨어지는 편이었습니다. 결국 엄마와 거의 매일 수학 때문에 전쟁을 치루는 상황에 처했습니다. 엄마는 아이가 수학도 잘해야 좋은 대학에 갈 수 있다는 생각, 수학을 잘하게 하려면 모든 수단과 방법을 총동원해야 한다는 생각에 사로잡혀 있습니다. 아이가 수학에 대한 거부 반응을 심하게 보일수록 엄마로서 더욱 의지를 불태웠습니다. 아이가 수학만 잘하게 되면 엄마로서의 임무는 완수한 것이라고 믿기 때문입니다. 엄마는 자신의 수학 성적에 대한 집착 때문에 아이 표정이 갈수록 어두워지고 있다는 사실을 모릅니다. 엄마가 아이를 공격할 때 주로 이렇게 말합니다. "너는 역사는 그렇게 좋아하고 잘하면서 수학은 왜 그렇게 건성으로 하는 거니? 역사처럼 수학도 열심히 하면 얼마든지 잘할 수 있을 텐데 어떻게 하고 싶은 과목만 공부하면서 세상을 살려고 하니?" 엄마의 공격이 계속될수록 아이의 생각은 달라집니다. 자신을 역사를 좋아하고 잘하는 훌륭한 아이에서 수학을 싫어하고 못하는 형편없는 아이라고 생각하기 시작합니다. 엄마가 아이에게 짜증을 부릴 때 주로 쓰는 메시지입니다. "너는 왜 그렇게 엄마 마음을 몰라주니? 이미 충분히 잘하는 역사는 조금 덜해도 되고 대신 수학 공부만 조금 더 열심히 하면 될 텐데, 왜 그렇게 속을 썩이니?" 엄마의 짜증이 계속될수록 아이 생각은 또 바뀝니다. 한때 자신의 역사 실력 때문에 엄마를 기쁘게 했던 훌륭한 아이에서 엄마 말을 잘 듣지 않고 힘들게 하는 못된 아이라고 생각하기 시작합니다.

엄마와의 관계가 어그러지면서 아이 마음에는 스트레스가 쌓입니다. 때때로 엄마가 그렇게 간절히 원하는 수학 성적을 얻지 못하면 엄마한테 버림받을 수도 있다는 불안감에 휩싸입니다. 수학을 못하면 정말 자신의 미래가 없을 것 같다는 불안감도 자주 밀려옵니다. 이런 상황에서 어떤 아이는 심한 스트레스에서 벗어나려고 본능적으로 중독에 빠집니다. 게임에 몰두하거나 인터넷을 떠돌아다닐 때, 연예인 등에 광적으로 빠져들 때만 엄마가 주는 스트레스에서 벗어날 수 있습니다. 다른 어떤 아이는 그런 견디기 어려운 심리 상태에서 벗어나지 못하고 우울증에 걸립니다. 또 다른 어떤 아이는 그런 참기 힘든 심리 상태에서 탈출하기 위해 자살 충동을 느낍니다. 모든 공부를 포기하고 엄마가 하지 말라는 짓만 골라 하면서 문제 행동을 일으키는 아이들도 있습니다.

아이가 공부를 못해도 성실하니까 자기 앞가림은 잘할 거라고, 아이의 단점보다는 장점을 볼 수 있었던 엄마 마음이 달라졌습니다. 아무리 장점이 많아도 공부를 못하면 다 소용없다고 생각합니다. 아무리 공부를 못해도 다른 재능을 살리면 뭐가 문제겠냐는, 아이의 가능성을 볼 수 있었던 엄마 마음이 변했습니다. 아무리 가능성이 많아도 공부를 못하면 한심한 아이라고 몰아세웁니다.

걱정과 비교가 판치는 시대

아이의 숨겨진 가능성이 아무리 커도 지금 당장 확인한 성적이 나쁘면 우울해지고 마치 아이에 대한 희망을 포기해야 할 것처럼 다급해지는 엄마들. 그런 엄마들의 변심에도 다 사연이 있겠지요.

아직 유치원에 다니지만 학습지 선생님이 오셔서 아이에 대한 진단평가 결과를 설명하는데 가슴이 철렁했습니다. 사실 조금 느긋하게 생각하고 있었는데, 이미 아이의 기초 학력이 다른 아이들에 비해 많이 뒤떨어진다는 얘기를 들으니까 정신이 번쩍 나더라고요. _서울 마포

영어 학원에서 레벨 테스트를 받았는데 들어갈 반이 없다고 하더라고요. 아직 학교에서 영어를 배우는 것도 아니고 조금씩 영어 공부를 시키려고 했는데 그런 말을 들으니까 정말 기가 막힌 거 있죠. _서울 송파

요즘 엄마들은 예전과 달리 자기 아이를 비교 대상으로 삼는 이야기

를 너무 자주 듣습니다. 엄마가 아이 공부에 더 신경을 쓰지 않으면, 아이는 앞으로 영영 뒤처질 것이라는 절망적인 예언을 듣는 겁니다. "아직 아이가 어려서 한참 뛰어놀기 좋아할 때인데 엄마가 아이 공부에 너무 신경 쓰면 오히려 아이한테 안 좋다니까." 이런 얘기를 들었던 예전 엄마들에 비교하면 상황이 정말 달라진 게 맞습니다. 레벨 테스트는 물론이고 각종 자격증 취득 여부에 공인인증시험 성적까지, 거기에 경시대회 수상 실적까지 아이들을 한 줄로 세워 우열을 가리는 일들이 흔히 벌어지는 세상이 되었습니다. 아마 예전 엄마들도 비슷한 상황에 처했다면 지금 엄마들과 비슷한 모습을 보이지 않았을까 생각해봅니다.

시대와 상황을 초월한 보편적인 엄마 마음이라는 것이 과연 있을까요? 최근 연구 결과에 따르면 생물학적으로 유전되는 엄마 마음이라는 것은 없다고 합니다. 엄마 마음도 시대와 상황에 따라 달라지는 것이라고 보는 견해가 설득력을 얻고 있습니다. 엄마들에게는 아이를 믿는 마음과 걱정하는 마음의 유전자가 모두 있는 것 같습니다. 문제는 지금 우리의 현실입니다. 믿음 유전자의 스위치는 끄고, 걱정 유전자의 스위치는 켜는 상황입니다. 존재 자체의 가치를 존중하는 유전자는 끄고, 비교 우위의 가치만 인정하는 유전자만 켜는 상황인 것 같습니다. 걱정과 비교 그리고 경쟁 유전자만 작동하는 엄마 마음은 과연 어떤 상태일까요? 그런 엄마 마음을 저는 성적 관리자의 마음이라고 표현합니다.

아이 성적을 관리해주는 온갖 사교육 서비스가 엄마들을 포위하는 현실을 바로 볼 수 있어야 엄마의 진심을 지킬 수 있습니다. 하지만 안타깝게도 요즘 대부분의 엄마들은 성적 관리자로서의 마음으로 거의 기울어져 있습니다.

믿는 만큼 자라는 아이들

지금 엄마와 아이 사이에는 성적이라는 강물이 흐르고 있습니다. 엄마와 아이 사이의 강은 점점 깊어지고 넓어지고 있습니다. 제 눈에는 선명하게 보이는 아이들의 잠재력이 엄마 마음에는 전혀 보이지 않습니다. 제 마음에는 쉽게 느껴지는 아이들의 공부 상처가 엄마 마음에는 전달되지 않습니다. 엄마 마음에는 아이가 공부 의욕이 없고 성적이 부진한 문제 학생으로 나타날 뿐입니다. 이미 자신의 마음은 몰라주고 맹목적인 성적 욕심에 사로잡혀 자신을 힘들게 하는 엄마들에 대한 아이들의 반발은 지금 대한민국 곳곳에서 벌어지고 있습니다.

아이가 어려서부터 똑똑하다는 소리를 자주 들었어요. 워낙 책 읽기를 좋아하고 아이가 하는 말을 들은 주변 사람들이 영재성이 번뜩인다며 많이 칭찬해 주기도 했습니다. 학교 공부는 시시하게 생각해서 영재교육을 하는 곳에 아이를 보내기 시작했어요. 역시 기대한 대로 아이가 정말 영특하다는 얘기를 들었습니다. 자연스럽게 주변 엄마들과 친해지면서 아이들 학원 시간표를 같이 짜고 열심히 뒷바라지를 했습니다. 그런데 초등학교 5학년 때부터 아이가 달라지기 시작했습니다. 아토피도 생기고 표정도 어두워지고 학원 숙제도 제대로 안 하는 것 같고 예전과 달라진 모습을 보면서 많이 고민했습니다. 하지만 여기서 포기하면 죽도 밥도 안 된다는 생각에 중학교 2학년 때까지 거의 매일 전쟁을 치르면서 아이를 공부시키려고 별짓을 다했어요. 결국 담임 선생님이 불러서 학교에 갔습니다. 공부가 문제가 아니었습니다. 왕따 수준의 외톨이처럼 학교 생활을 하고 있었고, 몰래 만화책을 보는 시간을 빼고는 거의 수업 시간에 잠만 잔다는 얘기를 들었습니다. 아이를 붙잡고 많이 울기도 했는데 결국 정신을 차리고 보니

제가 아이를 망쳤다는 생각이 들었습니다. 아이한테 무릎 꿇고 싹싹 빌고 싶은 심정이었습니다. _ 경기 성남

아이의 변해가는 모습을 지켜보면서 엄마는 얼마나 마음이 아팠을까요? 오직 성적만으로 아이를 판단하는 엄마, 그런 엄마와 함께 살아가는 아이들의 삶은 과연 어떨까요? 엄마를 만족시키기 위해서는 끊임없이 시험 공부와 성적에 신경을 곤두세워야 하는 아이, 그런 아이가 감당해야 하는 스트레스가 아이의 몸과 마음을 온전하게 놔둘 가능성이 얼마나 될까요? 성적의 변화에 따라 자신의 가치를 달리 평가하는 엄마, 그런 엄마와 함께 살아가는 아이가 자존감을 지킬 가능성은 거의 없습니다.

요즘 후배 엄마들은 모릅니다. 성적에 마음을 빼앗긴 선배 엄마들이 어떤 일을 겪었는지. 전 세계에서 사교육 산업화에 가장 성공한 나라 대한민국, 이 나라에서 아이를 키우는 엄마들의 마음은 어쩔 수 없이 성적 관리자의 마음으로 변질됩니다. 아이 성적을 관리하기 위해 애쓰는 엄마, 그런 엄마의 관리에 거부감을 느끼고 반발하는 아이, 그런 엄마와 아이의 모습이 우리나라 가정의 행복을 짓밟고 있습니다.

사교육이 엄마와 아이 모두를 불행하게 만드는 것을 원치 않는다면 당연히 달라져야 하겠지요. 하지만 개선은커녕 상황은 점점 악화되는 것 같습니다. 아이의 반격으로 톡톡히 후한을 치른 선배 엄마들이 이제 막 아이의 성적 관리에 뛰어들려는 후배 엄마들에게 자신의 경험담을 솔직하게 얘기해준다면 상황은 분명 달라질 겁니다. 사교육 마케팅이 아무리 교묘하더라도 다수 선배 엄마들에게 들은 가슴 아픈 실패 경험을 이길 수는 없을 겁니다.

문제는 실패한 다수의 선배 엄마들이 침묵하고 있다는 점입니다. 아이 건강에 문제가 생겼다는 핑계를 대거나 조용히 다른 곳으로 이사를 가서 자신의 과거를 묻어버립니다.

반면 사교육의 목소리는 더욱 기승을 부립니다. 선배 엄마들이 간 길, 그 길로 따라가서 가슴 아픈 사연의 주인공이 되고 싶지 않다면 후배 엄마들은 현재 우리나라 엄마들이 어떤 상황에 처해있는지, 왜 엄마들의 마음이 달라졌는지, 왜 그렇게 아이들의 성적에 목숨을 걸게 되었는지, 상황 파악을 제대로 해야 합니다.

엄마 마음과 아이 마음이 비슷한 경우를 드물게 봅니다. 주변 엄마들이 하는 말보다는 옛날 엄마들의 지혜를 믿는 엄마들입니다. 엄마가 관리한 만큼 아이 성적이 나온다는 말을 들어도 흔들리지 않고 엄마가 믿는 만큼 아이는 자란다는 말을 떠올릴 수 있는 엄마들입니다. 사교육 종사자들의 말보다는 예전에 부모들에게 들었던 말을 더 신뢰하는 엄마들입니다.

이런 엄마들은 아이가 성적이 떨어지면 새로운 사교육 서비스를 찾아 나서기 바쁜 엄마들과는 달리, 부진한 성적 때문에 아이가 받는 스트레스를 고스란히 느낍니다. 당연히 엄마 마음이 아이에게 위로가 되고 다시 아이 마음에는 의욕이 충전됩니다. 그리고 부진한 성적 때문에 아이가 좌절하거나 불안해하지 않도록 엄마로서 어떤 일을 해야 하는지 고민합니다. 엄마의 지지와 격려 덕분에 아이가 자신의 장점을 살려 성취감을 느끼고 자존감을 회복하게 되면 공부에도 의욕을 보이기 시작합니다.

아이 성적에 대한 엄마의 집착은 엄마의 진심이 아닙니다. 엄마 마음이 진심이라면 반드시 아이와 통해야 하는데 사교육 업자와 오히려 잘 통하는 것을 보면 알 수 있습니다. 아이 마음을 힘들게 하는 게 엄마 마음일 수는 없습니다. 아이 마음에 힘이 되어야 마땅합니다. 아이의 성적만 관리하는 엄마는 울고, 아이의 성적 스트레스를 잘 관리하는 엄마는 웃습니다.

05

정보의 함정에 빠진 엄마들

'정보의 질이 성적을 좌우한다'는 믿음이 정보 의존성•이라는 학부모 문화입니다. 엄마가 평소 열심히 정보 사냥을 하지 않으면 아이의 공부와 미래에 심각한 불이익을 당할 것이라는 강박관념이 바로 정보 의존성이라는 학부모 문화입니다.

엄마에게 복수하고 싶은 아이들

엄마에게 반드시 복수하겠다는 아이 말을 듣는 순간 섬뜩했습니다. 아이 표정을 세밀하게 관찰했습니다. 그냥 하는 소리가 아니었습니다. 도대체 엄마가 아이에게 무슨 짓을 한 걸까, 어떻게 아이 입에서 그런

• 한국교육개발원, (2007년 12월). 〈학부모 문화 연구〉, 210쪽.

말이 자연스럽게 나온 걸까 궁금해졌습니다.

아이가 겨우 걸음마를 시작한 시절부터 최신 교구가 쥐어졌습니다. 한글을 떼자마자 유아용 전집도 모두 읽어야 했습니다. 영어 유치원을 다녔고 여러 체험학습 프로그램에도 참여했습니다. 초등학교에 입학하기 전에 어학연수도 다녀왔고 한자급수검정 자격증도 땄습니다. 매일 하는 학습지도 점점 종류가 늘어났고 경시대회도 참가했습니다. 국어와 사회 과목에는 흥미가 있었지만 수학과 과학 쪽은 별 관심이 없었다고 합니다. 특히 문제가 된 건 수학이었습니다. 엄마가 아이에게 시킨 수학 공부는 상상을 초월하는 수준이었습니다. 주변에서 영재 소리를 듣는 아이였는데 수학 성적이 늘 문제였습니다. 집에서 먼 대치동까지 수학 학원에 다녔고 과외 선생님도 여러 번 바뀌었다고 했습니다.

아이 엄마를 만났습니다. 엄마에게 복수하겠다는 아이 말은 차마 전할 수 없었습니다. 조금 얘기를 나누다가 무슨 말을 해도 알아듣지 못하는 상태라는 것을 알아차렸습니다. 엄마는 아주 당당했습니다. 아이를 위해 최선을 다한다는 자부심을 보였습니다. 엄마로서 아이에게 최고의 교육 환경과 기회를 제공하고 있다는 생각이 분명했습니다. 자신의 정보력을 바탕으로 아이를 키운 결과 아이가 영재가 되었다는 믿음도 분명했습니다. 유독 수학만 원하는 결과를 얻고 있지 못하지만 계속 노력하고 있다고 했습니다. 자신의 정보력에는 문제가 없는데 아이가 잘 따라주지 않는 게 문제라는 생각과 동시에 좀 더 정보력을 잘 발휘하면 결국 수학 성적도 올릴 수 있을 것이라는 기대를 가지고 있었습니다.

저에게는 숨겼지만 엄마는 분명 아이를 학대하고 있었습니다. 정보력을 최대한 발휘하여 찾은 온갖 수단과 방법을 총동원했지만 기대에 미치지 못하는 아이의 수학 성적을 확인하는 순간, 아이를 때리지 않으면 견딜 수 없는 엄마였습니다. 아이는 엄마가 입에 수건을 물리고 때린 적도 있다고 말했습니다. 자신의 정보력을 입증하기 위해 아이를 학대하는 것이 분명했습니다.

정도의 차이는 있지만 비슷한 엄마들을 많이 만났습니다. 처음에는 자신의 정보력에 확신을 갖고 출발합니다. 엄마들은 아이에게 필요한 것을 선택할 때 쉽게 결정하지 않습니다. 다양한 경로를 통해 최대한 많은 정보를 수집하고, 장단점을 꼼꼼히 따진 후 최선의 선택을 하기 위해 많은 시간과 노력을 기울입니다. 하지만 아이가 아직 어려서 엄마가 시키는 대로 잘 따라 할 때를 지나면 비극이 시작된다는 사실을 잘 모릅니다. 자신도 모르게 아이를 학대할 수 있다는 것도 모릅니다.

대한민국은 지금 정보 전쟁 중

아이에게 '최고'를 제공했는데도 아이가 그만한 결과를 보여주지 못하면 엄마는 기로에 서게 됩니다. 자기 탓을 할 수도 있지만 백발백중 아이 탓을 합니다. 그 누구도 엄마의 정보력에 문제가 있다는 지적을 하지 않기 때문입니다. 주변 엄마들 모두 그 엄마의 정보력을 부러워하고, 지배적인 학부모 문화가 엄마의 정보력을 계속 찬양하고 있기 때문에 반성할 기회가 없습니다. 여기저기서 쏟아지는 최신 정보에 신경을 쓰다 보면 자신을 돌아볼 겨를이 없습니다. 이전과 달리 아이에게 왜 정보가 잘 통하지 않을까, 혹시 자신의 정보에 문제가 있는 건 아닌지 고민하기보다 새로운 정보 찾기에 바쁩니다. 결국 엄마는 정보를 얻기 위한 자신의 노력을 스스로 부정하며 잘못을 인정하기가 쉽지 않습니다.

주변에서 이전과 달라진 아이 모습을 보고 문제가 있는 게 아니냐고 엄마에게 묻지만 엄마는 그 말이 들리지 않습니다. 아이에게 문제가 생겼다는 사실을 도저히 인정할 수가 없기 때문입니다. 조금만 더 정보력을 발휘하면 충분히 해결할 수 있는 문제라고 생각해야 마음이 편하기 때문입니다. 아이의 문제는 심각한 것이 아니고 아직 어리고 철이 없어서, 사춘기라 반항할 때라서 그렇다고 생각하고 새로운 정보를 찾아 더 밀어붙이는 엄마들이 대부분입니다. 지금은 아이가 엄마 마음을 오해해 자기 멋대로 행동하지만, 조금만 더 견디면서 좋은 결과를 얻게 되면 아이는 분명 엄마에게 고마워할 것이라는, 어디선가 들은 이야기를 엄마는 굳게 믿고 아이가 반발할 때마다 흔들리는 마음을 다잡기 위해 애씁니다.

자신의 정보력에 확신을 갖기에 소신껏 아이를 학대하는 엄마들, 문제는 그런 엄마들이 주변 엄마들에게 선망의 대상이 된다는 사실입니다. 아이에게 더 좋은 교육 환경과 기회를 제공하기 위한 목적으로 열심히 정보 사냥에 나섰다가 결국 아이를 학대하게 되었다는 사실을 뒤늦게나마 인정할 수밖에 없는 엄마들, 이미 학대당해 망가진 아이 앞에서 후회의 눈물을 흘리고 있는 선배 엄마들이 나서서 후배 엄마들을 말려야 하는데, 그래야 후배 엄마들이 그런 불행의 길을 계속 쫓아가지 않을 텐데 아무도 나서지 않습니다. 나설 수 없는 처지라는 말이 더 맞겠네요. 그렇게 어디를 향하는지도 모르고 정보 사냥에 나서는 엄마들의 행렬은 더 길어지고 있습니다.

SBS '기적의 카페'에 나오는 도입 멘트입니다.

'경제력과 정보력을 가진 부모들의 전쟁터 대한민국 사교육 1번지

대치동! 하지만 정보가 많아질수록 부모의 불안은 커져만 가고 아이와의 관계는 그만큼 더 멀어져 갑니다.'

아이에게 좋은 환경과 기회를 제공하기 위한 것, 바로 아이가 목적이라면 정보는 수단임이 분명하겠지요. 하지만 수단인 정보에 매달리다가 목적인 아이를 오히려 망치는 일들이 흔히 벌어지고 있습니다.

한때 논술지도사 양성 과정이 인기를 끈 적이 있습니다. 이어서 자기주도 학습지도사 자격증을 따려는 사람들도 많았습니다. 최근에는 입시 컨설턴트 양성 과정에 엄마들이 몰리고 있습니다. 모두 전문인력 양성을 목적으로 하지만 수강생 중에는 보통 엄마들이 많습니다. "처음에는 그냥 필요한 정보를 얻자는 생각으로 시작했어요. 그런데 정보를 알면 알수록 궁금해지는 게 많아지더라고요. 그래서 이번 기회에 확실하게 끝내자는 생각으로 신청했습니다." 이렇게 말하는 엄마 수강생들에게 조심스럽게 물어봤습니다. "그래서 아이 교육에 도움이 되고 있나요?" 제 질문에 대부분의 엄마들은 그저 씩 웃고 맙니다.

학부모 교육에 열의가 있는 공공기관들의 교육 과정을 살펴보면 기본과 심화로 구분된 경우가 있습니다. 심화 과정의 내용을 살펴보면 점점 폭이 넓어지고 내용은 깊어지고 있다는 사실을 알 수 있습니다. 과연 저런 내용을 엄마가 배워서 아이에게 뭘 어떻게 하겠다는 건지 잘 모르겠습니다. "엄마가 똑똑해질수록 아이들은 싫어한다는 소장님 얘기가 떠올라 중간에 멈췄어요. 경제력은 뒤지지만 정보력만큼은 뒤지면 안 된다고 생각하고 시작했는데 결국 아이를 더 괴롭히는 엄마가 되고 만다는 소장님 말씀이 맞는 것 같더라고요." 이런 얘기를 들은 적이 적지 않기에 고개를 갸우뚱하다가 이내 걱정이 커집니다.

사교육 일선에서 활동할 때 자주 겪은 일입니다. 입시 설명회 자리,

제 앞에 앉아있는 수천 명 엄마들의 눈빛을 기억합니다. 굶주린 맹수의 눈빛 같다고 할까요. 제가 준비한 발표 자료, 저의 말 토씨 하나라도 놓치면 큰일이 나는 것처럼 적고 찍고 녹음하고 정말 난리도 아니었습니다. 입시 설명회를 마치면 꼭 기다리는 엄마들이 있습니다. 그 엄마들의 질문에 답하고 나서 가끔 제가 질문을 합니다. "오늘 얻은 정보 중에서 아이에게 필요한 정보와 필요 없는 정보를 구분할 수 있으시겠어요?" 지금까지 단 한 엄마도 제 질문에 자신 있게 답하지 못했습니다.

아이를 남보다 더 잘 키우겠다는 엄마들을 말릴 수는 없습니다. 하지만 다른 엄마들과 정보력 경쟁을 하는 엄마들은 반드시 말려야 합니다. 아이가 목적이 아니라 정보 자체를 목적으로 부지런히 정보 사냥을 다니는 엄마들을 많이 만났습니다. 그런 엄마들에게 제가 아이에 대한 정보를 물으면 잘 모르는 경우가 많습니다. 특히 제가 아이의 상태를 잘 알고 있는 경우, 그 엄마가 설명하는 아이의 상태와 제가 알고 있는 아이의 상태는 같은 아이라 할 수 없을 정도로 큰 차이를 보이는 경우도 있습니다. 심한 표현으로, 정보에 미쳐 아이에게는 관심조차 없는 한심한 엄마라는 느낌에 화가 솟구치기도 합니다. 또 한편으로는 마음이 아프기도 합니다. 쓰레기 같은 정보가 엄마의 머리를 가득 채우고 있어서인지 아이가 보내는 매우 중요한 정보, 아이의 마음과 생각, 행동의 변화를 이해할 수 있는 소중한 정보를 받아들일 여유가 엄마들에게 없다는 생각을 하면 마음이 아픕니다. 더욱 걱정스러운 게 있지요. 그런 엄마들이 주변 엄마들에게, 특히 후배 엄마들 위에 군림하며 큰 영향을 미치고 있다는 사실 말입니다.

중요한 것은 '어떻게'가 아닌 '왜'

엄마 정보력의 '끝판왕'을 만났습니다. 굳이 엄마 정보력에 서열을 매기자면 대한민국 정상이라고 해도 지나치지 않은 엄마입니다. 그 엄마가 운영하는 온라인 커뮤니티의 오프라인 정모에 초대를 받았습니다. 교육 업체가 제공하는 선물을 보고 그 엄마의 영향력을 실감할 수 있었습니다. 한마디로 그 엄마만 잡으면 사업이 번창할 수 있다고 믿는 것 같았습니다.

정모에서 제 역할은 부모 교육이었습니다. 카페 운영자인 엄마는 저를 이렇게 소개했습니다.

"처음 봤을 때 인상이 너무 강해 거부감이 들었는데 막상 얘기를 들어보니 엄마들에게 꼭 필요한 내용이라는 생각이 들었습니다. 카페 운영자로 바쁘게 지내다 보니 엄마로서 부족했던 점을 일깨워주신 분입니다. 유명한 전문가들의 강의를 많이 들어봤지만 박 소장님 강연이 가장 진정성 있고 엄마들에게 꼭 필요하다고 생각했습니다."

저는 그 모임에서 정보를 제공하지 않았습니다. 부모로서, 엄마로서 놓치면 안 될 것들, 요즘 세태를 볼 때 자칫 놓치기 쉽지만 꼭 지켜야 할 엄마 역할의 기본을 강조했습니다. 아이 교육과 관련된 정보에 관한 한 누구에게도 뒤질 수 없다고 생각하는 엄마들이 모인 정모의 분위기와는 어울리지 않는 내용이었습니다.

저를 그런 자리에 초대한 것이 사실 조금 의외였습니다. 자신의 정보력을 자랑하는 엄마들일수록 제 얘기를 귀담아듣지 않기 때문입니다. 실용적인 정보를 원하는데 원칙적인 얘기를 하니까 좋아할 리가 없겠지요. 칭찬을 들어야 기분이 좋은데 반성을 하라고 하니 누가 좋아하겠습니까. 정보력이 강한 엄마일수록 제 얘기를 튕겨버리는데 이 분은 제 말을 흡수하고 있다는 생각이 들었습니다. 엄마로서 아이에게 해야 할 도리가 무엇인지, 정보가 아닌 기본 소양에 대한 대화를 나눈 적도 있습니다. 나중에 이런 얘기를 들었습니다.

"이사를 준비하다가 소장님 얘기를 듣고 생각을 바꿨어요. 제가 좋아하는 스타일이고 부동산 수익도 기대되는 곳에 관심을 갖다가 아이가 성장하기에 좋은 환경이 더 중요하다는 생각으로 바뀌었어요."

이 엄마는 온라인 커뮤니티도 운영하고 출판도 하고 강연도 하며, 요즘 엄마들에게 최고, 최신의 정보를 제공하고 있었습니다. 그러나 정보의 바다에 빠져 허우적대고 있는 엄마들과는 분명 달랐습니다. 정보보다는 아이 마음에 더 관심을 보이는 엄마의 진심을 고스란히 간직하고 있었습니다.

정보만 가지고 아이를 키우다가 어려움을 겪은 엄마들과 정기 모임을 한 적이 있습니다. 엄마들에게 인기가 대단한 한 영어 교재 업체가 주관한 부모 교육에서 만난 엄마들입니다. 계획한 교육이 끝날 때쯤, 정기적으로 만났으면 좋겠다는 엄마들의 의견을 받아들여 정기 모임을 했습니다. 책을 정해서 읽기도 하고 주제를 정해 토론한 적도 있지만 엄마 역할에 대한 고민과 걱정이 주된 내용이었습니다. 참석한 엄마들 모두 정보로 아이를 키우는 것이 얼마나 위험천만한 일인지 깨닫고 있었습니다. 엄마의 정보가 많아질수록 아이와 멀어지는 것을 실감하고 있었습니다. 보통의 엄마들은 자신이 알아본 정보가 아이에게 잘 통하지 않으면 다른 정보를 찾아 적용하려고 하는데, 그곳에 모인 엄마들은 정보보다 중요한 것이 있다는 사실을 어렴풋하게나마 느끼고 있었습니다.

엄마들의 처음 질문은 '어떻게'에 집중되었습니다. 저는 엄마들의 질문을 '어떻게'에서 '왜'로 바꾸기 위해 노력했습니다. 어떻게 하면 아이 문제를 해결할 수 있느냐며 방법을 묻는 질문 대신 아이들이 왜 그런지 먼저 아이 마음을 제대로 파악하고 이해할 수 있어야 한다는 쪽으로 방향을 전환시키려고 노력했습니다. 조금씩 엄마들의 관심이 달라졌습니다. 조금씩 아이를 이해하기 시작했습니다. 엄마와 아이 사이에 어떤 일이 벌어지고 있는지 알아차리고 그런 일들이 아이에게 어떤 영향을 미치는지, 자신이 왜 그렇게 아이를 함부로 대했는지 이해하기 시작했습니다. 여러 정보를 믿고 엄마 역할을 부지런히 해왔지만 자신이 잘하는 건지 알 수 없어 늘 안갯속을 헤매는 기분이었는데 이제 앞이 보인다고 얘기하기 시작했습니다. 저도 점점 엄마들의 마음이 편해지고 중심을 잡고 올바른 방향으로 나아가고 있다는 느낌이 들었습니다. 정보의 바다에 빠져 허우적대다가 드디어 벗어나기 시작했구나 안도할 수 있었습니다.

그런데 새로운 문제도 생겼습니다. 정보의 바다에서 벗어난 후, 자신에게 나타난 변화가 너무 좋아서 주변 엄마들에게 조언을 하면 대부분 무시를 당하거나 심한 경우 공격을 받기도 한다는 것입니다. 예전에는 잘 지냈던 엄마들과 점점 멀어지고 아이들도 외톨이가 되는 것 같아 너무 속상하다는 하소연이 이어졌습니다. 주변 엄마들로부터 자신을 왕따시키고 뒤에서 비난하는 엄마들, 지금 그렇게 싫은 엄마들의 모습이 바로 자신의 과거였다는 고백도 듣게 되었습니다.

어렵게 정보의 바다에서 벗어나 진심을 되찾은 엄마들을 공격하는 엄마들에게 다시 휘둘리지 않으려면 어떻게 해야 할까요? 사실 공격하는 엄마들의 겉모습만 보고 속사정까지 제대로 알 수 없습니다. 속사정까지 제대로 알게 되면 그런 엄마들에게 휘둘릴 이유가 없습니다.

한때 자신의 정보력을 믿고 날뛰던 엄마들이 잠잠해지는 순간이 옵니다. 아무리 정보력을 발휘해도 아이 상태가 점점 안 좋아지는데, 계속 자기 자랑, 아이 자랑을 할 수 있는 엄마가 어디 있겠습니까? 그런데 문제는 이것입니다. 한때 주변 엄마들을 주눅 들게 했던 엄마들이 결국 망가져버린 아이를 데리고 심리 상담이나 치료를 받으러 다니기 시작하면 조용히 숨어버린다는 것입니다. 자신을 대상으로 온갖 정보를 실험하는 엄마에게 반격하는 아이, 아이의 반격으로 결국 더 이상 욕심을 부릴 수 없는 상황에 처해 잠잠해진 엄마의 모습을 보게 된다면 그런 엄마들에게 더는 휘둘릴 이유가 없겠지요. 하지만 후배 엄마들이 실패한 엄마의 경험을 통해 배워야 하는데, 실패로 가는 중에 있는 엄마의 모습을 마치 성공한 엄마의 모델처럼 보고 배우게 되니 어떻게 걱정이 안 되겠습니까?

학원의 미끼

학부모들을 대상으로 한 설명회를 저보다 많이 한 사람은 드물 겁니다. 제 설명회 경력은 대치동에서 시작됩니다. 당시 1년 이상 기다려야 다닐 수 있는 초대형 입시학원의 상담소장을 맡고 있었습니다. 설명회는 당시 스타 강사였던 원장이 직접 했는데 제가 한 번 문제를 제기했습니다. 정보 해석이 정직해야 부모들이 신뢰하는데 입시 정보를 아전인수식으로 해석하는 건 우리 학원의 격에 맞지 않는다는 의견을 냈습니다. 저의 지적에 동의한 원장이 돌발 제안을 했습니다. 앞으로 설명회를 저보고 하라는 겁니다. 프롤로그에서 말한 것처럼 울렁증을 이기기 위해 신경안정제를 먹어가면서 설명회를 한 기억이 새롭습니다. 그런데 미묘하게 나타나는 제 마음의 변화를 감지할 수 있었습니다.

제가 설명회를 처음 할 당시만 하더라도 학원 사정은 양호했습니다. 대기생이 워낙 많아 설명회를 통해 새로운 학생을 모집할 필요가 거의 없었습니다. 다른 학원의 설명회에서 하는 '짓', 바로 엄마들이 원하는 정보를 미끼 삼아 엄마들을 낚지 않아도 되는 상황이었기에 정직한 정보 해석이 가능했습니다. 그러나 점점 수강생이 줄면서 위기를 느끼게 되자 정보를 미끼로 낚시질을 하는 저를 발견하게 되었습니다. '사교육 1번지 대치동의 전설적인 학원'이라는 브랜드를 내걸고 전국에 프랜차이즈 학원을 운영한 적도 있습니다. 제 역할은 역시 설명회를 통해 학부모들을 학원에 등록하도록 만드는 일이었습니다. 그때도 제 마음의 미묘한 차이를 느낄 수 있었습니다. 학원생이 많은 분원에 가면 비교적 정직한 정보 해석이 가능했지만 학원생 모집이 절실한 곳에 가면 저도 모르게 약을 팔려고 애쓰고 있었습니다. 교육 출판사로 자리를 옮겨 학부모를 대상으로 다양한 행사를 할 때도 사정은 비슷했습니다. 공익을 목적으로 하는 설명회에서는 정직할 수 있었습니다. 하지만 회사가 신규 사업을 시작하며 학원생 모집 또는 동영상 판매처럼 설명회를 하는 목적이 뚜렷한 자리에서는 정직할 수 없었습니다. 매번 부모들을 위한 정직한 해석과 회사에게 유리한 해석 사이에서 방황하는 저를 볼 수 있었습니다. 당시 저의 경험을 반성하면서 쓴 책이 바로 《학원설명회 절대로 가지 마라》• 입니다.

• 박재원·안덕훈 공저, (2008). 《학원설명회에 절대로 가지 마라》, 김영사.

저는 지금 비영리 시민단체에서 일하고 있습니다. 이제 갈등은 없습니다. 오직 복잡한 입시 정보를 일목요연하게 잘 정리하고, 사교육 기관이 아닌 아이 입장에서 잘 해석하여 부모들에게 전달하기 위해 노력할 따름입니다. 하지만 제 앞에 앉는 엄마들의 수는 점점 줄고 있습니다. 반대로 충분한 밑밥과 매력적인 미끼를 단 설명회에는 엄마들이 점점 많이 몰려가고 있습니다.

명문대 욕망에 사로잡힌 상류층 엄마들을 대상으로 부정입학을 시켜주겠다는 사기 사건도 계속되고 있습니다. 실제 합격한 것처럼 감쪽같이 속였지만 결국 대학교 입학식에 가서 사기당한 사실을 확인한 사건도 있습니다. 사기당한 엄마들은 끝까지 주변 엄마들에게 그 사실을 알리지도, 스스로 인정하지도 않습니다. 아이가 건강이 안 좋아서 휴학을 했다거나 유학을 보냈다거나 하며 둘러댑니다. 주변 엄마들로부터 받았던 탁월한 정보력에 대한 칭송을 스스로 무너뜨리기 어렵겠지요. 그렇게 일부 상류층 엄마들의 일그러진 욕망과 거짓 정보가 마치 진실인 것처럼, 아니 진실로 받아들여지는 상황이 계속 연출되고 있습니다.

수강생 모집에 어려움을 겪는 학원장들에게 요즘 인기 있는 세미나가 있습니다. 바로 설명회 등을 통해 엄마들을 효과적으로 낚시하는 법을 배우는 자리입니다.

홈쇼핑에서 충동구매를 했던 경험이 있지 않나요? 1+1에 낚이면 필요 없는 물건을 자꾸 사들이게 됩니다. 결국 버리는 물건인데도 당시에는 만족감이 높습니다. 낭비가 분명하지만 구매 당시에는 '득템'했다는 만족감이 있습니다. 특히 상류층의 과소비 행태를 모방하는 것에 불과한데 마치 자신이 상류층 삶을 사는 것 같은 환상을 느끼는 경우도 흔히 봅니다. 그 비슷한 일들이 자녀 교육, 부모 역할 관련 분야에서도 벌어지고 있습니다. 정보 제공을 미끼로 엄마들을 모아 잇속을 챙기는 행사가 곳곳에서 벌어지고 있습니다. 정보는 미끼일 뿐 목적은 확실합니다. 엄마들의 욕심을 자극하여 지갑을 열게 하는 게 분명합니다. 그런 자리에 가면 충동구매를 자랑하고 과소비를 부추기는 일부 상류층 엄마들을 만날 수 있습니다. 문제는 그런 엄마들 주변에 모인 다수의 보통 엄마들입니다. 일부 상류층 엄마들의 정보력을 부러워하면서 추종하는 엄마들은 가랑이 찢어지는 줄도 모르고 정보 사냥에 여념이 없습니다.

몇몇 정신 나간 엄마들의 혼만 빼놓으면 나머지 엄마들은 줄줄이 따라오니까 걱정할 필요가 없다고 말했던, 사교육 시장에서 잔뼈가 굵은 한 학원 원장이 자주 했던 얘기가 기억나네요.

내 아이가 원하는 진짜 정보력

이번에는 서로 다른 엄마의 모습을 소개합니다. 한 엄마는 아이가 적은 메모지를 저에게 보여주면서 도움을 청합니다. 다른 한 엄마는 제 얘기를 빠짐없이 적고자 애쓰고 있습니다. 한 엄마가 전한 아이의 메모에는 아이 스스로 입시 정보를 알아보다가 궁금해진 내용이 적혀 있습니다. 다른 엄마의 노트에는 여기저기서 수집한 입시 관련 정보가 빼곡히 적혀 있습니다. 한 엄마는 아이가 필요성을 느낀 정보만 잘 챙겨주고 있습니다. 다른 엄마는 아이에게 필요한 정보가 무엇인지도 모르고 정보를 모으고 있습니다. 한 엄마는 아이에게 늘 고마운 존재입니다. 엄마가 제공한 정보 덕분에 별걱정 없이 입시 준비에 전념할 수 있기 때문입니다. 다른 엄마는 아이에게 부담스러운 존재입니다. 엄마가 알아본 많은 정보 때문에 혼란스럽고 공부에도 방해가 되기 때문입니다.
한 엄마는 필요한 정보를 필요한 만큼, 필요한 시기에 아이에게 제공하고 있습니다. 엄마와 아이 사이는 갈수록 좋아지고 3부와 4부에서 자세히 다루겠지만 가족이라는 팀플레이를 통해 어려운 입시 관문을 지혜롭게 헤쳐나가고 있습니다. 다른 엄마는 필요 이상의 정보를 얻기 위해 애쓰다가 지쳐 아이에게 자주 짜증을 부리기까지 합니다. 정보가 꼭 필요한 타이밍도 놓치고 자주 아이와 다툽니다. 엄마와 아이 모두 몸도 마음도 지쳐가고 입시가 가까워질수록 집안 분위기는 엉망이 됩니다.

두 엄마의 서로 다른 모습은 어디에서 비롯된 걸까요? 아이에 대한 믿음이 정보에 거는 기대보다 큰 엄마와 반대로 아이보다는 정보를 더 믿는 엄마, 꼭 필요한 정보만 찾으려는 엄마와 많은 정보를 욕심내는 엄마, 아이에게 필요한 정보를 감별하기 위해 노력하는 엄마와 엄마의 욕심을 자극하는 정보에 넘어간 엄마의 차이입니다. 아이 얘기에 더 관심을 보이는 엄마와 옆집 엄마 얘기에 민감한 엄마의 차이입니다. 아이의 주도성 발휘를 믿고 기다릴 줄 아는 엄마와 엄마 주도의 사교육에 승부를 거는 엄마의 차이입니다.

전국을 다니며 많은 엄마들을 만나고 있습니다. 엄마의 정보력이 아이 성적에 큰 영향을 미친다고 굳게 믿는 엄마들이 있는가 하면, 온갖 사교육 관련 정보보다는 학교와 아이를 믿고 소신껏 아이를 키우는 엄마들도 있습니다. 자기 중심을 잘 잡고 있는 엄마들입니다. 또한 엄마 노릇 잘하려면 정보가 필요하다고 느끼지만 현실적으로 여유가 없어 포기한 엄마들도 있습니다. 정보 사냥에 열심인 엄마들과 정보보다는 아이에게 더 관심이 많은 엄마들, 그리고 포기한 엄마들. 그런 엄마들 사이에서 오락가락하는 엄마들도 적지 않습니다. 많은 엄마들이 정보에 휘둘리지 않고 중심을 잘 잡는 엄마들을 보면서 정보 없이도 아이를 잘 키울 수 있다는 생각을 해봄직도 한데 그렇지 않습니다. 또한 포기한 엄마들을 보면서 안타까워하고 자신의 엄마 역할에 대해 자신감을 가질 만도 한데 그렇지 않습니다. 유독 정보 사냥에 열심인 엄마들과 자신을 비교하면서 쓸데없이 주눅 들고 자기 비하를 하다가 우울해지면 아이 탓을 하고 우왕좌왕 갈팡질팡하는 엄마들이 더 많습니다.

예전에 비해 엄마들에게 많은 정보가 필요한 것은 사실입니다. 하지만 정보의 바다에 빠져 허우적대는 일은 없어야겠습니다. 허우적대다가 자신도 모르게 삼킨 정보로 인해 엄마도 아이도 불행해지는 일은 더 이상 없어야 합니다. 정보의 바다에 빠지지 않고 잘 살펴보다가 필요한 만큼 필요한 때에 정보를 길어 쓸 줄 아는 지혜로운 엄마가 되어야겠습니다.

문제는 엄마가 아닌 학부모 문화

'지금 대한민국의 엄마들은 사교육에 관한 온갖 정보를 수집하여 아이의 성적을 관리하고 있다.'

다시 한 문장으로 정리한 지금의 학부모 문화입니다. 전 세계에서 가장 어려운 우리나라의 부모 역할, 엄마 노릇을 잘 설명하고 있습니다. 표준적인 규범의 빈자리를 차지하여 엄마와 아이 모두를 힘들게 하는 집단 무의식이라고 생각합니다. 엄마 역할에 가장 근본적이고 핵심적인 요인으로 작용하는 학부모 문화를 제대로 다루지 못하면 그것이 교육이 되었든 책이 되었든, 인문학이든 힐링이든, 상담이든 치료든 엄마들을 올바른 방향으로 안내하지 못한다는 사실을 계속 확인하고 있습니다.

핀란드 교육법

추천사를 써달라는 부탁을 받고 원고를 읽었습니다.《북유럽에서 날아온 행복한 교육 이야기》. 우리나라와 비슷한 학부모 문화를 가진 대만에서 한때 열혈 엄마였던 저자가 쓴 책입니다. 어린 딸들에게 수학 과외를 시키고 영어 공부를 직접 챙겼던 엄마가 달라졌습니다. 핀란드에서 6년을 보내면서 전혀 다른 문화를 경험한 것이지요. 한 대목을 소개합니다.

> 핀란드의 품격 교육에서 얻은 가장 큰 교훈은 '다름'을 존중하는 태도와 정신입니다. 핀란드에서는 아이를 독립된 인격체로 대하고, 선생님과 학생, 학생과 학생이 서로 존중하고 배려합니다.*

문득 이런 생각을 했습니다. '많은 교사들이 우리 교육 문제를 새로운 시각에서 이해하고 근본적인 해법을 찾기 위해 북유럽 교육 탐방을 하는 것처럼 우리나라 엄마들도 북유럽 가정 탐방을 해보면 어떨까?' 내 아이를 다른 아이와 비교하지 않으면 직성이 풀리지 않는 엄마들, 아이가 말을 듣지 않으면 화가 나는 엄마들, 아이가 성적이 좋을 때만 존중하는 엄마들, 아이가 경쟁에서 뒤처지는 것을 도저히 참을 수 없는 엄마들, 그런 엄마들이 아이 개성을 존중하고 자립심을 길러주며 자기 스스로의 인생을 살 수 있도록 격려해주는 북유럽 엄마들을 만나면 과연 어떤 반응을 보일지 궁금해졌습니다.

* 첸즈화, (2012).《북유럽에서 날아온 행복한 교육 이야기》, 다산에듀.

어떤 직업을 가져도 임금 차이가 크지 않은 사회 구조의 차이를 거론하면서 자신도 핀란드 같은 곳에서 아이를 키우면 달라질 것이라고, 자기 합리화를 하는 엄마들도 있겠지만 조금 겸손한 엄마들은 분명 고백할 겁니다. "내가 그동안 미쳤었구나!" 그리고 조금 깊이 생각할 줄 아는 엄마들은 그동안 자신의 생각과 마음을 지배하고 있었던 우리나라 학부모 문화의 실체를 깨닫게 될 것 같습니다. 핀란드에는 거의 없는 우리나라 사교육 산업의 논리가 '표준적인 규범'의 빈자리를 채워 엄마 역할을 왜곡하여 아이를 믿지 못하고 엄마의 경제력과 정보력을 믿게 만들었구나, 그런 능력 없이 아이를 잘 관리하지 않으면 엄마 자격도 없고 아이는 엉망이 될 거라고 믿게 만들었구나, 반대로 사교육의 영향력이 거의 없는 핀란드에서는 '표준적인 규범'으로서 아이를 믿고 존중하고 배려하는 전통적인 문화가 잘 계승되고 있구나, 이렇게 깨닫는 엄마들이 분명 있을 겁니다.

나약한 아이와 고생하는 엄마

사교육 지향 문화는 아이들이 공부를 싫어하게 만듭니다. 나이와 학년에 맞게, 대학 입시까지 차근차근 준비하면 될 공부를 '더 일찍, 더 빨리, 더 많이' 하라고 요구하는 사교육은 공부 상처로 고통받는 아이들을 양산하고 있습니다. 엄마 주도 문화는 아이들을 나약하게 만들고 있습니다. 정상적인 사람으로 성장하는 데 반드시 필요한 다양한 실패 경험과 시행착오의 기회를 빼앗고 있습니다. 성적 지향의 문화는 아이들을 위태롭게 만들고 있습니다. 아이들이 자신의 개성과 잠재력을 발휘하여 정상적인 삶을 살아갈 수 있는 기회를 빼앗고 있습니다. 아이들에게 성적 경쟁에서 승리하지 못하면 사회에서 도태될 것이라는 위기감을 주고 있습니다. 좌절하고 반항하고 무기력해진 아이들을 만들고 있습니다. 정보 의존의 문화는 아이들을 수동적으로 만들고 있습니다. 아이들 스스로 자신에게 필요한 정보를 찾고 부족하면 부모의 도움을 받도록 도와야 하는데, 마치 엄마가 정보 전쟁에서 지면 아이가 심각한 불이익을 당할 것 같은 압박감에 시달리게 만듭니다. 자신의 필요와는 무관하게 아이들은 엄마가 수집한 정보의 효과를 입증해야만 하는 꼭두각시와 같은 수동적인 존재로 전락합니다. 결국 지금의 학부모 문화는 엄마 스스로 자기 무덤을 파는 것과 다르지 않습니다.

저는 아이들 덕분에 집안일이 크게 부담스럽지 않습니다. 어려서부터 자기 할 일은 자기가 하도록 했거든요. 장난감 뒷정리부터 침대 정리와 입은 옷은 바구니에 넣기까지, 아이가 유치원에 다니면서부터는 가방과 준비물 챙기고 책상 정리하는 일은 모두 아이 몫이었어요. 가끔 제가 바쁠 때는 밥상 차리고 설거지 하는 일도 잘 도와줍니다. 저도 그렇게 커서 별 생각 없이 그렇게 했는데 다른 엄마들이 저희 집에 와서 깜짝 놀라는 거예요. 엄마가 시키지 않아도 아이가 자기 할 일을 알아서 하는 모습을 보고 너무 놀라는 거예요. _ 서울 성동

예전에는 대부분의 가정에서 아이들에게 집안일을 시켰습니다. 가정의 문화, 부모의 역할이 달랐던 것이지요. 자기 앞가림은 자기가 해야 한다는 생각이 강한 엄마들이 아이들에게 집안 청소나 심부름을 시켰습니다. 하지만 지금의 학부모 문화는 분명 다릅니다. 집안 청소를 돕기보다 연필을 잡고 공부하는 모습을 아이가 보여줘야 엄마가 좋아

합니다. 함께 밥을 먹고 설거지 할 시간에도 아이는 학습지 하는 모습을 보여줘야 엄마가 만족합니다. 준비물을 챙기는 일은 엄마에게 부탁하고, 그 시간에 숙제를 해야 엄마가 칭찬을 합니다.

엄마가 좋아하는 일을 하느라 아이들은 가족의 구성원으로서 해야 할 일을 하지 않습니다. 자립심을 잃고 더 나약해지고 있습니다. 이런 문제는 우리나라만 겪는 일이 아닌가 봅니다. 최근 스페인에서는 열여덟 살이 되지 않은 아이들은 집안일을 해야 할 의무가 있다는 점을 법으로 명시하자는 주장이 제기되었습니다. 자기가 하고 싶거나 해야 할 일보다는 엄마가 좋아하는 일을 하느라 점점 생활력을 잃어가는 아이들이 걱정되어 법을 만들어서라도 부모의 의무로서 아이들에게 집안일을 시켜야 한다고 주장하는 것입니다.

어떤 책에서 독일 민법 1626조의 내용을 봤습니다. '부모는 자녀를 돌보고 교육시킬 때, 자녀가 독립심과 책임감을 기를 수 있도록 능력과 욕구를 고려한다.' 사람은 누구나 자기 일은 스스로 할 줄 알아야 자립심과 책임감을 가질 수 있습니다. 아이가 할 일을 제대로 하지 않는 이유는 엄마가 아이에게서 아이 스스로 일할 기회를 빼앗았기 때문입니다. 아이가 어리고 철부지여서가 아닙니다. 아이들의 정상적인 성장에 필요한 일보다는 엄마들이 좋아하는 일을 우선적으로 하라고 아이들에게 요구했기 때문에, 아이에게 꼭 필요한 일보다는 학부모 문화가 시키는 일을 엄마들이 우선시했기 때문에 아이들이 나약해진 것입니다.

사교육은 잘 활용하면 약이지만, 사교육 때문에 아이들에게 꼭 필요한 성장 경험을 제한하면 독이 됩니다. 엄마 주도는 잘 조절하면 약이지만, 아이들의 주도성을 빼앗으면 독이 됩니다. 아이 성적은 스스로 성취한 것이라면 약이지만, 압력에 시달린 결과라면 좋아도 나빠도 모두 독입니다. 엄마의 정보는 적절하게 활용하면 약이지만, 그 정보 때문에 아이가 시달린다면 독이 됩니다. 지금의 우리나라 학부모 문화는 아이가 공부를 잘하든 못하든 아이들을 나약하게 만듭니다.

점점 나약해지는 아이들, 단지 한 가정의 문제가 아닙니다. 스페인의 사례에서 보았듯이, 국가가 나서서 해결해야 할 만큼 중요한 문제입니다. 나약해진 아이들의 뒷감당을 어떻게 하려는지, 부모들이 정말 걱정됩니다.

엄마들의 그릇된 결심과 학부모 문화

학부모 문화의 영향력을 피하기 어려운 엄마들은 늘 헷갈립니다. 정말 아이 잘되라고 하는 일인지, 자신이 불안해서 시키는 일인지 구분이 안 됩니다. 하지만 반드시 학부모 문화의 지배에서 벗어난 엄마의 진심과 여전히 학부모 문화에 사로잡혀 있는 엄마의 욕심을 구분해내야만 합니다. 엄마가 계속 착각하며 살게 될 때 엄마와 아이 모두 겪어야 할 일들을 생각하면 너무 마음이 아픕니다.

소장님 강연을 듣고 엄마로서 제 자신이 너무 한심하고 아이들에게 정말 미안했습니다. 아이들 표정을 보면서 저와 점점 사이가 멀어지고 있다는 사실을 느끼고 이게 아닌 줄 뻔히 알면서도 계속 아이를 다그치고 있었습니다. 아이가 눈물을 보이면 저도 같이 울고 반성도 많이 하고 달라지기 위해 참 많이 노력한 것 같은데, 실제로 달라지지 않는 저를 보면서 좌절했습니다. 그런데 그 모든 것이 학부모 문화 때문이라는 사실을 깨닫고 나니 정말 날아갈 것 같았습니다.

제 안에 숨어서 저와 아이를 모두 힘들게 했던 요물을 보고 나니 엄마로서 자질이 부족한 것도 노력이 부족한 것도 아니라는 생각에 마음이 편해졌습니다.

_서울 동작

이처럼 금방 깨닫는 엄마들이 많으면 얼마나 좋을까요? 저도 엄마 스스로 학부모 문화의 문제점을 깨닫고, 엄마의 진심을 되찾도록 돕는 엄마 인문학을 새롭게 시작하면서 적지 않은 어려움을 겪었습니다. 하지만 빠르게 성장하는 엄마들을 보면서 정말 고마웠습니다. 반면, 아무리 노력해도 그릇된 현재의 학부모 문화를 엄마의 진심이라고 믿는 착각에서 벗어나지 못하는 엄마들을 보며 답답하고 원망하는 마음도 들었습니다. 그럴수록 엄마들 스스로 쉽고 재미있는 인문학적 통찰에 도달할 수 있도록 계속 노력하고 있습니다. 일방적인 강의로 끝나는 것이 아니라 강의평가서를 통해 엄마들의 반응을 확인할 수 있기 때문에 제 강연의 어떤 내용이 엄마들에게 도움이 되는지도 잘 알게 되었습니다.

우연히 접한 외국 언론의 한 기사에 많은 엄마들이 반응하며 공감했습니다. '의사들은 일반인에 비해 왜 순순히 죽음을 맞이하는가'라는 제목의 기사에 나오는 한 대목입니다.

지식의 부족과 잘못 방향 잡은 기대가 많은 그릇된 결심에 이르게 한다.*

응급실에 의식이 없는 환자가 실려 오면 가족들은 대부분 모든 수단과 방법을 총동원해서 목숨을 살려달라고 애원하겠지요. 병원에서는

* 〈켄 머레이 타임 Ken Murray Time〉, 2014년 9월 2일.

심폐소생술 등을 총동원하여 환자의 숨을 유지하지만 그 결과는 참담하다고 합니다. 의식이 없는 상태에서 고통스럽게 연명하는 환자와 그런 모습을 지켜봐야 하는 가족들, 감당하기 어려운 고액의 의료비. 이런 사실을 잘 알고 있는 의사들은 이렇게 쓰인 메달을 차거나 문신을 합니다. "Do not resuscitate(소생술을 쓰지 마세요)."

'지식의 부족'과 위급 상황에서 다급해진 마음으로 '잘못 방향 잡은 기대'를 하게 되면 무조건 목숨을 살려야 한다는 '그릇된 결심'을 하게 되고 결국 환자와 가족 모두를 어렵게 합니다. 비슷한 일들이 교육 분야에도 벌어지는 것 같습니다. 표준적인 규범이 사라진 상황 등에 대한 '지식의 부족'과 주로 사교육을 맹신하는 학부모 문화에 오염되어 '잘못 방향 잡은 기대'를 하게 되면 결국 엄마들은 대부분 '그릇된 결심'을 하게 됩니다. 돈을 쓰면서 엄마와 아이가 모두 불행해지고 사이도 나빠지면서 결국 회복할 수 없는 후유증을 앓게 됩니다. 학부모 문화의 유행을 좇기로 단단히 결심한 후배 엄마들이 이런 사실을 하루라도 빨리 깨닫게 되기를 간절히 바라고 있습니다.

지금까지 엄마들의 마음에 스며들어 온갖 조화를 부리고 있는 학부모 문화의 실체를 제대로 보기 위해 노력했습니다. 그렇다면 그런 학부모 문화의 공세로부터 자유로워지면 과연 어떻게 될까요?

상상력이 필요한데, 먼저 그 길을 간 선배 엄마의 얘기, 사춘기를 지나는 두 아들과 행복하게 살아가는 한 엄마의 이야기가 도움이 될 것 같아 소개합니다. 그리고 이어지는 3부와 4부에서는 더 이상 불안하지도 혼란스럽지도 않은 엄마 역할, 엄마와 아이 모두 오늘 행복하고 희망찬 내일을 준비할 수 있는 길로 안내하겠습니다.

"제 아이는 학원에 다니지 않아요."
제가 아이를 키우면서 참 많이 했던 말입니다. 정보를 얻는다거나 학습 관련한 도움을 받을 거라는 기대로 학교에서 열리는 학부모 모임을 나가는 일도 없었습니다. 조금은 건방지게 들릴지 모르지만 제가 다 할 수 있다고 믿었습니다.
아이를 위한 좋은 교재와 학습 프로그램을 잘 짜고, 아이와 건강하게 소통하면서 무리 없이 공부시킬 수 있다고 생각했습니다. 착한 제 아이는 잘 따라와 주었습니다. 제 선택이 틀리지 않았음에 나름 자부심을 느끼기도 했습니다. 제 아이는 저의 관리 아래에 좋은 성적을 받고 인정받는 아이가 될 거라는 근거 없는 자신감을 갖고 있는 엄마였습니다.
그런데 아이가 커갈수록 자꾸 지쳤습니다. 점점 수동적인 모습으로 바뀌는 아이를 지켜보면서 무언가 잘못되고 있다는 생각을 지울 수 없었습니다. 생각의 전환이 필요한 건 아닐까 하는 생각에 책을 보거나 강의를 듣거나 세상에 관심을 가지기도 하면서 마음에 여유를 찾기도 했지만 여전히 확신 없는 오락가락 엄마였습니다. 욕심을 내려놓고 아이 행복만을 위한다는 생각은 그야말로 생각일 뿐, 어떻게 해야 아이를 있는 그대로 소중히 여기고, 아이를 볼 때마다 불안감이 아닌 편안해지는 마음을 가질 수 있는지 몰라 답답했습니다. 결국 저는 또 다른 방법을 찾아 헤매고 있었습니다.
그 무렵 저를 위로하는 소장님의 이야기를 들었습니다. 당신은 충분히 좋은 엄마라고, 세상의 압력에 휘둘리고 있으니 당연히 엄마의 역할이 힘든 거라고, 아이와 함께 행복해지고 싶지 않은 부모는 없는데 표준적인 규범이 없는 한국에서 이미 세상이 원하는 좋은 엄마는 디자인되었다고, 그 안에 끼워 맞추기 위해 하는 엄마 역할의 한계와 갈등은 너무나 당연한 것이라고, 그러니 자책하지 말라고 말씀해주셨습니다.

아이가 원하는 방향으로 움직이지 않을 때 대부분의 엄마는 스스로를 자책합니다. 그런데 그 원인은 엄마인 제가 아닌 세상의 문제랍니다. 내 편을 만난 기분이 들었습니다. 저 또한 아이를 위한 것이라고 했던 압력과 요구에 대해 정신 차리고 다시 생각할 수 있게 되었습니다.

엄마가 아이를 휘두르지 않아도, 아이는 자신이 소중한 존재임을 알고 자신의 일을 알아서 잘 찾아갈 수 있다는 사실을 좀 늦게 알았다고 할까요? 세상의 기준에 아이를 맞추고 아이를 나의 자랑으로 여기는 행동이 얼마나 위험한 일이었는지 알았습니다. 이제는 아이의 속도가 더 이상 비교 대상이 아님을 압니다.

지금 전 열여덟 살, 열네 살 두 아들과 투탁거리긴 하지만 매일 웃을 수 있어 행복합니다. 세상이 말하는 사춘기를 겪는 두 아들은 자신의 이야기를 엄마, 아빠에게 제법 솔직하게 표현합니다. 그리고 두 아들은 자신의 위치에서 할 수 있고 해야 하는 역할을 제법 알아서 잘 수행합니다. 자신이 속한 집단과 사회 안에서 충분히 힘들고 어려울 두 아들에게 제가 할 수 있는 일은 응원과 격려임을 잘 알고 있습니다. 실패를 경험할 수도 있고, 그에 따른 후유증도 있겠지만 잘 일어날 수 있음을 믿습니다. 그래서 전 두 아들들의 미래가 걱정이 아닌 기대로 설렙니다.

좀 더 많은 부모들이 이런 마음이면 좋겠습니다. 세상의 기준에 아이를 끼워 맞추느라 힘들어하지 말고, 세상의 기준에 맞추느라 아이와 돌이킬 수 없는 강을 건너서 마음 다치는 일이 없었으면 좋겠습니다. 아이마다의 속도를 인정하고 각자의 성장을 기쁜 마음으로 바라볼 수 있기를요.

그 과정에서 아이의 어려움에 귀 기울여 함께 진심을 다해 고민하면서 진정한 소통을 이루는 가정이 많아지기를요.

_서울 동작구에서, 기철·기현 엄마 올림

더 이상 불안하고 걱정하지 않았으면 좋겠습니다.

많은 엄마들이 아이를 생각하면 불안하고 걱정이 많다고 합니다.
과연 불안과 걱정은 엄마의 숙명인 걸까요?
아이를 바라보면서 불안하고 걱정이 많은 엄마가
과연 아이에게 어떤 영향을 미칠까요?
엄마가 불안하면, 아이도 불안합니다.
엄마가 걱정하면, 아이도 걱정이 많아집니다.
앞서 우리는 불안과 걱정의 뿌리가 엄마의 진심이 아니라
표준적인 규범이 사라진 혼란스런 상황에서
엄마의 마음에 스며든 학부모 문화라는 사실을 알았습니다.
이제 학부모 문화에서 벗어나 진정한 엄마의 마음으로 돌아가고자 합니다.
여기, 불안에서 벗어나 마음이 편해진 엄마들의 이야기를 전합니다.
걱정 대신 희망을 얘기하는 엄마들의 이야기를 전합니다.
아이 때문에 불행했던 엄마가 지금은 행복하다고 말합니다.
아이를 믿지 못해 불안했던 엄마가 아이를 믿고 편안해졌다고 말합니다.

3

행복

엄마들을 위한 행복 인문학

01

그래서 어쩌라고!

엄마와 아이 사이에 학부모 문화라는 깊고 넓은 강이 흐르고 있습니다. 엄마와 아이 마음에 공통분모가 많을수록 엄마가 바라는 대로 아이들은 성장하게 마련입니다. 하지만 이미 심리적으로 이별한 상태에서 엄마 마음을 알아주는 아이는 거의 없습니다. 자신의 마음을 지배하고 관리하려는 엄마들을 향한 아이들의 반격이 서서히 시작되면서 갈등은 고조됩니다.

아이들의 반격은 다양한 모습으로 나타납니다. 엄마 말을 듣기는 하지만 하는 척만 하는 아이들도 있고, 듣는 둥 마는 둥 하는 아이들도 있습니다. 엄마 말을 듣고 따르려고 하지만 이미 마음에 쌓인 거부 반응 때문에 겨우겨우 억지로 하는 아이들도 있고, 아예 노골적으로 엄마 말에 반기를 드는 아이들도 있습니다. 각종 중독 증상을 보이며 드러내놓고 반격하는 아이들도 있고, 우울증과 무기력증으로 은근히 반격하는 아이들도 있습니다.

이처럼 아이들의 반격이 시작되면 엄마들은 당황하고 고민과 걱정, 불안은 더욱 깊어집니다. 아이 교육에 경험이 적은 후배 엄마들은 더욱 그렇겠지요. 아이들의 반격에 당황한 엄마들이 방황하기 시작하고 이대로는 안 되겠다, 뭔가 엄마 역할의 방향이 틀린 것 같다는 생각에 미치면 비로소 학부모 문화가 보이기 시작합니다. 그리고 표준적인 규범의 빈자리를 차지한 학부모 문화가 엄마 마음에 스며들어, 진심을 욕심으로 변질시킨 것이 문제의 핵심이라는 인식에 도달하면 새로운 기회가 열립니다. 하지만 엄마로서 겪는 문제의 본질이 학부모 문화라는 사실을 제대로 인식하지 못하면 좌충우돌하다가 이전 상태로 되돌아가거나, 오히려 아이와의 관계가 더 악화되는 경우가 많습니다. 아이나 부모에게 문제가 있는 것이 아니라, 학부모 문화의 영향력으로 인해 불가피하게 발생하는 문제라는 인식이 반드시 필요합니다. 엄마와 아이 모두 혼란에 빠져 겪게 되는 문제이지 엄마의 문제, 아이의 문제도 아니라고 생각해야 합니다. 아이에게 문제가 있다는 진단은 부모의 문제를 못 보게 하고, 부모에게 문제가 있다는 진단은 사회의 문제를 가리기 때문에 정확한 진단이 될 수 없습니다. 당연히 문제 해결 방법도 빗나갑니다.

결국 실천이 문제

자기 탓도 아이 탓도 하지 않게 된 엄마들은 학부모 문화로부터 탈출하고자 애쓰지만 안타깝게도 대부분 실패하고 맙니다. 학부모 문화는 집단의 압력이기 때문에 개인의 의지로 극복하기는 어렵습니다. 계속되는 학부모 문화의 공세에 잘 버텨야 하는데, 현실적으로 그러기가 결코 쉽지 않습니다. 학부모 문화에 흔들리지 않으려고 노력하다가 결국 포기하게 되는 많은 엄마들의 안타까운 모습이 저를 괴롭게 만들었습니다. 사회적인 문화의 압력이기에 개인적으로 이길 수 없는 거라면, 엄마들을 학부모 문화로부터 구출하겠다는 제 결심은 실현 불가능한 망상이 되는 것이 아닌가 많이 흔들리기도 했습니다.

"그래서 어쩌라고! 아무리 노력해도 안 되는데…."

엄마들의 이런 말이 마치 저 들으라고 하는 소리 같았습니다.

학부모 문화로부터 탈출을 시도하지만 실패하는 엄마들을 지금도 계속 만나고 있습니다. 그러면서 몇 가지 그 요인을 밝혀냈습니다. 우선 생각과 감정의 차이를 확인할 수 있었습니다. 아이를 미워해서도 안 되며 그렇다고 부족한 엄마 자신을 한심하게 생각해서도 안 되는데, 여전히 현실에서는 아이 탓, 자기 탓을 반복하고 있었습니다. 머리로는 학부모 문화가 적이라는 사실을 잘 알고 있지만, 가슴으로는 계속 아이의 문제 행동에 주목했으며 마음에 들지 않는 아이의 모습을 볼 때마다 잔소리를 하고 짜증과 화를 내기까지 하는 엄마들은 조금도 달라지지 않았습니다. 머리로는 학부모 문화를 적이라고 생각하지만, 현실에서는 마음에 들지 않는 아이를 공격하고 있는 것입니다.

여전히 아이를 보면 밉고 화가 나는 거예요. 그러면 안 된다고 아무리 다짐을 해도 저도 모르게 아이에게 인상을 쓰고 소리를 지르게 되더라고요.

_ 전남 고흥

진짜 공격해야 할 적을 혼동하는 이런 엄마들은 당연히 실패할 수밖에 없습니다. 자신도 모르게 마음에 스며든 학부모 문화를 적으로 생각하고 분리시켜 아이와의 관계에 개입하지 못하도록 해야 하는데, 반대로 아이를 공격함으로써 여전히 학부모 문화가 지배하는 상황에 붙잡혀 있기 때문입니다. 이런 엄마들을 보면서 많은 고민을 했습니다. 내 이론이 맞다, 그런데 엄마들이 실천하지 않는 게 문제라고 주장하면, 책임을 회피할 수 있습니다. 일부 전문가들처럼 말이나 글로 부모 교육 이론을 제시하고 실천의 문제는 다루지 않는다면 부담을 덜 수 있지만 그럴 수 없었습니다. 꾸준히 장시간 노력하면 달라질 것이라고 얼버무리면 체면 유지는 가능하겠지만 그럴 수 없었습니다.

행복한 엄마에게서 찾은 해결책

결국 문제는 실천입니다. 어떻게 해야 엄마와 아이 모두 오늘 행복하면서 희망찬 내일을 준비할 수 있을까요? 얼 쇼리스의 인문학을 통해 엄마들 스스로 학부모 문화를 설명할 수 있는 힘을 기를 수 있도록 도왔던 것처럼 또 다른 돌파구를 찾기 위해 노력했습니다. 이번에도 해답을 제가 아닌 엄마들에게서 찾았습니다. 학부모 문화의 영향력으로부터 자유롭고 부모 역할을 훌륭하게 하는 엄마들을 만나며 답을 찾았습니다. 우선 최신의 학부모 문화가 아닌 전통적인 지혜에 바탕을 둔 부모 역할에서 실마리를 찾을 수 있었습니다.

대표적인 사례로 이수홍 군의 어머니를 소개하고 싶습니다.

엄마도 아이도 모두 행복한 어린 시절을 보냈습니다. 아이는 자신의 꿈을 향해 무럭무럭 성장했고 마침내 세계적인 수학 영재가 되었습니다. 그 과정에서 엄마는 마음껏 성장하는 아이를 지켜보는 기쁨과 함께 충분한 행복을 누렸습니다. 엄마는 수홍이와 함께 쓴 책에서 이렇게 말합니다.

> 당시 유행하던 교육법들은 내게 맞지 않다고 생각했기 때문에 육아나 교육에 관한 책에는 관심이 없었다. 그보다는 그저 내 어린 시절을 떠올리거나 주변 사람들을 본받고, 엄마의 조언을 따르면 된다고 생각했다. 내가 그렇게 컸고 내 조카들이 그렇게 자랐기 때문에 수홍이도 그렇게 키우면 된다고 생각했다.*

수홍이 엄마는 스스로 '재래식 엄마의 전통적 양육관'을 가졌다고 말합니다. 많은 엄마들이 자신의 아이를 특별하게 키우고 싶어 하지만, 수홍이 엄마는 평범한 삶이 가장 행복한 삶이라는 믿음을 잃지 않았습니다. 많은 엄마들이 아이들에게 가급적 빠른 진도로 하나라도 더 가르치려고 애쓰지만, 수홍이 엄마는 어린 시절은 길면 길수록 좋다고 생각하고 수홍이가 스스로 터득하며 공부하도록 도왔습니다. 결핍이 있어야 욕구가 생기고 잠재력을 발휘한다고 믿었고, 실패와 좌절이 마음을 강하게 하고 도전 정신을 키운다고 생각하여 다른 엄마들처럼 애써 아이가 실패를 피하도록 돕지 않았습니다. 제가 만난 수홍이 엄마는 학부모 문화의 독립지대에 서있었지만 불안하고 걱정이 많았다고 하지 않았습니다. 오히려 홀가분하고 자유로웠다고 말합니다.

학부모 문화의 영향을 거의 받지 않은 엄마의 보호를 받으면서 수홍

* 허종숙·이수홍, (2010). 《세상 모든 것이 공부다》, 다산에듀, 23쪽.

이는 평범한 활동을 통해 비범한 능력을 기를 수 있었던 것 같습니다. 영재를 만들어준다는 최신 교구 대신 색종이와 딱지, 팽이, 계산기 같은 걸 가지고 놀면서 배우고 성장했습니다. 영재 교육이 아니라 바둑과 체스, 마방진, 계산기와 컴퓨터를 통해 영재성을 길렀습니다. 수홍이 엄마는 '수홍이는 타고난 천재'라는 다른 이들의 말을 강하게 부정합니다.

> 그렇게 평범함을 지향했는데 수홍이는 결과적으로 평범하지 않은 아이가 되어버렸으니 참 역설적이다. 그렇게 되어버린 원인을 굳이 찾자면, 대부분의 사람이 특별함을 좇아 열성적인 조기교육의 물결에 휩쓸렸을 때 우리는 다만 거기에서 벗어나 있었기 때문이 아니었나 싶기도 하다. 평범함을 지향한 것이 오히려 특별한 교육이 되어버린 셈이다.*

학부모 문화에서 벗어나 독자 노선을 걸었지만 불안도 걱정도 없었던 수홍이 엄마와 같은 긍정적인 사례들을 소개할 때마다 이런 생각이 듭니다. '물귀신 같은 학부모 문화로부터 벗어나기 위해 애쓰는 것이 아니라 부모의 진심을 회복했을 때 느낄 수 있는 감정, 바로 수홍이 엄마가 수홍이를 키우면서 느꼈던 행복을 엄마들이 체험할 수 있다면 분명 달라지지 않을까? 학부모 문화로부터 벗어나기 위해 노력하는 과정에서 엄마들이 행복을 느낄 수 있다면 달라질 수 있지 않을까? 엄마 마음에 아이에 대한 걱정이 사라지고 믿음이 생긴다면 과연 누가 실천하지 않을까!'

* 같은 책, 22쪽.

학부모 문화를 세균이라고 할 때 세균이 침입해도 잘 감염되지 않는, 면역력이 강한 엄마의 마음 상태로 갈 수 있는 방법이 있다면 누구나 쉽게 학부모 문화의 영향력으로부터 벗어날 수 있을 것이라고 생각했습니다. '그래서 어쩌라고?'라며 따지는 엄마들에게 이렇게 하면 된다고 자신 있게 방법을 알려줄 수 있을 것 같았습니다.

앎의 문제에서 삶의 문제로

그동안 저는 엄마들에게 부모 역할은 앎의 문제가 아니라 삶의 문제라는 말을 자주 했었습니다. 하지만 곰곰이 생각해보면 그런 제 말에는 앎으로부터 시작해 삶을 변화시켜야 한다는 의도가 있었던 것 같습니다. 그러나 지금은 그 생각이 바뀌었습니다. 앎을 통해 학부모 문화로부터 벗어나는 일은 실패할 수밖에 없다는 사실을 절실히 깨달았습니다. 앎을 통해 이성적으로 학부모 문화에서 벗어나도, 여전히 엄마들의 삶을 좌우하는 것은 학부모 문화이기 때문입니다. 그렇기에 교육이나 책을 통해 뭔가 배워서 변화될 수 있다는 말을 더는 엄마들에게 할 수 없게 되었습니다.

생각의 변화, 이성의 변화를 삶의 변화로 이어지게 하는 데는 '어떤 감정을 느끼느냐, 즉 행복을 느낄 수 있느냐'가 성패를 결정하는 관건이었습니다. 실천하는 과정에서 엄마와 아이가 모두 원하는 유쾌한 감정을 느낄 수 있다면 어떤 어려움을 겪어도 계속 노력을 이어가게 되지만, 피하고 싶은 감정을 느낀다면 아무리 목표가 있고 의지가 강해도 포기하는 사례를 수없이 보았습니다.

학부모로서 욕심을 버리고 부모의 진심을 회복하기 위해 노력하는 과정에서 엄마들에게 꼭 필요한 것은 행복이라는 감정임을 알게 되었습니다. 그리고 그 행복을 느끼기 위해 엄마들이 어떤 체험을 해야 하는지 방법을 마련할 수 있었습니다.

지금부터 진정한 엄마가 되기 위해 노력하는 과정에서 행복을 체험할 수 있는 '기적의 엄마 체험'을 소개합니다.

02

엄마가 먼저 행복해질 용기

엄마의 마음을 욕심에 빼앗기지 않고 엄마의 진심을 잘 지키면서 아이를 지원해주는 엄마들이 있습니다. 진정한 행복이 무엇인지 잘 알고 누리는 엄마들이었습니다. 그런 엄마들은 책을 읽고 교육을 받고 열심히 노력하는 엄마들이 아니었습니다. 마음이 건강한 엄마들, 일상에서 행복을 누리는 엄마들이었습니다. 행복한 엄마들은 불행한 엄마들에 비해 확실히 학부모 문화의 영향을 덜 받고 있었습니다.

뻔뻔한 엄마들

행복하다고 말하는 엄마들에게 먼저 어떤 때에 행복한지 물었습니다.

- 하고 싶은 운동을 하거나 좋은 책을 읽을 때, 맑은 날 소풍갈 때
- 남편이랑 팔짱 끼고 산책할 때
- 주말에 아이들과 뒹굴며 수다 떨 때
- 혼자서 멍하니 있을 때(캬라멜 마끼아또와 함께라면 더 좋다)
- 아이들 학교 보내고 혼자서 차 마실 때
- 라디오를 크게 켜놓고 책을 볼 때
- 가족들과 별일 없이 하루를 보내고 함께 식사할 때

자신이 불행하다고 말하는 엄마들에게 어떤 때에 불행한지 물었습니다.

- 아이들이 안 예쁘게 행동하거나 버릇없이 말대꾸할 때
- 아픈데 가족들이 따뜻한 말 한마디 없을 때
- 미래를 위해 준비하는 옆집 신랑이 부지런해 보이고 멋져 보일 때
- 대출금 갚느라 절약하다 보니 생활이 궁상맞고 초라하게 느껴질 때
- 먹고 싶은 것 못 먹을 때

특히 행복한 엄마와 불행한 엄마는 몇 가지 점에서 너무도 달랐습니다.

첫째, 불행한 엄마들은 "내 감정이 이해받지 못할 때 불행하다.", "가족에게 배려받지 못할 때 불행하다.", "아이와 공감하지 못할 때 불행하다"라고 말합니다. 불행한 엄마들의 말이 정말 불행할 수밖에 없는 이유라면, 행복한 엄마들은 가족들과의 관계에서 이해와 배려, 공감을 충분히 누려야 합니다. 하지만 실제로는 그렇지 않았습니다. 행복한 엄

마들은 가족과의 관계에 얽매이지 않는 자신만의 행복을 누리고 있었습니다. 쉽게 말해 남편과 아이, 친정과 시댁 식구들이 모두 마음에 들지 않을 수도 있지만 그런 가족 관계와는 상관없이 자신만의 행복을 누렸습니다. 가족과 주변 사람들에게 상처받을 때가 많지만, 우울해지고 신세 한탄을 하기보다 위로가 되는 친구를 만나고, 좋아하는 취미 생활이나 운동을 하며 일상에서 행복을 누리려고 노력했습니다.

둘째, 불행한 엄마들은 말합니다. "훌륭한 엄마들에 비해 부족하다고 느낄 때 불행하다.", "아이를 잘 키우는 엄마들을 보면서 열등감을 느낄 때 불행하다." 불행한 엄마들의 말이 정말 불행할 수밖에 없는 이유라면, 행복한 엄마들은 모두 사회적으로 인정받는 훌륭한 사람들이어야 합니다. 하지만 결코 그렇지 않았습니다. 행복한 엄마들도 자신을 많이 부족한 사람으로, 부모로 생각하고 있었습니다. 다만, 주변 사람들의 시선은 아랑곳하지 않고 자신만의 행복을 누린다는 것이 달랐습니다. 남과 자신을 비교하여 부족한 것을 채우려고 애쓰는 것이 아니라, 자신이 좋아하고 하고 싶은 일을 열심히 하고 있었습니다. 해외여행을 자주 가는 친구를 부러워하기보다 아이들과 동네 산책을 하는 일상에 충분히 만족했습니다.

셋째, 불행한 엄마들은 말합니다. "여행 가는 사람을 보면 불행하다.", "내가 가지고 있는 것에 만족하지 못할 때 불행하다.", "돈 걱정 없이 산다면 행복할 것 같다." 불행한 엄마들의 말이 정말 불행할 수밖에 없는 이유라면, 행복한 엄마들은 모두 경제적으로 여유로워야 합니다. 하지만 그렇지 않았습니다. 오히려 살림살이가 더 빠듯한 경우도 많았습니다. 불행한 엄마들과 다른 점이 있다면 행복한 엄마들은 돈이 없어도 충분히 행복할 수 있다고 생각하고, 돈이 필요 없는 행복을 찾고 충분히 누리고 있다는 것입니다. 고가 명품백보다는 아이가 선물한 싸구려 가방을 더 좋아했습니다. 고급 승용차보다는 오래되고 낡았지만 정든 소형차를 더 아꼈습니다. 비록 전세에 살아도 자기 집처럼 잘 꾸미고 살았습니다. 아이가 속 썩이고 남편이 마음에 들지 않는 행동을 해도, 살림살이가 빠듯해 늘 돈 걱정을 해도, 자신만의 행복을 누렸습니다. 행복한 엄마들은 대부분 남을 의식하지 않는 '뻔뻔한 엄마들'이었습니다.

'뻔뻔한 엄마들'의 생각을 한번 들어보겠습니다.

- 아이와 나의 행복은 별개다. 아이 때문에 불행하다고 생각하면 답이 없다. 하지만 나라도 행복해야 아이를 제대로 도울 수 있다.
- 남편과 나의 행복은 별개다. 남편 때문에 불행하다고 생각하면 답이 없다. 하지만 나라도 행복해야 남편과의 사이도 좋아진다.
- 돈과 나의 행복은 별개다. 돈 때문에 불행하다고 생각하면 답이 없다. 하지만 돈이 없어도 행복해질 수 있다고 생각하면 된다. 돈 없이도 행복해야 신나는 인생을 살 수 있다.

행복한 엄마들은 '행복해질 용기'라는 말이 생각날 정도로 뚜렷한 자신만의 행복관을 가지고 있었습니다. 뻔뻔하다는 말은 그만큼 용기가 있다는 말과 통하는 것 같습니다. 그간 만난 많은 엄마들에게서 확인한 묘한 역설이 있습니다. 가족 때문에 불행하다는 엄마, 부족한 자신 때문에 불행하다는 엄마, 돈 때문에 불행하다는 엄마들은 계속 불행해졌습니다. 지금 불행하기 때문에 거기에서 벗어나 행복해지려고 무진 애쓰지만, 가족 관계도 자신의 성장도 경제적 상황도 오히려 나빠졌습니다. 반대로 비록 부족하고 돈 때문에 쪼들리는 엄마지만, 가족 문제에 얽매이지 않고 나름 행복한 엄마들은 점점 더 행복해졌습니다. 그들은 지금 행복하기 때문에 더 행복해지려고 아등바등하지 않아도 좋은 가족 관계와 인간적인 성숙, 경제적 상황을 누릴 수 있었습니다. 결국 불행하다는 생각이 불행을 키우고 행복하다는 생각이 행복을 키우는 것 아닐까요?

행복해지면 무엇이 달라질까?

오랜 상담을 통해 또 하나 알게 된 것은 행복한 엄마와 불행한 엄마의 행동 차이입니다. 행복한 엄마는 곧잘 실천하지만 불행한 엄마는 결심은 자주 해도 실천은 하지 않는 경우가 많습니다. 제대로 실천하지 않고서 핑곗거리를 찾습니다. 행복한 엄마는 제 얘기를 잘 받아들이지만, 불행한 엄마는 자신도 아는 얘기라고 하거나 너무 뻔한 얘기라고 하면서 생각을 바꾸지 않습니다. 행복한 엄마는 아이보다 자기 문제에 집중하지만, 불행한 엄마는 자기 문제보다는 아이 문제가 더 심각하고, 아이 문제가 해결되어야 자기 문제도 해결된다고 생각했습니다. 엄마들에게 중요한 것은 저의 부모 교육이 아니었습니다. 엄마가 놓인 상황을 파악하는 것이, 그리고 엄마 스스로 행복해질 수 있는 방법을 찾는 것이 중요했습니다. 하지만 아이 때문에 엄마로서의 자기 삶이 불행하다고 생각하는 엄마들에게 아무리 행복의 중요성을 강조해도 소용없었습니다. 그래서 행복해지라는 말 대신에 불행한 엄마들에게 물었습니다.

"행복을 누리게 되면 과연 어떤 변화가 나타날까요?"
엄마들의 답은 아래와 같았습니다.

행복을 누리면

- 두려움과 죄책감이 사라지면서 아이들에게 더 너그럽게 행동할 수 있을 것 같다.
- 아이들의 눈높이와 입장에서 생각하고 경청하고 공감할 수 있을 것 같다.
- 아이를 믿어주고 격려하며 따뜻한 말로 소통할 수 있을 것 같다.
- 서로의 다름을 인정하고 화목한 가정을 꾸릴 수 있을 것 같다.
- 가족과 아이에 대한 피해의식에서 벗어나서 더 긍정적으로 세상을 바라볼 것 같다.
- 머리로 생각하고 계획하던 삶에서 벗어나 주어진 순간순간에 만족하는 엄마가 될 것 같다.
- 아이의 존재만으로도 충분히 감사한 엄마가 될 것 같다.

불행한 엄마들도 모르지 않았습니다. 아이 때문에 자신이 불행한 것이 아니라 불행한 자신이 엄마 역할을 제대로 하지 않아 불행해진 것이라는 사실을. 하지만 여전히 아이 때문에 불행하다는 생각을 바꾸지 않는 엄마들을 위해, 끝까지 남들에게 자랑할 수 있는 아이를 만들어야 행복할 수 있다고 고집을 부리는 엄마들을 위해 '행복학'을 소개하기 시작했습니다.

우선 1937년에 시작되어 지금도 계속되고 있는, 역사와 규모 면에서 압도적인 하버드대학교의 성인발달연구 결과•를 소개합니다. 1967년부터 이 연구를 주도해온 하버드 의대 정신과의 조지 베일런트 교수는 행복에 대해 '삶에서 가장 중요한 것은 인간관계이며, 행복은 결국 사랑'이라고 결론지었습니다. 요즘 엄마들이 가장 신경 쓰는 돈과 명예, 학벌은 행복의 조건에 포함되지 않았습니다.

'평범한 사람들이 더 행복하다. 어려움에 처했을 때 긍정적으로 대처하는 자세만 있으면 된다. 늘 배우려는 자세가 필요하다. 결국 행복은 어떤 조건의 문제가 아니라 선택의 문제이고, 그렇기에 누구나 행복할 수 있다.' 연구 결과가 의미하는 바를 제 나름대로 정리해보았습니다. 이 연구 결과는 엄마들에게 이런 질문을 던지는 듯합니다. "행복의 조건에 포함되지 않는 학벌과 돈을 위해 아이들에게 공부를 강요하느라 아이와 멀어지고 사랑하는 마음조차 희미해진다면 과연 어떤 결과가 남고 무엇을 얻을 수 있을까요?"

행복학을 많이 공부했지만 가장 신뢰하는 책인 《행복의 기원》에서 몇 구절을 소개하겠습니다.

> 인생의 여러 조건들, 이를테면 돈, 건강, 종교, 학력, 지능, 성별, 나이 등을 고려해도 행복의 개인차 중 약 10~15퍼센트 정도밖에 예측하지 못한다. 몇 해 전 한국심리학회에서 체계적으로 조사한 한국인의 행복에

• 조지 베일런트, (2010). 《행복의 조건》, 프런티어.

> 대한 결론도 이와 비슷하다. 행복한 사람과 불행한 사람의 차이는 가진 자와 못 가진 자의 차이가 아니다. 그럼에도 불구하고 행복의 10퍼센트와 관련된 이 조건들을 얻기 위해 인생 90퍼센트의 시간과 에너지를 투자하며 사는 사람들이 많다. 특히 돈을 벌기 위해.*

엄마들이 아이 공부에 매달리는 이유는 바로 안정적인 직업 때문입니다. 안정적인 직업을 얻으려는 이유는 결국 아이의 행복을 위해서겠죠. 그런데 행복 연구 결과를 보면 생각을 바꿔야 할 것 같습니다. 먼저 행복을 주는 가장 중요한 것이 무엇인지 알 필요가 있습니다. 위의 책에서는 행복의 핵심은 부정적인 정서가 아닌, 긍정적 정서를 일상에서 더 자주 느끼는 것이라고 정의합니다. 그리고 일상에서 느끼는 작은 즐거움과 기쁨이 바로 행복이라고 말합니다. 특별한 감정이 아니라 그저 기분 좋은 상태가 바로 행복인 것입니다. 그렇다면 우리의 생활 방식을 바꿔야 하지 않을까요? 내일의 행복, 가짜 행복에 속아 오늘 누릴 수 있는 행복을 놓치는 것은 너무 억울합니다. 어떻게 하면 '지금 당장 행복할 수 있을까'를 항상 궁리하고 실천하고 누려야 합니다. 내일의 행복을 위해 오늘의 불행을 감수하고 아이에게 공부만을 강조하는 삶의 방식에서 벗어나는 게 마땅합니다. 아이가 공부를 잘하면 행복해질 것이라는 생각 때문에 아이와 오늘 충분히 누릴 수 있는 행복을 포기하면 너무 억울한 일이니까요.

* 서은국, (2014).《행복의 기원》, 21세기북스, 104쪽.

초콜릿을 우습게 여기지 마라

> 하지만 초콜릿을 우습게 생각하는 이들이 꼭 알아야 될 사실이 있다. 지금까지의 연구 자료들을 보면 행복한 사람들은 이런 '시시한' 즐거움을 여러 모양으로 자주 느끼는 사람들이다.*

실제 느낄 수 없는 가짜 행복, 즉 돈과 시간이 많이 필요한 행복을 진짜 행복이라고 착각했다면, 그리고 그것을 좇기 위해 우습게 여기고 외면했던 행복이 진짜 행복이라면 이제 남은 일은 무엇일까요? 가짜 행복을 진짜 행복이라고 착각하는 것에서 벗어나는 일 아닐까요? 이제 맛있는 초콜릿 같은 일들, 아이와 함께 일상에서 소소하게 누릴 수 있는 즐거움부터 찾아봐야 합니다. 그동안 별것 아니라고 무시했던 일들, 아이 공부 때문에 기피했던 수다와 산책 같은 일들이 바로 행복이라면 엄마와 아이 모두 어렵지 않게 행복할 수 있을 것입니다.

팔다리 없이 태어나 수많은 어려움을 겪었지만 현재는 행복한 삶으로 많은 이에게 희망를 주고 있는 닉 부이치치의 엄마가 한 말이 떠오릅니다. "가지지 못한 것보다 가지고 있는 것에 집중하라." 엄마와 아이 모두 가지고 있는 것들을 떠올리면 정말 많지 않나요? 그동안 아이가 가지지 못한 것을 채워주기 위해 그렇게 고생하고 애썼는데 이제 그럴 필요가 없다고 생각해도 되지 않을까요?

> 새로운 관점으로 보면 행복은 삶의 최종적인 이유도 목적도 아니고, 다

* 서은국, (2014). 《행복의 기원》, 21세기북스, 111쪽.

만 생존을 위해 절대적으로 필요한 정신적 도구일 뿐이다. 행복하기 위해 사는 것이 아니라, 생존하기 위해 필요한 상황에서 행복을 느껴야만 했던 것이다.*

매우 중요한 말입니다. 행복하지 않으면 생존하기 어렵다는 말에 다양한 의미가 있는 것 같습니다.

- 엄마가 행복하지 않기 때문에 엄마 역할을 제대로 하지 못한 것이다. 엄마가 행복해야 엄마 역할도 제대로 할 수 있다.
- 아이가 행복하지 않기 때문에 열심히 공부하지 않은 것이다. 아이가 행복해야 공부도 열심히 할 수 있다.
- 개인의 의지나 노력이 부족한 것이 아니라 행복하지 않기 때문에 의욕이 없고 그래서 열심히 할 수 없는 것이다. 자신의 게으름과 의지를 탓할 것이 아니라 행복하지 않은 이유를 들여다보아야 한다. 적극적으로 행복을 누리려는 노력을 먼저 해야 의지도 강해지고 의욕도 생긴다.

놀랍게도 제가 엄마들에게서 확인한 현실의 행복과 최신 행복학 연구 결과는 거의 일치합니다. '행복은 누릴 수 없는 것이 아니라 누리지 않는 것'이라는 사실이 분명해졌습니다. 엄마의 행복을 방해하는 가장 큰 장애물은 학부모 문화입니다. 다른 아이들과 비교해 뒤처지지 않을 정도로 공부를 시키지 않으면 아이가 경쟁에서 질 것 같은 불안감이

* 같은 책, 71쪽.

엄마 마음을 지배하고 있기 때문에 아이와 함께 언제나 누릴 수 있는 행복을 누리지 못한다고 생각합니다.

충분히 누릴 수 있는 조건을 가지고 있지만 행복을 느끼지 못하는 엄마와 아이는 하는 일마다 제대로 될 수 없습니다. 행복은 의욕을 낳지만 엄마의 불안은 짜증을 낳고 엄마의 짜증은 아이의 스트레스를 낳는다면 무슨 일인들 제대로 될까요? 많은 엄마들이 말하는 행복과 불행에 대해 정리하며 얻은 결론은 행복은 조건의 차이가 아니라 생각의 차이라는 것이었습니다. 행복에 필요한 조건을 분명 많이 갖고 있지만 불행을 호소하는 엄마들이 많았습니다. 반면 불리한 조건에서도 나름 훌륭한 행복을 누리는 엄마들도 많이 만났습니다.

오늘 행복한 아이가 내일 성공한다

일상에서 행복을 누리는 엄마들이 말하는 행복의 조건입니다.

우선 지금 자신에게 주어진 조건에 대해 긍정적으로 반응해야 행복합니다. _ 경기 성남

저는 불행하지 않아요. 항상 완벽하게 좋은 상황은 없었어요. 늘 어려움이 있지만 감사하며 살고 있습니다. _ 경기 용인

작은 것에도 만족하고 긍정적인 생각을 할 수 있을 때 행복합니다. _ 경기 용인

이렇게 말하는 엄마들은 자기 삶에 대한 자부심도 컸습니다. 세상의 시선을 의식하지 않는 삶의 자율성도 가지고 있었습니다. 한마디로 자존감이 높은 엄마들입니다. 반대로 꼭 남과 비교하고 남보다 잘살지 않으면 안 된다는 강박관념에 사로잡힌 엄마들도 자주 만납니다. 허영심에 가득 찬 사람이라는 느낌을 지울 수 없습니다. 그런 엄마들의 생각에서 우리 사회에 존재하는 온갖 차별을 그대로 읽을 수 있습니다. 돈 많고 학벌 좋은 잘난 사람은 행복할 수 있지만 그렇지 못한 사람은 행복하면 안 된다고 생각하는 것 같습니다. 엄마와 아이 모두 행복하기를 진정 원한다면 허영이 아니라 진정한 행복을 위해 노력해야 합니다.

앞에서 돈이 없어도, 가족들이 속을 썩여도 행복한 엄마들이 있다고 했습니다. 돈 때문에 불행한 엄마들은 돈 문제에 매달리느라 불행합니다. 지금 불행하면 쉽게 스트레스를 느끼고 결국 의욕을 갖기 어렵습니다. 돈 걱정만 하지 돈을 벌 수 있는 일을 열심히 하기는 어려운 상태가 됩니다. 아이가 공부를 못해 불행한 엄마는 아이 공부에 매달리느라 불행합니다. 지금 불행하면 쉽게 스트레스를 느끼고 결국 아이에게 화가 나거나 짜증을 내기 쉽습니다. 결국 아이마저 스트레스를 받으면 공부 의욕보다는 게임이나 스마트폰의 유혹에 쉽게 넘어가는 상태가 되기 일쑤입니다.

내일의 행복을 위해서는 오늘 불행해도 괜찮다는 생각이 함정입니다. 오늘 행복한 사람이 내일 성공할 수 있습니다. 오늘의 불행은 내일에 대한 희망과 의욕을 빼앗고, 결국 오늘의 불행이 내일 계속될 수밖에 없는 상황으로 몰고 갑니다. 오늘 행복한 아이가 내일 성공합니다. 엄마가 행복해야 아이도 행복하고 내일 성공할 수 있습니다.

결국 중요한 것은 행복을 누리기 위한 구체적이고 적극적인 노력입니다. 행복한 엄마들의 말을 다시 들어보겠습니다.

행복이란 본인이 느끼기 나름인 것 같아요. 누가 나서서 날 행복하게 해주지 않으니 나 스스로 행복해지려고 노력합니다. _충북 청주

행복이란 온 가족이 함께 먹는 따뜻한 밥입니다. _경남 하동

저는 행복을 주어지는 행복과 일으키는 행복으로 구분합니다. 예를 들어, 명품을 살 때 느끼는 행복이 주어지는 행복이라면 버려진 물건을 재활용하여 요긴하게 사용할 때 느끼는 행복은 일으키는 행복입니다. 아이가 공부를 잘해서 행복하다면 주어지는 것이고 아이가 공부를 못하지만 함께 산책을 하면서 느끼는 행복은 일으키는 행복입니다.

엄마들에게 행복을 방해하는 요인을 물어봤습니다.

- 시댁 식구들 신경 쓸 때
- 에너지가 떨어지거나 생활이 너무 복잡하고 바빠질 때
- 소모적인 일에 에너지를 써서 전체적인 균형이 깨어질 때
- 외롭고 반복적인 가사와 육아에 지칠 때
- 남편은 일로 바쁘고 아이들과 함께 하는 시간이 많아서 내 시간이 없을 때

정리하자면 가족이 자신에게 요구하는 역할, 며느리로서, 아내로서, 엄마로서 해야 할 일을 하다 보면 지쳐서 행복할 겨를이 없다는 것이었습니다. 제가 가장 가슴 아프게 생각하는 대목입니다. 사회적 약자를

돌보지 않는 사회적 분위기가 그대로 가정에까지 영향을 미치고 있습니다. 시댁과 친정 어른들에게는 마땅한 도리를 다해야 하는 의무감을 느끼고, 남편과 아이들에게는 이것저것 챙겨주고 보살펴야 한다는 책임감을 가져야 하는 대한민국 엄마들. 요구는 많지만 지지와 지원은 부족한 어려운 상황에 처해있습니다.

하지만 행복해야 합니다. 헌법에도 보장된 인간의 권리를 포기해서는 안 됩니다. 엄마만의 행복 독립 지대를 반드시 만들어야 합니다. 돈도 없고 애는 공부도 못하고 남편은 늘 속만 썩인다 하더라도, 시댁과 친정이 늘 골칫거리라 하더라도, 어떻게 하면 행복할 수 있을지 궁리하고 찾아내야 합니다. 먼저 삶의 우선순위를 가족에게서 자신에게로 돌려놓아야 합니다. '나부터 살고 보자', '나부터 인간답게 행복하게 살아야 엄마로서 다른 역할도 제대로 할 수 있다'라는 생각을 해야 합니다. 그리고 꼭 '나만의 시간'을 확보해야 합니다. 하루 일과를 살펴보면서 최소 30분 이상 자신만을 위한 시간을 만들어내야 합니다. 다른 엄마 역할은 우선 포기할 필요가 있습니다. 엄마로서의 부담을 내려놓지 않으면 빈 시간은 보이지 않습니다.

하루에 한 번 엄마만의 행복 여행

먼저 엄마만의 행복 감각을 회복해야 합니다. 물질만능주의 사회가 제시하는 기준은 깨끗하게 무시하고 자신의 추억에서 행복했던 순간을 떠올리면서 '나는 과연 어떤 일을 할 때 행복한가'를 곰곰이 생각해보십시오. 마땅히 떠오는 것이 없다면 아래 내용을 참고해서 실험해보는 것도 좋습니다. 다양한 활동들을 해보면서 스스로의 느낌에 주목할 필요가 있습니다.

- 내가 재미있어 하는 일은 무엇인가? 그중에서 의미까지 얻을 수 있는 일은?
- 내가 좋아하는 문화 활동이나 야외 활동에는 어떤 것들이 있는가?
- 나의 성장에 도움이 되는 책이나 인터넷 교육에는 무엇이 있을까?

참고로 서울대학교 심리학과 최인철 교수의 행복학 강의[•]를 제 나름대로 정리해서 소개합니다.

- 행복이란 객관적인 조건이 아니라 주관적인 마음 상태에 달려있다. 즐겁고 의미를 느끼는 상태가 바로 행복이다. 물질주의 가치관에 빠지면 행복할 수 없다. 오히려 사소한 것이지만 감사하게 받아들일 수 있는 상태, 가난한 마음이 더 중요하다.
- 많은 사람이 매달리는 돈과 명예와 같은 외적 조건이 행복에 미치는 영향은 예상과는 달리 크지 않다. 20퍼센트를 넘기지 못한다는 연구결과가 있다. 결국 돈으로 행복을 누릴 수는 있지만 연관성이 크지 않기 때문에 돈을 더 벌어 행복해지겠다는 생각은 비효율적이다.
- 행복의 최대 적은 다른 사람과 자신을 비교하는 것이다. 오늘보다 나은 내일을 추구하는 것이 중요하다.
- 행복한 삶을 위해 가장 중요한 것은 돈독한 인간관계다. 가족, 친구와

• EBS, 〈EBS 인문학 특강〉, '나의 삶, 나의 행복', 2016년 4월.

함께 하는 시간을 늘릴수록 행복해진다. 또한 행복은 구체적인 활동, 바로 여행, 운동, 산책, 자원봉사와 같은 활동을 할 때 주어진다. 반면 TV, 스마트폰, 인터넷 사용은 줄여야 한다.

- 역설적이게도 다른 사람의 행복을 위해 노력하는 것이 나를 행복하게 하는 최고의 전략이 된다. 행복이란 누군가에게 관심을 기울이고 의미 있는 일을 추구할 때 주어진다.
- 사회적인 편견과는 달리 누구나 행복을 주는 행위를 연습하면 행복해질 수 있다.

행복한 엄마가 되기 위해 노력한 한 엄마의 성공 사례를 소개하겠습니다.

저는 늦둥이 아이가 스마트폰 하는 모습만 보면 화가 치밀었어요. 하루하루가 너무 힘들어 부모 교육을 받았는데 일단 행복해져야 한다는 소장님 말씀에 강하게 끌렸어요. 일단 집에 있으면 행복할 수 없다는 생각을 했습니다. 아침에 남편 출근하고 아이들이 학교 갈 때, 저도 집에서 함께 나왔습니다. 아침 일찍 문을 여는 카페에 노트북을 들고 갔습니다. 처음에는 설거지며 집안 청소며 신경이 쓰였지만, 소장님 말씀처럼 일단 나부터 살고 보자는 생각을 하고 무조건 집을 나왔습니다. 카페에서 제가 좋아하는 패션 관련 사이트를 둘러보고, 음악도 듣고, 가끔 초등학교 동창 카페에도 들어갔습니다. 그렇게 한 시간 정도를 보냈습니다. 처음에는 기분 전환 정도만 기대했는데 그렇게 한 달이 지나고 나니까 정말 제 인생이 달라졌다는 느낌이 듭니다. _ 대구

하루에 한 번씩 자신만의 행복 여행을 다녀온 엄마들의 삶은 분명

달라집니다. 무엇 때문에 누구로 인해 불행하다는 생각에 변화가 옵니다. 내 삶의 주인공으로서 행복을 누리면, 진드기처럼 달라붙었던 삶의 문제들이 하나둘 떨어져 나가면서 그 문제를 좀 더 여유롭게 바라볼 수 있습니다. 그리고 나부터 살자는 처음의 의도와는 정반대로 가족을 위한 삶에도 충실할 수 있는 힘이 생깁니다. 아이를 대하는 태도부터 달라졌다는 말도 많이 들립니다. "너 왜 그렇게 말을 듣지 않니! 엄마 말이 말 같지 않다는 거야?" 그렇게 대화법을 연습해도 아이에게 짜증 내는 말투는 달라지지 않았는데, 행복을 누리고 나니까 엄마 마음부터가 달라집니다. '자식, 나름 뭔가 욕구 불만이 있나본데… 괜히 건드려봐야 짜증만 내니까 뭐가 불만인지 잘 살펴봐야겠는걸?'

엄마에게만 주어진 온갖 굴레에서 벗어나 삶의 자율성을 발휘하여 행복을 얻는 엄마들은 위대합니다. 불행한 사회로부터 가정의 행복을 지킬 수 있는 힘을 길렀기 때문입니다. 사회의 불행은 엄마의 불행에 스며들어 가정을 파괴하고 있습니다. 그러나 가정이 불행해지면 우리 사회도 행복해질 수 없습니다. 엄마의 행복으로부터 시작하는 가정의 행복은 우리 사회를 행복한 사회로 만드는 위대한 노력이라고 해도 지나침이 없습니다.

아이를 위해 과연 무엇을 해야 할지 걱정과 의문이 많았는데, 강의를 듣고 난 제 마음이 정말 편해졌습니다. 엄마의 행복을 중요한 키워드로 알려주셔서 감사합니다. 행복한 엄마가 될 생각을 하니 발걸음이 가볍네요. _ 광주

소장님 말씀대로 과연 우리가 원하는 것이 무엇인가를 생각했을 때, 그 답이 당연히 행복이라는 너무도 단순하고 명료한 답을 얻고 나니 마음이 편해졌

습니다. _ 경기 양주

네 아이의 엄마입니다. 제가 먼저 행복해지겠습니다. 제가 먼저 생각을 바꾸어보겠습니다. 제가 먼저 실천하겠습니다. 제 가족의 행복을 위해 이제 정말 노력하고 실천해보겠습니다. _ 광주

기적의 행복 체험

불행하고 조급한 엄마 마음에는 세상의 모든 안 좋은 문제가 쉽게 스며드는 것 같습니다. 반대로 행복하고 건강한 엄마 마음은 우리 사회의 온갖 문제들을 가정 밖으로 밀어내는 힘이 있는 것처럼 보입니다. 엄마만의 행복 체험을 통해 엄마 자신은 물론 아이와 가족 모두가 행복해질 수 있다는 믿음을 회복해야 합니다.

아이 공부에 신경 쓰느라 늘 불안하고 걱정이 많은 엄마들, 특히 후배 엄마들이 하루빨리 '행복 체험'을 하고 나서 아래 선배 엄마들처럼 말했으면 좋겠습니다.

혼자 있을 때는 늘 걱정이 많았습니다. 이제는 엄마로서, 아내로서, 며느리로서, 딸로서의 역할을 모두 내려놓고 오직 저만의 행복을 위해 매일매일 노력하고 있습니다. 특히 아이가 학교에서 돌아오기 전에 제 기분을 잘 살핍니다. 우울해진 걸 느끼면 기분 전환을 위해 음악을 크게 틀어놓고 몸을 신나게 흔듭니다. 아이와 함께 감사 일기도 씁니다. 그렇게 즐거운 마음으로 아이를 만나려고 노력합니다. 처음에는 잘 몰랐는데 지금은 아이에게 짜증을 내지 않습니다. 지시

하거나 명령하는 말투도 사라졌습니다. 아이도 짜증을 내지 않습니다. 하기 싫은 일은 하기 싫다고 말합니다. 예전에는 그런 말을 들으면 화가 났는데 지금은 아이의 말을 잘 들어줍니다. 아이가 할 일을 잘할 수 있도록 도와주면 된다고 생각하고, 아이와 얘기를 나누다 보면 대부분 잘 해결됩니다. 하루하루 즐겁게 보내고 있습니다. _ 서울 은평

주변의 많은 엄마들이 아이 성적을 물어봅니다. 성적이 나쁜 아이 때문에 불행하다고 생각했습니다. 아이가 공부를 잘해야 행복해질 수 있다고 생각했습니다. 그 전까지는 공부 못하는 아이의 엄마로서 행복할 자격이 없다고 생각했습니다. 그러나 아니었습니다. 엄마인 제가 행복해야 아이도 행복할 수 있고 행복한 아이가 공부도 열심히 한다는 사실을 행복 체험을 통해 깨달았습니다. 제가 행복해지도록 노력하는 것이 아이 공부를 돕는 일이라는 걸 깨달았습니다. _ 경기 용인

03

믿음직한 아이와 만나는 아하 체험

아이 때문에 불행하다는 엄마가 자신만의 자율적인 행동으로 행복을 느끼기 시작하면, 비로소 변화가 시작됩니다. 아이를 볼 때마다 잔소리를 하지 않으면 견딜 수 없고, 자주 짜증과 화가 치밀던 엄마는 학부모 문화의 지배에 놀아나던 자신을 발견하고 정신을 바짝 차리게 됩니다. 하지만 이전보다 마음은 편해졌지만 미덥지 않은 아이를 보면 자꾸 부정적인 생각으로 기울 수 있습니다. 그러면 보나 마나 다시 위기가 찾아옵니다.

아이를 믿지 못하는 상태에서의 엄마 역할은 고난의 연속입니다. 하지만 아이에 대한 믿음이 확실하게 느껴지는 순간, 엄마 마음에는 평화가 찾아옵니다. 아이에 대한 믿음이 잘 생기지 않는데 아이를 믿기 위해 억지로 노력하는 후배 엄마들에게, 아이를 굳게 믿게 된 선배 엄마들이 경험한 놀라운 변화의 체험은 학부모 문화를 예방하고 퇴치하는 백신이 됩니다. 저는 이 체험을 '아하 체험'이라고 부릅니다.

'행복 체험'을 통해 엄마에게 마음의 평온이 찾아오면 학부모 문화에 휘둘리지 않고 제대로 생각하고 판단할 수 있는 힘이 생깁니다. 그리고 지금까지 엄마들을 괴롭혔던 학부모 문화에 대한 비판적 사고가 가능해지는 '아하 체험'을 통해 아이를 제대로 이해하는 과정을 겪으면, 미덥지 못한 아이가 믿음직한 아이로 달라집니다. 아이에 대한 오해와 엄마 자신에 대한 오해에서 벗어나면, 그토록 느끼고 싶었던 안도감과 자신감을 경험하게 됩니다.

사실 엄마와 아이 그리고 우리 사회를 올바르게 이해하기 위해서는 많이 공부해야 하지만 선배 엄마들의 생생한 경험담에 마음을 열면 보다 쉽게 달라질 수 있다고 믿습니다. 그렇기에 오랜 오해에서 벗어나 엄마 자신도 아이도 제대로 이해하기 시작한 선배 엄마들의 체험담은 매우 소중합니다. '행복 체험'에 이어 '아하 체험'을 통해 학부모 문화로부터 벗어나 진심을 되찾은 선배 엄마들의 체험을 소개합니다. 선배 엄마들의 소중한 체험이 많은 후배 엄마들의 마음에서 재현되기를 희망합니다. 또한 나와 상관 없는 다른 엄마들의 이야기가 아니라 앞으로 달라질 바로 자신의 이야기라고 생각하면 좋겠습니다.

아이가 의지할 수 있는 울타리 같은 엄마가 좋은 엄마입니다

아이를 낳고 키우면서 아이에게 가장 좋은 음식과 옷, 장난감을 주려고 노력했습니다. 좋은 교구와 좋은 책을 주고 좋은 유치원에 보내고 좋은

체험의 기회를 주기 위해 노력했습니다. 남에게 뒤지지 않는 좋은 것을 주려면 돈이 많이 필요했습니다. 돈이 부족해 더 좋은 것을 아이에게 주지 못할 때마다 마음이 아팠습니다. 어떻게 해서라도 아이에게 좋은 것을 주지 못하는 엄마가 되지 않으려고 노력했습니다. 아이가 초등학교에 입학할 때가 되니 더 많은 돈이 필요했습니다. 학교에서 하는 공부만으로는 많이 부족하다고 생각했습니다. 아이에게 더 좋은 기회를 주기 위해서는 당연히 사교육을 시켜야 했습니다. 돈 때문에 아이에게 더 좋은 사교육을 시키지 못한다고 생각하면, 못난 엄마라는 자책감이 들고 돈 때문에 아이 미래를 망칠 것만 같아 잠을 이룰 수 없었습니다. 남보다 좋은 것은 주지 못하더라도 남보다 못한 것을 주지는 않으려고 노력했습니다.

빠듯한 살림살이에 많이 힘들었지만 그래도 아이에게 남보다 못한 것을 주는 못난 엄마는 아니라는 생각에 보람이 있었고 뿌듯하기도 했습니다. 아이가 신호를 보내기 전까지 저는 분명 충분히 좋은 엄마는 아니지만 그래도 나쁜 엄마는 아니라고 생각했습니다.

어느 날 학교에서 연락이 왔습니다. 담임 선생님을 만났더니 아이가 매사 무기력해서 가르치기 힘들다고 말씀하셨습니다. 하늘이 무너지는 것 같고 정신을 차릴 수 없었습니다. 어디서부터 어떻게 잘못된 건지 종잡을 수가 없었습니다. 막막한 마음에 평소 알고 지내던 아이의 같은 반 친구 엄마에게 전화를 걸었습니다. 전화기로 목소리가 들리자 울음부터 났습니다. 겨우 참으면서 자초지종을 설명하고 조언을 구했습니다. 그 엄마는 아이가 잠깐 그럴 때가 있으니 너무 심각해질 필요가 없다고 말하며 일단 아이 심리검사를 받아보라고 조언했습니다. 주변에 수소문해서 심리검사를 예약해놓고 아이가 집에 오기를 기다렸습니다. 집으로 들어오는 아이의 시무룩한 표정이 눈에 들어왔습니다. 뭔가 많이 빗나갔다는 느낌이 들었습니다. 예전 같으면 이것저것 챙겨 아이 학원 보내기에 바빴을 텐데 아이 표정을 보니 마음이 달라졌습니다. 일단 아이 얘기를 잘 들어보고 싶었습니다. "오늘은 학원 안 가도 되니까 엄마한테 하고 싶은 말이 있으면 해봐." 고개를 떨군 아이는 한참을 기다려도 아무 말이 없었습니다. 답답한 마음에 말 좀 하라고 다그치려는 순간 아이가 울고 있는 걸 알았습니다. 저도 눈물이 났습니다. 아이를 안고 한참 같이 울었습니다. 머뭇거리던 아이는 자기가 지금 너무 힘들다고 했습니다. 순간 생각이 복잡해졌습니다. 도대체 지금까지 아이에게 무슨 짓을 한 건지 할 말을 잃었습니다. 아이가 힘들어하는 줄도 모르고 왜 그렇게 하는 시늉만 내냐고 화를 냈던 저를 생각하니 아이에게 너무 미안했습니다. 그렇게 힘들면 진작 말하지 왜 이제 얘기하느냐고 했더니 아이가 말합니다. 이미 여러 번 저에게 말했는데 그때마다 엄마가 한 말은 '하기 싫으면 그만 두라'는 말뿐이었답니다.

그런 과정을 겪으며 저는 조금씩 깨달았습니다. 세상이 말하는 좋은 엄마와 아이가 원하는 좋은 엄마는 다르다는 것을요. 세상이 말하는 좋은 엄마는 아이에게 좋은 엄마가 아니라 그냥 세상에 좋은 엄마였습니다. 아이를 위해 돈 많이 쓰는 엄마, 그래서 그 돈을 벌어가는 사람들에게 좋은 엄마일 뿐이었습니다. 세상이 말하는 좋은 엄마가 되려고 아이에게 좋은 것을 많이 주었지만 아이에게서 효과가 나타나지 않자 아이를 미워하기 시작했다는 사실을, 결국 세상이 말하는 좋은 엄마가 되기 위해 노력한 만큼 아이에게는 나쁜 엄마가 되었다는 사실을, 아이 편이라고 생각했지만 아이를 이용해서 돈을 벌려는 사람 편에 섰다는 사실을 깨달았

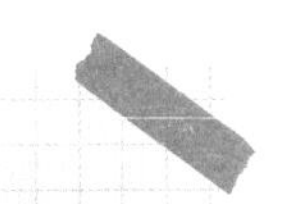

습니다.

이제 저는 돈이 없어도 좋은 엄마가 될 수 있다고 생각합니다. 세상이 원하는 좋은 엄마가 되는 걸 포기하고 아이가 원하는 좋은 엄마가 되면 된다고 생각하니 정말 마음이 편합니다. 실망스런 아이 모습을 보면서 엄마로서 잘못하는 것 같아 많이 불안하고 자책했는데 이제는 그렇지 않습니다. 아이가 진정 원하는 것을 주는 엄마가 된다고 생각하니까 저도 아이도 걱정이 없을 것 같습니다. 아이의 얘기를 듣고 아이가 진심으로 원하는 것이 무엇인지 알아보니 그렇게 돈이 많이 드는 일은 없었습니다. 돈 때문에 나쁜 엄마가 되는 것은 아닌지 늘 걱정했는데 돈 없이도 좋은 엄마가 될 수 있을 것 같아 마음이 편해졌습니다.

아이에게 필요한 것을 주었는데 아이가 거부한다고 생각하니 아이에게 문제가 있다고 여겼고, 결국 아이를 믿지 못했습니다. 엄마의 희생과 정성을 아이가 거부한다고 생각하니 아이가 미웠습니다. 하지만 아이가 거부한 것은 엄마의 진심이 아니라 세상이 말하는 좋은 엄마가 되려는 제 욕심이라는 사실을 알게 되었습니다. 세상이 요구하는 엄마가 아니라 아이가 진정 바라는 엄마의 마음이 되면 아이가 엄마의 뜻과 바람을 거부할 이유가 없다고 생각하니 아이에 대한 믿음도 확실해졌습니다. 드디어 확실하게 깨달았습니다. '아하', 내가 그동안 엄마 역할을 오해했구나, 그래서 나 자신과 아이를 오해했구나. 세상이 원하는 좋은 엄마가 아니라 아이가 원하는 좋은 엄마가 된다고 생각하니 너무 홀가분하고 기분도 좋습니다. 자신감도 생기고요.

_서울 관악에서, 영수 엄마 올림

있는 그대로 존중받는 아이의 미래는 밝습니다

어릴 적부터 공부 잘하는 아이가 부러웠던 저는 제 아이도 공부 잘하는 아이가 되길 바랐습니다. 학벌만으로도 부족해 온갖 스펙을 쌓기 위해 노력하는 취업 준비생 얘기를 들을 때마다 다짐했습니다. 내 아이가 변변한 일자리 없이 불행하게 살아가게 할 수는 없다고요. 학벌과 스펙 좋은 아이 밑에서 굽실거리는 꼴을 볼 수는 없었습니다. 물려줄 재산도 마땅치 않은 부모로서 적어도 아이가 안정적인 일자리를 가지도록 이끌어주는 것이 엄마로서 반드시 해야 할 의무라고 생각했습니다. 하지만 그런 생각을 할수록 아이에게서 부족한 점만 자꾸 보였습니다. 제가 해결해주지 못하면 아이에게 미래 따위는 없을 것 같아 더 불안해졌습니다. 엄마가 자신의 미래를 위해 애쓰는 줄도 모르고 미래를 망치는 행동만 하려는 아이가 너무 한심하고 원망스러웠습니다. 그런 아이를 제대로 잡아주지 못하는 저도 무능력하고 나쁜 엄마라는 생각에 마음이 늘 편치 않았습니다.

아이의 잘못을 지적하고 부족한 점을 채우기 위해 애쓰는 동안 아이와 자주 다투고 점점 서로를 피하게 되었습니다. 이건 아니다 싶었습니다. 왜 그렇게 엄마 마음을 몰라줄까, 너무나 아이가 야속했는데 생각을 달리하니 아이가 조금씩 이해가 됐습니다. 세상은 학벌과 스펙 경쟁에서 아이가 반드시 이겨야 한다고 하지만 과연 몇 명이나 승자가 되는 걸까요? 나머지는 모두 들러리가 되는 건데 그건 정말 도박이 아닐는지요. 승산이 별로 없는 경쟁에 내 아이를 밀어 넣는 것은 아이를 위하는 것이 아니라, 소수 승자가 독식하는 불합리한 경쟁 구조를 유지시키는 걸 돕는 일은 아닐까요?

내 아이는 승자가 되고 싶은 마음이 없는 것이 아니라, 패자가 될 것이 뻔한 불리한 경쟁을 피하는 것인지도 모른다는 생각을 했습니다. 엄마로서 내 아이를 위해 해야 할 일은 아이 스스로 승자가 될 수 있는 길을 찾도록 돕는 일이라는 생각을 했습니다. 세상이 말하는 학벌과 스펙은 내 아이를 위한 성공의 조건이 아니었습니다.

그동안 엄마로서 내 아이에게 유리한 생각을 하지 못했다는 반성을 하게 됐습니다. 설령 경쟁하더라도 내 아이에게 유리한 경쟁이 있고 불리한 경쟁이 있다는 생각을 하게 되었습니다. 세상 모든 사람과 같은 기준, 바로 학벌과 스펙으로 경쟁하는 것이 불리한 경쟁이라면, 내 아이가 잘 할 수 있는 분야에서 실력을 쌓아 경쟁하는 것이 유리한 경쟁이라는 생각을 하게 됐습니다.

이제 더 이상 학벌 타령, 스펙 타령하지 않습니다. 내 아이에게 불리한 것을 요구할 이유가 없다고 생각하기 때문입니다. 내 아이만이 가진 모든 것을 존중하고 있습니다. 엄마로서 제가 존중한 만큼 아이는 스스로에게 자신감을 가질 것이고, 아이만의 독특한 장점과 능력을 가지고 세상에 나간다면 분명 잘살 것이라는 믿음이 확고해졌기 때문입니다.

저는 아이의 행복과 성장이 아닌, 세상이 요구하는 학벌과 스펙을 기준으로 삼아 아이를 다그치고, 그러면서 아이의 인생을 망치는 것은 아닌지 늘 불안하고 걱정 많았던 나쁜 엄마였습니다. 하지만 제가 낳은 자식이 최고이고 그렇게 믿어준 만큼 아이가 훌륭하게 잘 성장할 것이라고 생각하니 세상에서 제가 가장 좋은 엄마인 것 같습니다.

_서울 은평에서, 미영이 엄마 올림

저는 늘 제 자신이 과거에 노력하지 않아서 지금 썩 만족스럽지 못한 삶을 산다고 생각했습니다. 제가 공부를 멀리하고 놀기만 했을 때 자신의 미래를 위해 열심히 공부한 친구들은 지금 모두 잘살고 있는 것 같았습니다. 그래서 제 아이는 저처럼 살지 않길 바랐습니다.
아이가 어릴 때는 마음껏 뛰어노는 모습만 봐도 흐뭇했지만, 학교에 다니기 시작하면서 마냥 흐뭇하게만 바라볼 수 없었습니다. 내일을 걱정하고 준비하는 아이가 되기를 바랐습니다. 그러나 아이는 제 바람과는 반대로 마치 내일은 없다는 듯이 행동했고, 그런 모습을 볼 때마다 불안하고 걱정됐습니다. 산만한 아이를 보면서 서서히 관리의 강도를 높였습니다. 하지만 엄마가 원하는 일은 점점 소홀히 하고, 엄마가 원하지 않는 일에만 매달리는 아이를 지켜보면서 한계에 치달았습니다. 상과 벌을 주기도 하고 설득도 했지만 자주 아이에게 짜증을 내고 화를 내는 제 자신을 보게 됐습니다.
그러다 자포자기 심정으로 아이가 하고 싶은 걸 마음껏 하도록 내버려두었더니 다른 모습을 볼 수가 있었습니다. 하고 싶은 일만 열심히 하는 줄 알았는데, 자신이 해야 할 일도 열심히 하는 것 같았습니다. 의욕이 충전된 것 같은 느낌이 들었다고 할까요? 혹시 아이가 내일을 걱정하느라 늘 스트레스가 있는 상태는 아니었는지, 그래서 스트레스를 풀 수 있는 일에만 매달리고, 더 스트레스를 받는 일은 피했던 것은 아닌지 하는 생각이 들었습니다. 세상이 기대하는 아이, 성공이 예측되는 아이, 내일을 걱정하는 아이는 오히려 스트레스가 많은 아이라는 생각을 했습니다. 반대로 자신이 원하는 삶을 사는 아이, 오늘 행복한 아이는 스트레스가 없는 아이라는 생각을 했습니다. 아이가 원하는 삶을 엄마도 원한다면 아이는 스트레스에서 벗어나 다른 모습을 보일 것이라는 기대가 생겼습니다. 오늘 행복한 아이는 그만큼 의욕이 생길 것이고 굳이 내일을 걱정하지 않아도 될 것이라고 생각했습니다.

오늘 행복한 아이를 위해 엄마가 해줄 것은 그리 많지 않습니다. 아이가 원하는 것을 들어주면 되니까요. 하지만 아이의 내일을 준비하기 위해서는 엄마가 아이에게 많은 것을 시켜야 합니다. 결국 아이의 미래를 위해 엄마가 사교육을 아이에게 많이 시켜야 한다는 말입니다. 그러나 이제는 잘 알고 있습니다. 그 뒤에는 아이의 미래를 위해서가 아닌, 자신들의 이익을 위해서 사교육의 압박감을 주는 사람들이 있다는 걸요. 아이의 미래를 잘 준비시키는 엄마는 좋은 엄마, 그렇지 못한 저는 나쁜 엄마라는 생각에 많이 괴로웠습니다. 오늘 행복한 아이를 보면서 같이 행복해하지 못하고 아이의 내일을 걱정하는 엄마 마음은 편할 수가 없는 게 당연합니다.

지금은 달라졌습니다. 오늘 행복한 아이가 내일도 행복하고 더 열심히 자신의 행복을 지키고 키우기 위해 노력한다는 사실을 뒤늦게나마 깨닫게 되어 정말 다행입니다. 아이의 내일을 잘 챙기지 못한 나쁜 엄마라는 자책도 하지 않습니다. 오히려 아이와 함께 오늘 행복을 누리고 내일도 함께 열어가는 좋은 엄마가 됐다는 자부심이 생겼습니다. 이제 내일의 성공을 위해 오늘의 행복은 가급적 참아야 한다는 압박감은 없습니다. 너무 홀가분하고 날아갈 것 같습니다.

_서울 광진에서, 자희 엄마 올림

저는 제 부족함을 솔직하게 인정하는 엄마입니다

세상은 완벽한 엄마가 되라고 요구합니다. 완벽한 엄마는 아니지만 덜 부족한 엄마가 되려고 노력하는 과정에서 아이와 멀어지고 말았습니다. 엄마가 부족함을 채우려고 할수록 의도와는 반대로 아이에게 늘 까칠하게 대했던 것 같습니다. 아이의 말을 들어주는 엄마가 아니라, 아이에게 하고 싶은 말이 많은 엄마였습니다. 스스로 부족한 엄마라고 생각했을 때는 아이에게 필요한 것이 무엇인지 아이 이야기를 듣기 위해 노력했습니다. 하지만 부족한 점을 채우는 엄마가 되었다고 생각하니까 반대로 아이에게 요구하는 것이 많은 엄마가 되었습니다.

결국 완벽한 엄마가 되라는 세상의 요구는 엄마 노릇 제대로 하지 못할까 걱정되어서, 아이에게 부족한 엄마가 될까봐 걱정되어서 하는 말이 아니었습니다. 엄마로서 많이 부족하다는 사실을 인정하고 책을 사거나 교육을 받으라는 말이었습니다.

저는 지금 완벽한 엄마가 아니라 저의 부족함을 솔직하게 인정하는 엄마가 되려고 노력하고 있습니다. 제가 아이에게 솔직해지니까 아이도 저에게 솔직해지는 것 같습니다. 아이들의 솔직한 말만 잘 들어도 엄마로서 할 일이 많습니다. 아이들이 원하는 것을 해주면 아이들도 저도 즐겁고 행복합니다. 굳이 부족한 점을 채우지 않아도 엄마로서 해야 할 일을 잘 하고 있다고 생각하니 너무 좋습니다. 세상은 완벽한 엄마를 좋은 엄마라 하지만 저는 저의 실수를 인정할 줄 아는 엄마입니다.

_서울 금천에서, 사랑이 엄마 올림

저는 아이가 스스로 생각하고 행동하도록 돕는 엄마입니다

세상은 아이를 적극적으로 잘 관리하는 엄마를 좋은 엄마라고 합니다. 저도 그 말을 믿고 아이를 잘 관리하기 위해 무진 애를 썼습니다. 처음에 아이가 제 말을 잘 따를 때는 몰랐습니다. 하지만 아이가 자기 생각을 갖게 되고 의견을 말하기 시작하자 충돌이 생기기 시작했습니다. 그럴 때마다 제가 양보하거나 아이가 양보하면 되는데, 저는 언제나 아이가 제 말을 순순히 받아들이게 하려고 노력했던 것 같습니다. 아이가 저의 요구에 반발하지 않게끔 보다 세련되고 교묘한 관리에만 관심을 기울였던 것 같습니다. 하지만 엄마의 관리가 계속될수록 아이에게서 효과보다는 부작용이 많이 나타났고, 그 사실을 인정하지 않을 수 없었습니다. 엄마의 관리가 영향을 미치는 순간에는 그럭저럭하는 것처럼 보였지만, 관리가 느슨해지면 실망스러운 모습을 보이기 일쑤였습니다. 아무리 신경을 곤두세우고 아이를 관리해도 엄마의 관리에서 벗어나기 위해 잔꾀를 부리는 아이를 완벽하게 관리할 수는 없었습니다.

결국 저만의 관리로는 역부족이라는 사실을 인정하고 학원에 위탁 관리를 맡기게 되었습니다. 그러나 학원에 가있을 때는 안심이 됐지만 집에 오면 다시 전쟁이 시작되었습니다. 학원 숙제를 관리하다 보면 자주 아이와 충돌하기도 했습니다.

더 이상 아이와 숨바꼭질하고 싶지 않았습니다. 아이에게 신경 쓸수록 엄마인 저도 힘들고 엄마 눈치 보기에 바쁜 아이도 엉망이 되고 말거라는 위기감이 느껴졌습니다. 아이를 관리하는 것은 아이를 위한 것도, 엄마를 위한 것도 아니었습니다. 아이를 관리하려면 많은 것들이 필요합니다. 사교육에 의존하지 않을 수 없습니다. 결국 아이 관리는, 관리에 필요한 사교육을 위한 것이라는 생각이 들었습니다. 관리를 포기하려고 하자 많이 불안했습니다. 엄마가 관리해도 저 모양인데 관리하지 않으면 정말 엉망진창이 될 것 같아 손을 놓지 못했습니다. 하지만 관리의 어려움과 피로감 그리고 부작용을 깊이 생각하고, 사교육의 손아귀에서 벗어나야 한다는 생각을 하고 굳은 마음으로 아이가 할 일은 아이에게 맡기기로 했습니다.

엄마의 관리가 사라지자 아이는 정말 자기 하고 싶은 대로 했습니다. 이대로 두면 정말 안 되겠다는 생각을 수없이 했지만, 그때마다 이번 기회를 놓치면 효과보다는 부작용이 더 큰 관리의 수렁에서 영원히 헤어나지 못할 것이라는 생각에 겨우겨우 참았습니다.

저의 불안감이 극에 달했을 때, 아이에게서 조금씩 변화가 나타났습니다. 정말 원 없이 하고 싶은 일을 다했는지 해야 할 일에도 조금씩 신경을 쓰기 시작했습니다. 여전히 아이 모습에 불만이 많았지만, 오랫동안 엄마 관리의 그늘에 있느라 퇴화된 자율성을 조금씩 회복하고 연습하는 과정이라고 믿고 기다렸습니다. 그렇게밖에 못하느냐는 말이 하고 싶을 때마다, 아직은 서툴기 때문에 조금 더 시간이 필요하다는 생각을 했습니다.

비 온 뒤에 땅이 굳어진다고 했던가요? 여전히 아이를 보면 불안하지만, 서서히 자기 일을 알아서 하려고 노력하는 모습을 보면서 응원하고 있습니다.

엄마가 관리하지 않으면 도저히 가망이 없다고 생각했는데 지금은 달라졌습니다. 정말 스스로는 자기 일을 알아서 할 수 없는 아이였을까 생각해보면 분명 아닌 것 같습니다. 처음부터 스스로 알아서 할 기회를 주지 않은 저에게 문제가 있었다고 생각합니다. 아이를 관리하는 엄마가 좋은 엄마라는 세상 얘기에 넘어간 게 문제였는데, 또 한편으로는 당연한 아이의 서툴고 미숙한 모습을 관리가 불가피하다며 제 스스로 합리화했다고 생각합니다. 세상은 아이를 잘 관리하는 엄마를 좋은 부모라 하지만, 저는 아이 스스로 자율성을 가지고 행동할 수 있도록 돕는 엄마입니다.

_경기 용인에서, 지민이 엄마 올림

지금의 학부모 문화는 불신의 문화가 분명합니다. 원래 좋은 엄마인데, 나쁜 엄마라고 윽박지릅니다. 원래 좋은 아이인데, 나쁜 아이라고 협박합니다. 세상의 문제를, 학부모 문화의 문제를, 엄마와 아이의 문제로 착각하게 합니다. 분명 일시적인 유행에 불과한 잘못된 문화지만 우리 사회의 대세를 장악하고 있기 때문에 엄마 개인의 노력으로 극복하기가 결코 쉽지 않습니다. 오염된 공기처럼 어느새 엄마의 마음에 스며들어 진심을 욕심으로 오염시켰습니다. 아무리 머리로는 이해하더라도 이미 마음이 오염된 상태라면 학부모 문화에서 빠져나오기 어렵다고 앞서 말한 바 있습니다. 하지만 '아하 체험', 엄마로서 자신을 믿게 되고 아이도 믿게 되는 순간에 나타나는 엄마 마음의 변화를 체험하게 되면, 비로소 집요한 학부모 문화를 떨쳐낼 수 있는 저항력을 갖게 되고 자유로워집니다. 그렇게 다시 강을 건넜던 엄마가 되돌아와 아이 마음과 만나게 되면 엄마 역할에 더 이상 돈도 정보도 그리 필요치 않습니다. 그렇게 힘들지도 불행하지도 않습니다.

더 이상 후회하고 자책하지 않았으면 좋겠습니다.

많은 엄마들이 아이에게 버럭 화를 내고 돌아서서 후회합니다.
아이를 위한답시고 한 일을 후회하고 있습니다.
중심을 잡지 못하고 주변 엄마들에게 또 흔들리는 자신을 자책합니다.
아이에게 작정하고 화를 내는 엄마는 없습니다.
엄마들은 더 이상 억울하게 후회하고 자책하면 안 됩니다.
결코 엄마 탓이 아니기 때문입니다.
엄마의 화를 돋우고 후회하고 자책하게 만드는 학부모 문화에서
아직 벗어나지 못했기 때문입니다.
이제 화를 참지 않아도, 화가 나지 않는
엄마들의 이야기를 시작합니다.
후회하지 않고 자신 있게 엄마 역할을 해내가는
엄마들의 이야기를 시작합니다.
흔들리지 않고 일관성 있게 나아가는
엄마들의 이야기를 시작합니다.

4

기적

엄마와 아이는 한 팀

01

아이는 엄마의 공감을 먹고 자란다

세상은 엄마들에게 불행을 강요하지만, 행복 찾기에 나선 엄마들의 마음에는 저항력이 생깁니다. 쉽게 학부모 문화가 침투할 수 없는 건강한 마음이 됩니다. 행복 체험을 통해 엄마 마음에 평온이 찾아오면, 제대로 사고할 수 있는 힘이 생긴다고 했습니다. 그리고 '아하 체험'을 하면 미덥지 못한 아이가 믿음직한 아이로 달라지는 것을 느낄 수 있다고 했습니다. 아이에 대한 오해, 엄마 자신에 대한 오해에서 벗어나면 마음도 생각도 밝아집니다.

하지만 여전히 엄마 마음에 안 드는 아이의 모습에 '욱'하는 순간이 옵니다. 정말 순식간에 닥치는 일이라 손을 쓸 겨를이 없습니다. 마음의 평온은 깨지고 엄마는 마치 깨진 유리 조각처럼 날카로운 표정과 말투로 아이 마음에 상처를 줍니다. 엄마 마음에 순식간에 일어나는 감정의 변화를 제대로 처리하지 못하면, 엄마도 아이도 모두 피해자가 됩니다. 가해자는 분명 엄마가 아니라 엄마의 일시적이고 부정적인 감정입니다. 부정적인 감정의 장난에 계속 속수무책으로 당할 수는 없습니다.

일단 참고 봐?

'아하 체험'을 거친 엄마들은 아이를 이해하기 시작합니다. 이전보다 훨씬 편한 상태에서 아이를 바라볼 수 있습니다. 하지만 여전히 아이들에게 변화가 나타나지 않는 경우가 많습니다. "내가 너를 이해하려고 이렇게 노력하는데 너도 조금은 달라져야 하는 거 아니야?", "이건 좀 억울합니다. 엄마가 무슨 죄인인가요? 엄마가 아무리 아이를 이해하려고 노력해도 손바닥도 마주쳐야 소리가 난다고, 아이도 조금은 달라져야 하는 거 아닌가요?" 혼자 곰곰이 그동안 엄마 욕심 때문에 힘들었을 아이를 생각하면 안쓰럽게 느껴지다가도 막상 아이를 보면 금방 달라집니다. 자신도 모르게 잔소리가 나오면 아이도 재빠르게 반응합니다. "다 이해한다고 해놓고 왜 또 시비를 거는 건데요?" 그 순간 엄마 감정은 요동칩니다. 순식간에 덮쳐오는 감정 공세에 엄마의 진심은 다시 위기를 맞습니다.

감정 처리와 관련된 책과 교육, 상담 서비스 등이 큰 인기를 끌고 있는 걸 보면 이 문제는 엄마 개인의 문제가 아니라 사회적으로도 매우 심각한 문제라는 사실을 알 수 있습니다. 안타깝게도 우리는 부정적인 감정을 자극하는 사회에 살고 있습니다. 특히 엄마들의 감정을 자극하는 일들이 주변에서 흔히 벌어집니다. 엄마들의 감정을 자극하는 데 성공해야 자신의 이익을 실현할 수 있는 사업이 크게 번창합니다. 엄마의 위기는 바로 엄마 감정의 위기라는 생각이 절로 듭니다. 감정을 제대로 처리하지 못하면 모든 게 도로 아미타불, 행복 체험 효과도 아하 체험 효과도 순식간에 집어삼키는 것이 감정이기에 정말 잘 처리해야 합니다. 문제는 감정을 조절하는 방법입니다. 과연 어떤 방법이 있을까요?

엄마들이 가장 흔히 쓰는 방법은 참는 겁니다. 그러나 일단 참고 보는 것이 결코 좋은 방법이 되지 못한다는 사실을 우리는 경험을 통해 잘 알고 있습니다. "화를 참으면 아이는 모르겠지만 제가 너무 힘들어요. 제가 화병에 걸린다니까요!", "몇 번 잘 참다가 결국 폭발하더라고요. 그러고 나면 상황은 더 나빠져요. 그동안 화를 참느라 무진 애를 썼는데 아이는 정작 '엄마는 화 안 낸다고 해놓고 위선자야'라고 말하더라고요."

일단 무조건 화를 참는 것은 좋은 방법이 아닙니다. 어떤 상황에 부딪쳤을 때, 엄마 자신의 감정을 앞세우지 않고 아이가 느끼는 그대로의 감정을 함께 느끼는 공감이라는 좋은 방법을 소개합니다. 어떤 엄마는 머리로 아이를 이해하지만, 어떤 엄마는 아이가 처해있는 상황에서 어떤 어려움을 겪고 있는지 아이의 감정을 느낍니다. 아이에 대한 공감이 이뤄지면 반드시 엄마 감정에도 변화가 나타납니다. 공감 전과 후의 엄마 감정은 크게 달라집니다.

인내와 공감 사이

옆집 엄마가 아이 성적표를 들고 와서 자랑을 하고 갔습니다. 옆집 아이와 같은 반인 아이가 집에 오자 묻습니다. "성적표 아직 안 나왔어?" 아이는 천연덕스럽게 아직 못 받았다고 거짓말을 합니다. 성적은 둘째 치고 엄마는 거짓말하는 아이의 모습에 '욱'합니다. 그렇게 욱한 상태에서 아이에게 어떤 말을 하게 될까요? 그리고 그다음 상황은 어떻게 전개될까요? 아이에게 또 화를 내면 일을 그르친다는 생각에 아무리 참으려고 해도 참기 어려운 상황이 분명합니다.

이런 상황에서 다시 원점으로 돌아가지 않기 위해 필요한 것이 바로 공감 연습입니다. 제가 부모 교육을 할 때 엄마들과 함께 하는 연습이기도 합니다. 아이 감정을 있는 그대로 느끼기 위해 엄마가 노력해야 합니다. '엄마에게 떳떳하게 보여주지 못하는 성적표를 받았을 때 아이 마음은 어땠을까?', '집에 오면서 혹시 엄마가 성적표 얘기를 하면 어떻게 해야 할지 고민하는 아이 마음은 어땠을까?', '거짓말을 하면서도 혹시 탄로가 나지 않을까 전전긍긍하는 아이 마음은 어땠을까?' 그렇게 아이 입장에서 아이가 느끼는 감정을 느끼기 위해 적극적으로 노력하는 엄마 마음에는 평화가 찾아옵니다. 엄마의 감정이 요동칠 때와는 전혀 다른 말을 할 수 있는 상태가 됩니다. "네가 거짓말까지 해서 엄마가 많이 화났지만, 네 마음을 생각하니 이해가 되는구나. 너무 성적 때문에 우울해지지 않았으면 좋겠다." 이런 말을 들은 아이는 과연 어떤 반응을 보일까요? 그리고 엄마와 아이 사이에 어떤 일이 전개될까요? 아이 감정은 아랑곳하지 않고 거짓말까지 한다고 아이를 다그친 다음에 벌어지는 상황과 비교하면 지옥과 천당의 차이 아닐까요?

요즘 엄마들은 대부분 자신보다 약자 위치에 있는 아이들에게 유독 화를 잘 냅니다. 다른 사람에게 참은 화를 아이들에게 쏟아내는 것으로도 보입니다. 아이들에게 너무 쉽게 부정적인 감정을 표현하고 돌아서서 후회하는 엄마들. 하지만 엄마로서의 자질이 부족해서가 결코 아닙니다. 엄마들의 감정을 자극하는 일이 흔히 벌어지고, 또 의도적으로 그렇게 만드는 요인과 사람들이 많아졌기 때문입니다. 엄마들의 진심에는 아이를 위협하고 공격하는 유전자와 이해하고 공감하는 유전자가 모두 있는 것 같습니다. 문제는 지금 우리 사회가 아이를 위협하고 공격하는 유전자 스위치만 켠다는 사실입니다. 달리 말하면 아이를 위협하는 두뇌 부위와 공감하는 두뇌 부위가 모두 있는데, 전자는 매우 강하게 발달하였고 후자는 빠르게 퇴화되었다는 겁니다. 공감 연습은 바로 꺼진 유전자에 전원을 공급하는 일입니다. 퇴화된 두뇌 부위를 강화시키는 노력입니다. 엄마가 노력하면 노력한 만큼 감정 변화가 뚜렷이 나타납니다. 더 이상 화를 느끼지 않는 상태가 될 수 있습니다. 아이 감정이 느껴지는 상태가 되면 엄마 마음은 늘 평화로운 상태를 유지할 수 있습니다. 더는 아이에게 성질을 부리고 후회하는 엄마가 아닙니다.

엄마가 잔소리할 때 아이 뇌는 멈춘다

엄마가 열심히 정보를 수집하고 신중하게 판단해서 아이에게 좋은 사교육을 제공했는데 아이가 그걸 거부한다면 엄마로서 기분이 좋을 리 없습니다. 적극적인 엄마의 노력에 소극적으로 반응하거나 거부 반응을 보이는 아이를 지켜보면서 엄마 마음에는 부정적인 감정이 일어납니다. 자연스럽게 아이에게 엄마의 감정을 표현하게 되는데 이 과정에서 과연 어떤 일이 벌어질까요?

'부모의 잔소리를 들을 때 청소년의 뇌는 멈춘다'•는 제목의 신문기

• 〈서울신문〉, 2015년 4월 24일.

사에 나오는 연구 결과를 소개합니다.

- 자녀들이 잔소리를 듣는 동안은 부정적인 감정을 처리하는 것과 관련한 대뇌변연계 등의 활성도가 증가하는 것으로 나타났다.
- 감정 조절에 관여하는 전두엽과 상대방의 관점을 이해하는 데 관여하는 두정엽과 측두엽의 접합부의 활성도도 떨어지는 것도 확인됐다.

이 말을 쉽게 표현하면 엄마의 잔소리를 들을 때는 아이가 부정적인 감정에 휩싸인 상태, 적나라하게 말하면 동물적인 상태가 된다는 것입니다. 결국 엄마가 아무리 좋은 의도를 가지고 아이에게 말해도 아이는 엄마의 의도를 받아들일 수 없는 상태가 되는 것입니다.

엄마 잔소리가 그 정도라면 화를 냈을 때 아이 상태는 더욱 악화될 수밖에 없겠지요. 엄마와 아이 사이가 으르렁거리는 갈등 단계를 지나 서로를 원수처럼 대하는 적대 단계로 접어드는 경우가 크게 늘고 있습니다. 어떻게 엄마와 아이 사이가 그렇게까지 나빠질 수 있는지 안타깝기만 합니다. 모든 엄마들이 조심할 필요가 있습니다. 학부모 문화에 젖어있는 엄마들이 늘면서 엄마가 아이를 감정적으로 공격하는 일도 빠르게 늘고 있습니다. 하지만 요즘 엄마들은 자신이 아이를 공격해서 상처를 입히고 있다는 생각은 거의 하지 않습니다. 오히려 아이가 엄마 마음을 몰라준다고 원망하기 바쁩니다.

엄마 마음에 일어난 감정이 그대로 아이에게 전달되면 아이는 순식간에 동물적인 상태로 변하기 때문에 엄마가 하는 인간적인 호소를 들을 수 없습니다. 아니 들리지 않는다는 말이 맞겠지요. 결국 엄마가 아무리 간곡하게 호소해도 아이는 들을 수 없는 상태가 되는 걸 모르고 엄마들은 아이 탓을 합니다. 아이를 위해 하는 말을 거부한다고 생각한 엄마는 아이가 참으로 한심스럽고 위태로워 보입니다. 하지만 아이들이 거부하는 것은 엄마 말에 담긴 좋은 뜻이 아니라 거기에 묻어있는 부정적인 감정이라는 사실을 분명히 알아야 합니다.

지금 엄마의 감정은 엄마 것이 아닙니다. 학부모 문화가 조작한 감정일 뿐입니다. 아무리 엄마로서 아이를 위한다고 하지만 정반대로 아이를 지배하고 공격하는 감정에서 벗어나는 일이 정말 어려워졌다는 사실을 엄마들은 인정해야 합니다. 그리고 노력해야 합니다. 엄마의 부정적인 감정을 그대로 표현하는 것은 어떤 경우라도 아이에게 상처를 입힐 뿐이기 때문에 기존의 부정적이고 적나라한 감정 표현에서 벗어날 수 있는 방법을 열심히 연습해야 합니다. 특히 이런 식의 감정 표현이 습관이 된 엄마들은 감정이 솟구칠 때마다 왜 그러는지 설명하는 연습이 필요합니다. '욱'할 때 부정적인 감정을 그대로 표현하는 게 아니라, 왜 '욱'했는지 이유를 생각해보는 겁니다. 아이가 또 몰래 학원을 빼먹고 PC방에 갔다는 얘기를 듣고 한걸음에 달려가서 게임에 열중하는 아이를 보게 되었다고 가정해봅시다. 당연히 격한 감정이 일어나겠죠. 그러나 앞에서 얘기했듯이 그 상태 그대로 아이에게 부정적인 감정을 적나라하게 표출하면 엄마와 아이 모두 동물적인 상태가 되어 서로를 물어뜯는 관계가 될 수밖에 없습니다. 그런데 그 순간의 감정을 스스로에게 설명하면 상황을 호전시킬 수 있습니다. '내가 지금 나를 속이고 게임에 빠진 아이 때문에 몹시 화가 난 상태구나' 이렇게 현재 느끼는 감정을 자신에게 말로 설명해보는 과정을 거치기만 해도 엄마 마음에 변화가 나타납니다.

감정을 표현하는 엄마가 동물적인 상태라면, 감정을 설명하는 엄마는 인간적인 상태라고 할 수 있습니다. 감정을 표현하는 순간 피가 몰려 활성화된 두뇌 부위가, 감정 설명을 시도하는 순간 억제되면서 엄마 마음에 변화가 나타나 감정의 파도가 낮아집니다.

순간적으로 참을 수 없는 부정적인 엄마 감정이 아이의 평생을 망칩니다. 엄마의 부정적인 감정에 상처받는 아이들을 너무 많이 봤습니다. 자신의 감정을 참지 못하는 엄마는 더 이상 엄마가 아니라 궁지에 몰린 아이를 공격하는 사나운 맹수와 다름없습니다. 맹수와 같은 엄마에게 물려 회복할 수 없는 상처를 입은 아이들을 자주 만납니다. 더욱 안타까운 것은 그런 아이를 지켜봐야 하는 엄마의 심정입니다. 그 누구도 아닌 자신 때문에 우울증에 걸리고 무기력해진 아이를 바라보면서 후회와 자책의 눈물을 흘리는 엄마들이 더는 없기를 간절히 바랍니다.

STAR 기법 활용하기

엄마 감정을 조절하는 데 원불교에서 사용하는 'STAR 기법'을 꾸준히 연습하면 매우 효과적입니다. S는 'Stop'입니다. 어떤 감정이 일어나면 동시에 표현하고 싶은 욕망이 동반되는데 의식적으로 그것을 차단하는 겁니다. T는 'Think'입니다. 앞서 설명한 것처럼 자신의 감정을 바라보는 것, 이유를 생각해보는 것, 감정에 빠진 상태에서 벗어나는 것을 말합니다. A는 'Action'입니다. 저는 엄마들에게 스스로 자기감정을 설명해보는 걸 권합니다. 순간 사용할 수 있는 기분 전환의 방법도 좋습니다. 심호흡을 하거나 시선을 다른 곳으로 돌려 긍정적인 생각을 하는 것도 좋은 방법이 될 수 있습니다. R은 'Review'입니다. 자신도 모르게 일어난 감정의 위기에서 벗어난 다음에 그 과정을 되돌아보면 예방 효과를 기대할 수 있습니다. 감정 일기를 써보는 것도 좋은 방법입니다.

주변에 어른이 있거나 대가족과 함께 살면 엄마가 아이에게 쉽게 화를 낼 수 없습니다. 하지만 지금은 엄마들의 부정적인 감정 표출을 견제할 사람이 거의 사라졌습니다. 반면 엄마들의 감정을 자극하는 사람들만 즐비합니다. 또 이웃끼리 서로 친하거나 함께 사는 가족이 많으면 아이는 엄마에게 감정적인 공격을 당해도 금방 치유가 됐습니다. 화내는 엄마를 말리기도 하고, 우는 아이를 달래기도 하는 사람이 주변에 있었다는 말입니다. 하지만 핵가족화된 도시의 아이들은 엄마에게 상처를 입으면 치유하기가 어렵습니다. 계속 악화될 뿐이지요. 어디 숨을 데도 피할 곳도 없습니다. 상처 입은 아이 마음을 보듬어줄 이웃도 없습니다.

엄마들의 부정적인 감정이 점점 강해질수록 아이들은 상처투성이가 되는 것 같습니다. 엄마들은 아무 대책 없이 자신도 모르게 터져 나오는 감정을 여과없이 표현하고 나서 수습하기 위해 끌려다니지 말고, 감정 설명 연습을 통해 자신에게 유리한 감정 상태로 전환할 수 있는 능력을 반드시 길러야 합니다.

아이가 좋아하는 공감 사전

엄마 마음과 아이 마음 사이에 공감대가 형성되면 아이는 자기 마음을 잘 헤아려주는 엄마 마음이 고맙게 느껴져 엄마 말을 잘 듣기 마련입니다. 문제는 평소 엄마 마음에 일어나는 감정인데, 그런 감정이 아이와 자연스럽게 공감대를 이루는 경우는 거의 없습니다. 요즘 엄마들이 예전 엄마들보다 문제가 많은 엄마여서가 아닙니다. 엄마들의 감정을 부정적으로 자극하는 오염원이 예전과 비교할 수 없을 정도로 주변에 널려있기 때문입니다. 엄마 마음에 스며든 오염원은 누누이 강조한 학부모 문화입니다. 학부모 문화에 지배받는 엄마의 감정을 아이는 수용할 수 없습니다. 사교육 지향의 문화는 과도한 공부 노동을 강요하고, 엄마 주도의 문화는 아이를 옴짝달싹 못하게 옭아맵니다. 성적 지향의 문화는 늘 불안을 주고, 정보 의존 문화는 아이를 피곤하게 만듭니다.

엄마 마음을 아이가 잘 받아들일 수 있는 상태로 돌리기 위해 다양한 시도를 해봤습니다. 그중 하나가 바로 공감 사전 만들기입니다. 엄마가 평소에 아이 마음을 잘 알고 받아들이며, 그 상태를 계속 유지하기 위한 노력입니다. 공감 연습은 아이가 거부하는 엄마 마음을 약화시키고, 아이가 수용할 수 있는 엄마 마음을 강화시키는 연습입니다.

상황	엄마 마음	아이 마음
학교에 갔다 오면 숙제부터 하고 놀기로 약속한 아이. 그러나 놀고 와서 숙제를 하겠다고 고집을 부린다. 엄마는 양보를 했지만 아이는 실컷 놀고 와서 집중하지 못하고 여전히 딴짓을 한다.	계속 약속을 어기는 아이, 조금 전에 한 약속도 지키지 못하면서 숙제하라는 엄마 말에 짜증을 부린다. 적반하장도 유분수지, 그대로 지켜보려니 정말 울화통이 치민다.	친구들과 놀면서 들뜬 마음이 아직까지 가시지 않았다. 놀면서 아쉬웠던 점이 자꾸 생각난다. 조금만 더 시간이 있었으면 그 친구에게 복수할 수 있었을 텐데…. 숙제를 하고 싶지 않은 것이 아니라 아직 숙제 생각이 나지 않는다.

상황	엄마 마음	아이 마음
학교에 다녀오자마자 가방을 던져놓고 나간 아이. 한참이 지나 땀 냄새를 풍기면서 집에 들어온다. 엄마가 아무리 씻으라고 얘기해도 듣지 않는다.	집에 왔으면 먼저 씻으라는 말을 무시한다. 잠깐만 하더니 5분, 또 잠깐만 하더니 10분, 그렇게 시간을 보내면서 땀 냄새를 계속 풍긴다. 냄새나는 것도 싫지만 게으름을 피우면서 엄마 말을 무시해서 화가 난다.	엄마는 지금 바로 목욕하라고 하지만 잔소리처럼 들린다. 엄마는 땀 냄새난다고 싫다고 하지만 나는 잘 모르겠다. 아침에도 씻었고 내일도 씻을 텐데, 가끔 냄새도 날 수 있지. 지금 씻고 싶은 마음이 없는 것뿐이지 엄마 말을 무시하려는 의도는 없다.
아이가 친구들과 딱 세 시간만 놀기로 한 약속 시간이 지났다. 엄마는 아이를 찾아가 시간이 지났다는 사실을 확인시켜 주었지만 아이는 여전히 친구들과 노는데 정신이 팔려있다.	약속한 시간이 한참 지났다. 며칠 전 한 약속은 잊은 것 같다. 아직 어린데 어른 없이 나가는 것도 싫다. 걱정되고 불안해서 이제 그만 놀고 집에 오라고 해도 이래저래 핑계 대며 안 듣는다.	엄마는 약속을 지키라고 하지만 그건 억지로 한 약속이다. 집에 들어가면 엄마가 시키는 일을 또 억지로 해야 한다. 엄마는 자꾸 걱정된다고 하지만 나는 잘 모르겠다. 약속을 어긴다고 야단맞고 핑계 댄다고 혼나는 건 나도 싫다. 그냥 집에 들어가기 싫을 뿐이다.
전날 밤 하는 일도 없이 빈둥거리다가 늦게 잔 아이. 아침에 등교 시간이 가까워 엄마가 급하게 깨웠지만 아무리 깨워도 아이는 일어나지 않는다.	아침에 일어나기 힘드니까 일찍 자라는 말을 수없이 했다. 빈둥거리다가 늦게 자고 또 나를 힘들게 한다. 하루 이틀도 아니고 해도 해도 너무한다. 언제까지 이 짓을 계속해야 하나.	학원을 마치고 늦게 집에 와서 딱히 할 일이 있었던 건 아니지만 마음이 편치 않았다. 아침에 일어나는 게 힘들어 일찍 자려고 했지만 쉽게 잠이 오지 않았다. 아침잠이 많아 늘 엄마를 힘들게 하는 것 같아 미안하지만 잠에 취해있을 때는 그런 생각이 나지 않는다.

상황	엄마 마음	아이 마음
집에 오면 꼭 누워서 핸드폰 게임만 하는 아이. 엄마와 약속한 시간을 넘겨도 좀처럼 조절을 못한다. 핸드폰을 뺏고 아빠한테 혼이 나도 그때뿐이다.	아이에게 소리 지르고 악을 쓰는 것도 한두 번이지 겨우 참고는 있지만 정말 걱정된다. 저러다 게임 중독에 빠지면 어떡할까. 이미 눈도 나빠지고 할 일은 계속 미루고 자기 인생 종치는 줄도 모르고 저러고 있으니 이제 더는 지켜볼 수가 없다.	학교에 가면 아이들이 모두 게임 얘기만 하는데 나만 빠질 수 없다. 게임할 때만 스트레스에서 벗어나는 것 같아 좋다. 학교와 학원에서 하루 종일 앉아있다가 집에 오면 눕고 싶다. 엄마 잔소리도 너무 듣기 싫다. 게임을 줄일 수는 있지만 대신 하기 싫은 공부를 해야 한다고 생각하니 답답하다. 엄마 아빠가 계속 공부하라는 얘기만 안 하면 나도 게임 말고 다른 일을 열심히 해보고 싶다.
평소 수다가 많은 아이. 엄마에게 자기가 말할 때 다른 곳을 봤다고 트집을 잡는다. 왜 자기 말을 건성으로 듣느냐고 화를 낸다.	또 시작이구나. 언제까지 이런 이야기를 들어야 하는 건가 짜증이 난다. 특별히 귀담아들어야 할 얘기도 아니다. 거의 다 아는 얘기를 반복하는 것이고 다른 일을 해도 듣고는 있는데 아이는 왜 그렇게 까다롭게 구는 걸까? 지친다.	학교에서 친구들과 얘기할 때 자주 무시당하는 기분이 들어 언짢은 적이 많다. 집에 와서 엄마에게도 그런 기분을 느끼는 게 너무 싫다. 엄마와 하루 종일 얘기하는 것도 아닌데 엄마가 눈을 마주치고 고개를 끄덕이면서 들어주면 좋겠다.
학교에 갔다 오면 자주 우울한 표정을 짓는 아이. 엄마는 그냥 두다가도 가끔 심각한 것 같으면 왜 그런지 물어보는데 그럴 때마다 아이는 대답하지 않고 울어버린다.	엄마가 야단치는 것도 아니고 사정을 알고 도와주려고 하는 건데 왜 몰라주는 걸까? 다음에는 울지 말고 얘기해달라고 했더니 그러겠다고 하면서 또 운다. 한두 번도 아니고 계속 저러니 이제는 안타까운 마음보다는 짜증이 난다.	학교에서 있었던 일을 말로 설명하는 게 어렵다. 그리고 엄마한테 얘기한다고 해서 달라질 것도 없을 것 같다. 이전에 엄마한테 얘기한 적이 있는데 엄마한테 혼나기만 했다. 그런데 자꾸 꼬치꼬치 캐묻는 게 너무 싫다.

상황	엄마 마음	아이 마음
학원에 가기 싫다는 아이. 결국 엄마와 아이는 학원을 끊고 집에서 계획을 세워 공부하기로 했다. 하지만 아이는 단 하루도 계획한 대로 공부하는 꼴을 보여주지 않는다.	공부할 시간이지만 여전히 딴청을 부린다. 하루 이틀도 아니고 언제까지 저런 모습을 지켜봐야 할까? 다시 학원에 가라고 하면 펄쩍 뛰면서 꼭 계획대로 한다는 말만 되풀이한다. 달라지지 않는 모습에 지치고 화가 난다.	엄마 잔소리 듣는 것도 이제 정말 지겹다. 알아서 해야 한다는 것을 잘 알지만 사실 공부하기가 싫다. 어떻게 하면 좋을까 생각하다가 자꾸 미루게 된다. 학교 수업도 재미없고 혼자서 공부하는 것도 정말 재미없다. 뾰족한 수가 없을까 궁리하다 보면 또 엄마 잔소리를 듣게 된다.
시험을 보면 실수로 꼭 여러 문제를 틀리는 아이. 문제집을 풀어보라고 해도 무조건 자신 있다고 하면서 말을 듣지 않는다. 지난 시험에서도 쉬운 문제를 여러 개 틀려서 문제집을 반복해 풀어보기로 약속했는데 이번에도 지키지 않는다.	그렇게 자신 있으면 빨리 풀고 끝내면 될 텐데 자기가 약속한 것도 지키지 않는 걸 보면 흐리멍덩한 정신 상태인 것 같다. 실수를 반복하면 고쳐야 하는데 그럴 의지도 보이지 않는다. 오히려 큰소리치는 걸 보면 허세만 느는 것 같아 정말 큰일이다. 단단히 혼을 내야 하는데….	실수 때문에 점수가 깎이는 건 나도 싫다. 하지만 아무리 생각해도 문제를 많이 푼다고 해결될 것 같지는 않다. 계산 실수가 많은데 조금만 조심하면 될 것 같다. 그리고 시험 때 너무 긴장하는 게 문제인 것 같은데 엄마는 자꾸 문제만 풀라고 한다.
동생과 나이 터울이 크지만 자주 싸우는 큰아이. 엄마가 아무리 타일러도 그때뿐이다. 엄마만 없으면 꼭 싸움을 걸고 동생을 울린다.	큰 녀석이 왜 상대가 되지도 않는 어린 동생과 싸우는 걸까? 눈물이 쏙 빠지도록 혼을 내도 고쳐지지 않는다. 저렇게 동생을 미워하고 배려하는 마음이 없는 걸 보면 큰일이다. 집에서야 그렇다 해도 밖에서 약한 애들을 괴롭힐까 봐 걱정된다.	동생이 자꾸 내 물건을 숨겨 놓아서 짜증이 난다. 엄마한테 얘기해도 내 말은 잘 듣지 않고 동생 편만 든다. 그래서인지 동생은 엄마가 없으면 막 대든다. 내가 먼저 이유 없이 때린 적은 없다. 하도 약을 올리니까 그러는 건데 엄마가 나타나면 동생이 더 크게 울어서 정말 얄밉고 때려주고 싶다.

상황	엄마 마음	아이 마음
아이가 태권도 도장을 다니다가 싫다고 해서 끊었다. 수영을 배우고 싶다고 해서 보냈는데 이 핑계 저 핑계 대고 가지 않으려고 한다.	아이가 원해서 시작한 건데 즐거운 마음으로 가면 얼마나 좋을까? 억지로 끌려가듯 가는 아이를 볼 때마다 속이 터지고, 체력도 약하면서 운동도 안 하려 하니 사내아이가 앞으로 어쩌려고 저러나 하는 생각에 걱정이다.	처음에는 재미있게 배웠다. 그런데 다른 친구들보다 처지는 것 같아 자존심이 상한다. 더 열심히 연습하고 나서 집에 오면 너무 피곤하다. 엄마한테 몇 번 말했는데 왜 그렇게 끈기가 없냐고 야단만 맞았다. 지금은 정말 수영장에 가기가 싫다.
뭘 해도 소극적인 아이. 그냥 쉬고 싶다는 말만 반복한다. 특별히 하는 것도 없는 것 같은데 늘 피곤하다고 한다. 엄마가 하고 싶은 게 뭐냐고 물어도 묵묵부답이다.	학원도 싫다, 운동도 싫다, 친구들과 노는 것도 싫단다. 도대체 뭘 하고 싶은지 알 수가 없어 답답하다. 아직 어린데 벌써부터 저렇게 만사 귀찮다고 하니 걱정이다. 짜증이나 부리지 않으면 좋으련만 기분 맞춰주는 것도 이제 지치고 포기하고 싶다.	나는 원래 빨리빨리 하는 게 싫다. 뭐든지 천천히 해야 제대로 하는 것 같은데 엄마는 자꾸 재촉한다. 내 나름대로 할 일을 하는 건데 엄마 마음에 들지 않는다고 다그치니까 정말 아무것도 하기가 싫어진다.

이처럼 아이와 감정적으로 충돌하는 경우를 잘 살펴보고 정리한 다음에 엄마 마음과 아이 마음을 구분해서 생각하다 보면 변화가 나타납니다. 엄마 마음을 앞세워 아이 마음을 무시했던 상태에서 자주 느꼈던 부정적인 감정에서 벗어날 수 있습니다. 아이 마음을 공감하는 폭과 깊이가 더해질수록 엄마 마음은 긍정적인 상태가 됩니다. 마음속 화와 짜증을 인내하지 않아도 아예 그런 부정적 감정이 들지 않는, 엄마들도 정말 원하는 평온한 마음을 경험하게 됩니다.

감정 표현이 어려운 아이

엄마는 아이보다 자신의 감정을 표현하는 데 어려움을 덜 느낍니다. 하지만 아이들은 말로 설명하기 어려운 감정 상태에 자주 빠집니다. 엄마가 아이 감정을 아무리 공감하려고 해도 단서를 찾기가 어려우면 아이에게 설명을 요구하기 십상입니다. 그러나 아이가 말로 설명하기 어려운 감정 상태에 있다면, 말로 설명하면 유치하거나 어리석다고 핀잔을 들을 게 두렵다면, 또는 지금 당장은 아무 말 하고 싶지 않다면 엄마가 원하는 대화를 할 수 없습니다. 엄마는 분명 좋은 의도로 대화를 시작했는데 아이가 그걸 거부한다고 생각하면 아이에게 무시당한다는 기분이 들거나 아이에게 문제가 있다는 생각이 들기도 합니다. 분명 아이가 지금 느끼는 감정을 엄마에게 잘 전달하면, 그런 아이의 감정을 엄마가 마음으로 잘 느낄 수 있으면, 아이도 엄마도 모두 편한 마음 상태에서 소통할 수 있겠죠.

어떤 방법이 있을까 고민하다가 카드를 활용하는 방법을 시도해봤습니다. 아이가 엄마에게 쉽게 말로 설명하기 어려운 상태를 자주 경험할 때마다 엄마에게 하고 싶은 말을 카드 앞면에 적고 뒤에는 자신이 어떤 상태인지 설명을 적어놓는 겁니다. 미리 만들어놓은 카드를 위기 상황마다 활용해보니 아주 효과가 좋았습니다. 아래 소개한 카드를 아이에게 보여주고 사용하고 싶은 카드를 고르도록 해보면 어떨까요? 그리고 간단한 카드 사용 규칙을 엄마와 아이가 함께 정해봅시다. 너무 남발하면 역효과가 나타날 수 있기 때문에 하루에 몇 번 사용할 것인지는 엄마와 아이가 상의하여 결정하면 됩니다. 집집마다 감정적으로 충돌하는 상황을 정리해보고 각각의 경우에 효과적인 카드를 아이들과 함께 만들어보면 좋겠습니다.

카드 앞면	카드 뒷면
혼자 있고 싶어요.	저는 지금 아무 말도 하고 싶지 않아요. 그냥 혼자 있으면 마음이 편안해질 것 같아요. 얘기하고 싶은 마음도 생기겠죠. 그때 대화하면 좋을 것 같아요.
잠시 제 이야기를 들어주세요.	지금 저는 제 생각이 잘 전달되고 있지 않다고 느낍니다. 우선 제 말을 잘 들어주시면 고맙겠습니다. 그러고 나면 엄마 말도 잘 들을 수 있을 것 같습니다.
절 믿고 지지해주세요.	저는 지금 혼을 내고 잘못을 지적하는 얘기 때문에 힘이 듭니다. 지금 저에게 필요한 것은 위로입니다. 계속 저의 잘못을 지적하면 의욕을 잃을 것 같습니다. 긍정적인 말로 저에게 힘을 주세요.
지금은 얘기하고 싶지 않아요	지금 저는 대화를 계속 이어갈 의욕이 떨어졌습니다. 엄마와 대화하기가 싫어서가 아니라 느낌이 안 좋아서 그런 거니까 이해해주세요. 조금 마음이 편해졌을 때 얘기하면 좋을 것 같습니다.
조금만 시간을 주세요.	지금 저는 혼란스러운 상태입니다. 저를 다그치거나 추궁하는 얘기를 멈추고 잠시라도 여유를 주세요. 조금만 기다려주시면 안정이 될 것 같고 제가 꼭 전하고 싶은 얘기를 엄마에게 할 수 있을 것 같습니다.
사랑한다 말해주세요.	지금 저는 저란 존재가 하찮게 여겨집니다. 자신감이 없습니다. 저를 믿는 사람이 어디에도 없는 것 같아 외롭습니다. 제 주변 사람이 저를 모두 떠날 것 같아 두렵습니다. 저도 사랑받고 싶습니다.

카드 앞면	카드 뒷면
저도 노력했어요.	저도 실망스런 결과 때문에 많이 위축되어 있습니다. 나쁜 결과만을 가지고 자꾸 얘기하면 억울하다는 생각이 듭니다. 더 이상 핑계를 대고 싶지 않아 나름 열심히 했기 때문에 더 그런 것 같습니다.
그만하고 싶어요.	저도 끝까지 마치고 싶지만 지금은 잠시 쉬고 싶습니다. 그냥 지쳐서 그런 것이지 하기 싫어서 핑계를 대는 것도, 의지가 없어서 그런 것도 아닙니다. 그냥 마음 편히 쉬고 싶을 뿐이에요.
아직 준비가 안 되었어요.	당장 시작하면 좋겠지만 아직은 마음의 준비가 안 된 것 같아요. 잘할 수 있을지 걱정되고 끝까지 할 수 있는 일인지도 잘 모르겠어요. 일부러 피하거나 미루고 싶은 마음은 없어요. 조금만 시간을 줬으면 좋겠어요.
화내지 말아 주세요.	저도 제가 잘못한 걸 인정합니다. 하지만 의도적으로 그런 건 아닙니다. 엄마가 화를 낼 만한 일이라고 생각하지만 궁지에 몰리는 것 같아 저는 힘이 듭니다. 되도록 마음 편히 들을 수 있도록 말해주세요.

아이와의 갈등이 시작되는 상황을 중심으로 카드를 만들어보았습니다. 아이가 아직 어리면 아이에게 엄마가 언제 싫은지 물어보고 그런 상태를 카드 앞면에만 글로 적거나 마땅한 그림으로 표현해서 아이에게 사용하도록 하면 좋습니다. 엄마의 짜증이 싫으면 '짜증'이라고 쓴 카드를, 소리 지르는 엄마가 싫으면 '소리'라고 쓴 카드를, 화가 난 엄마가 싫으면 '화'라고 쓴 카드를 사용하면 됩니다. 엄마의 비슷한 모습을 미리 연출하고 사진으로 찍어서 카드에 붙여도 좋습니다. 어린아이

들에게 카드를 만들어보라고 했더니 '잔소리' 카드가 많이 나왔습니다. 아직 의사 표현이 서툰 어린아이에게 사용하고 싶다면 노란색 카드를 만들어 엄마에게 뭔가 부정적인 감정이 느껴질 때 들어주면 조심하겠다고 약속하고 사용하면 됩니다.

가족 카드는 아니지만 서로 약속한 말을 통해 감정이 충돌할 수 있는 위기에서 효과적으로 벗어난 가정의 사례도 있습니다. 엄마와 아이 사이에 언짢은 일이 벌어지고 감정이 격앙되어 위기가 벌어질 것 같으면 서로 손을 잡고 '사충'을 외친다고 합니다. '사충'은 사랑 충전을 줄인 말입니다. 이러저러한 이유로 엄마와 아이 모두 피하고 싶은 감정이 일어날 때, 사랑이라는 감정을 다시 일으켜 위기에서 벗어날 수 있는 아주 좋은 방법입니다.

가족일까, 동거인일까

저는 자주 개인보다는 가족이 중요하다고 말합니다. 물론 이 책에서는 가족보다는 엄마에게 초점을 맞추고 있지만 엄마와 아이 사이, 그러니까 가족이 가족일 수 있는 관계를 위해 평소 어떤 노력을 해야 하는지 자주 얘기합니다. 위기에 빠진 가족을 보면 아빠는 돈을 벌기 위해 노력하고 엄마는 아이 공부를 시키려고 애썼지만, 정작 가족 관계를 위해서는 아무것도 하지 않았다는 사실을 확인할 수 있습니다. 평소 건강을 위해 노력해야 하는 것처럼 가족은 서로를 공감하기 위해 노력해야 합니다. 서로 공감하지 못하는 가족을 저는 가족이 아니라 동거인이라고 부릅니다. 가족이 서로 공감하기 위한 노력보다는 자기감정만을 앞세운다면 쉽게 위기에 빠집니다. 여전히 공부 문제로 자주 다투는 엄마와 아이 사이라면 특히 서로 공감하기 위한 노력이 매우 절실합니다. 공감은 그냥 주어지는 감정이 아니라 매우 적극적인 노력을 통해 얻어지는 결과물이라는 사실을 명심해야 합니다.

- 공감은 '타인으로서' 타인이 겪는 고통을 고통스러워하는 것이다.
- 공감은 나와 동등한 존재로서 타자, 남에 대한 이해를 넘어 그에 대한 존중과 배려를 함축한다.
- 공감을 통해 그의 삶에 나는 직접 참여할 뿐만 아니라, 타자를 느끼려는 의도를 공감은 함축하므로 또한 '적극적'으로 참여한다.*

여러 사정으로 감정이 충돌하지만 공감하기 위해 노력하는 관계에서는, 특히 강자의 위치에 있는 엄마가 약자인 아이의 감정을 공감하기 위해 노력하면 서로의 마음이 통하기 시작합니다. 공감은 엄마 마음과 아이 마음을 연결하는 파이프라인입니다. 자신의 뜻을 아이가 몰라준다고 그렇게 원망했던 엄마가 아이 감정을 느끼기 위해 노력하면, 그 과정에서 엄마가 굳이 아이에게 엄마의 뜻을 말하지 않아도 잘 전달되는 놀라운 일이 벌어집니다. 하지만 많은 엄마들이 아무리 아이를 공감하려고 해도 쉽지 않다고 어려움을 호소합니다. 그럴 때마다 말합니다. 공감이 어려운 것이 아니라 공감 연습이 부족한 것이라고요. 공감에 실패하고서 겪게 될 심각한 문제, 그 문제를 해결하는 데 필요한 노력의 100분의 1만 노력해도 공감에 성공할 수 있습니다.

* 몸문화연구소, (2014년). 《우리는 가족일까》, 은행나무, 253, 266, 267쪽.

엄마 역할의 중심에는 공감이 있습니다. 어려서부터 공감 능력을 자연스럽게 발달시킨 경우는 어렵지 않습니다. 하지만 자신의 감정을 억누르면서 생활했던 엄마들은 쉽지 않습니다. 그렇다고 꼭 어렵다고 할 수는 없습니다. 공감은 모든 사람에게 보편적으로 존재하는 능력이기 때문입니다. 처음 자전거를 배우고 수영을 배울 때와 비슷하다고 생각하면 됩니다. 운전 연습과도 비슷합니다. 처음에는 서툴렀지만 연습을 계속하면서 익숙해졌던 경험을 '공감 체험'에 그대로 적용하면 됩니다. 엄마가 아이와 공감하면 아이를 대하는 태도가 분명 달라집니다. 학부모 문화로부터 벗어날 수 있는 엄마 마음이 됩니다. 학부모 문화 때문에 가려졌던 아이 마음이 보이기 시작하고 아이와 진심으로 소통할 수 있습니다.

02

엄마력에서 관계력으로

마치 필요할 때 돈을 쓰듯이, 불안하고 축 처질 때 '행복 체험'을 통해 의욕을 충전하는 엄마는 학부모 문화에 저항할 수 있는 힘을 갖게 된다고 말했습니다. 학부모 문화를 바로 봄으로써 아이도 엄마도 아무런 문제가 없음을 깨달을 수 있다고 말했습니다. 그리고 아이를 볼 때마다 순간 치미는 감정 때문에 곤란에 빠질 때 '공감 체험'으로 마음의 평화를 찾으면 학부모 문화에서 벗어날 수 있는 기회가 열린다고 말했습니다.

그런데 여전히 엄마로서 아이 공부를 위해 해야 할 일은 하지 못하고 있다는 생각이 들면 마음이 다급해집니다. 어찌 됐든지 다른 엄마들처럼 부지런히 아이를 위해서 뭔가를 해야 한다는 압박감이 스멀스멀 생겨납니다. 엄마로서 이전과 달리 마음이 편해지고 아이와 사이좋게 지내는 것도 만족스럽지만 혹시 아이를 방치하고 있는 건 아닌지 걱정이 됩니다. 이제 본격적으로 엄마 역할을 똑 부러지게 제대로 할 때가 왔습니다.

엄마 주도에서 관계 중심으로

"엄마 역할, 파업할 수도 없고 과연 어떻게 해야 할까요?" 많은 엄마들의 최대 고민입니다. 책과 방송 등 여기저기서 엄마 역할에 대한 훈수가 넘쳐납니다. 그렇지 않아도 할 일이 많은 엄마들에게 만능 해결사가 되라고 합니다. 훌륭한 엄마가 될 수 있는 방법을 제시하는 전문가들도 너무 많아졌습니다. 전문가 자신조차도 아이들에게 적용하기 어려운 방법을 무책임하게 쏟아내는 경우를 흔히 봅니다. 하지만 공부 잘하는 아이로 만들기 위한 방법을 엄마가 많이 알았다고 해서 엄마 역할을 제대로 할 수 있는 건 분명 아닙니다. 오히려 많이 알수록 조심해야 합니다. 엄마들이 찾아다니는 효과적인 방법이라는 것이 아이에게는 효과적일 수 없는 이유가 분명하기 때문입니다. 공부는 엄마가 아니라 아이가 하는 게 분명한데, 엄마의 생각처럼 아이도 엄마가 찾은 방법이 효과적이라고 느낄 가능성이 얼마나 될까요? 엄마 역할은 결국 아이와의 관계에서 구체화되는데 아이들이 엄마 말을 잘 듣지 않는 게 문제입니다.

그러다 보니 엄마의 정보력과 경제력을 총동원하여 이 방법, 저 방법을 찾아다니면서 나름 계속 애써보지만 아이에게 적용한 방법이 제대로 먹히는 경우는 거의 없습니다. 아이 때문에 불행하다고 생각하는 엄마들의 눈에 들어오는 방법은 아이 공부를 돕는 것이 아니라 아이를 학대하고 불행하게 만드는 방법들입니다. 아이에 대한 믿음이 거의 없는 엄마들의 눈에 들어오는 방법은 아이의 일거수일투족을 철저하게 관리하는 방법이 대부분입니다. 엄마가 선택한 방법이 아이에게 잘 통할수록 아이는 수동적이고 소극적으로 변합니다. 아이 감정보다는 자기감정에 충실한 엄마들의 눈에 들어오는 방법은 주로 주변 엄마들이 좋다고 추천한 방법들입니다. 엄마는 만족할지 모르겠지만 아이는 점점 불만스러워하며 효과보다는 부작용을 더 보입니다. 이제 방법을 달리해야 합니다. 아니 방법이 아니라 방향을 틀어야 합니다. 바로 엄마 주도에서 관계 중심으로 방향 전환이 되지 않으면 그 어떤 방법도 긍정적인 효과를 거두기 어렵습니다. 아이와 화합할 수 있는 방법을 먼저 찾아야 합니다. 엄마로서의 역할을 현실에서 수행하는 방법은 매우 다양합니다. 하지만 크게 나눠보면 두 가지로 구분할 수 있습니다. 하나는 여전히 엄마 혼자서 애쓰는 방법이고 다른 하나는 아이와 협력하는 방법입니다. '엄마력'이 아니라 '관계력'을 중심으로 엄마 역할을 새롭게 정립하는 일이 시급합니다.

문제는 엄마의 개인플레이

행복한 엄마, 아이를 이해하는 엄마, 아이와 공감대가 잘 이뤄지는 엄마가 되었다 하더라도 조심해야 합니다. 다시 엄마 주도의 함정에 빠질 가능성이 높기 때문입니다. 우선 그간 엄마 역할이 어려웠던 진짜 이유를 다시 확인해봅시다. 아이들이 부모 마음을 몰라서, 아직 철들지 않아서이기 때문이 아니라는 사실은 이제 분명히 알게 되었을 겁니다. 문제는 바로 엄마가 주로 사용하는 방식, 일방적인 관리에 있다는 사실도 잘 알 것입니다. 아이가 엄마의 관리 대상이 되는 순간, 아이는 더 이상 존중해야 할 인격체가 아닙니다.

아이들이 엄마 말을 잘 듣지 않는 이유는 자신을 관리하는 방식을 거부하기 때문입니다. 지금 당장 아이에 대한 관리를 포기하고 서로 협력하는 쪽으로 방향을 전환해야 합니다. 그렇게 하지 않으면 아이를 거칠게 관리하는 엄마에서 세련되게 관리하는 엄마가 될 뿐입니다.

대증요법만으로 당장은 아이의 거부 반응을 줄이거나 무마시킬 수는 있지만, 결국 아이들의 더 심각한 저항에 부딪치고 맙니다. 한 엄마의 이야기를 들어보겠습니다.

아이를 겨우 달래 상담 치료를 받았습니다. 처음에는 아이가 하도 투덜거려서 조마조마했는데 조금씩 나아지는 모습을 보이더라고요. 상담 예약 시간이 다가오면 또 오늘은 어떻게 해야 늦지 않게 아이를 데려갈 수 있을까 전전긍긍했는데 어느 날부터 알아서 나서더군요. 참 고마웠습니다. 저도 같이 상담받으면서 아이와의 관계가 회복되는 것 같아 정말 날아갈 것처럼 좋았습니다. 이제 더는 아이와 싸우지 않아도 되겠구나 생각했죠. 그런데 어느 날 갑자기 아이가 자기가 좋아하는 애니메이션 특성화 고등학교에 갈 거니까 공부 열심히 안 해도 된다고 말하는 겁니다. 날벼락도 유분수지, 공부 좀 시켜서 인 서울 대학 입학에 성공하려고 상담까지 받았는데 자기 멋대로 살겠다고 말하는 겁니다. 그날 이후로 아이 꼴도 보기 싫어지고 자꾸 눈물만 나서 상담도 포기하고 말았습니다. 이제 초등학생인데 벌써 저렇게 엇나가니 도무지 갈피를 잡을 수가 없습니다.

_ 서울 성동

전문가에게 상담받는 게 왜 문제겠습니까? 꼭 필요한 경우도 있습니다. 하지만 위 사연의 엄마는 자신의 관리에 대한 아이의 거부를 일단 상담을 통해 무마시키고 계속 관리하겠다는 의도를 가지고 있었습니다. 그런 엄마의 의도를 고분고분 따라줄 아이는 없습니다.

아이를 잘 관리하지 않으면 아이의 미래가 없을 것 같은 불안감에서 벗어났더라도, 아이와 협력을 통해 문제를 해결하는 새로운 방식에 적응하지 못하면 다시 예전으로 돌아가게 되어 있습니다. 아이를 교묘하게 잘 관리해서 앞서가는 것처럼 보이는 주변의 아이와 엄마를 보면 불쑥불쑥 다시 아이를 관리하고 싶은 마음이 들 겁니다. 그럴 때마다 속도가 아니라 방향을 생각해야 합니다. 관리를 포기했기에 비록 속도가 늦는 것처럼 보여도 올바른 방향을 선택했기에 새로운 방식에 적응하면 걱정할 게 없다고 생각해야 합니다.

저희 딸아이의 수학 성적 때문에 참 많이 고민했어요. 과외를 안 시킨 것도 아니고 학원을 안 보낸 것도 아닌데 성적이 도통 오르지 않았습니다. 소장님 강의를 듣고 더 이상 시킨다고 될 일이 아니라고 생각하고 저도 학생 때 그랬던 것처럼 수학을 싫어하고 어려워하는 아이 이야기를 들으려고 노력했습니다. 아이가 수학 공부를 하면서 어떤 감정을 표현하면 같이 맞장구를 쳐줬습니다. 그랬더니 다음 시험에서 20점이 오르더라고요. 아이를 향한 제 일방적인 욕심이 중요한 게 아니라 사랑이 담긴 진심 어린 격려가 반드시 필요하다는 걸 알게 됐습니다. _서울 구로

엄마 역할이 어려웠던 진짜 이유는 아이들 문제가 아니라 바로 엄마 주도성이라는 학부모 문화가 아이들에게 거부 반응을 일으켰기 때문이라는 사실을 다시 기억해야 합니다.

엄마가 열심히 노력할수록 팀워크는 더 엉망이 되는 경우를 흔히 봅니다. 엄마 역할은 가족이라는 팀 안에서 이뤄지는데 엄마 주도성은 팀워크의 기초가 되는 가족의 행복과 소통을 방해합니다. 엄마가 주도하는 관리는 결국 아이들에게 거부 반응을 일으켜 팀워크를 엉망으로 만듭니다. 엄마들이 겪고 있는 어려움의 중심에는 바로 엉망인 팀워크가 있는 것입니다. 그 문제만 제대로 해결하면 그 다음부터 어떤 문제가 생겨도 술술 풀리는 신기한 경험을 하게 됩니다. 그동안 아이를 관리하기 위해 애썼다면 이제부터는 팀워크를 다지기 위해 노력해보십시오. 아이를 관리하는 데 들였던 노력의 절반만 팀워크를 다지는 데 들여도 충분합니다.

다름을 존중하는 연습

2부 말미에서 알아본 핀란드의 품격 교육이 추구하는 가치, 바로 다름을 존중하는 태도와 정신을 배우면 엄마 주도의 관리 방식은 더는 필요하지 않을 것입니다. 아이를 독립된 인격체로 대하고 엄마가 아이를 존중하고 배려하는 문화에서 엄마 주도의 관리는 설 자리가 없습니다. 하지만 대한민국에 사는 우리들은 경쟁 교육에서 정반대의 가치관을 배웁니다. 다름은 우열로, 존중보다는 무시와 차별을 배우지 않나요? 한 엄마의 얘기를 들어보겠습니다.

잔소리쟁이인 큰아이의 성격에 맞추자니 둘째가 불쌍해 보입니다. 호기심쟁이인 둘째의 성격에 맞추자니 큰아이가 서운해합니다. 애교쟁이인 막내는 현재 다섯 살입니다. 현재는 큰아이 중심에서 훈육시키고 있습니다. 성격이 다른 두 살 터울의 삼 형제를 키우고 있습니다. _인천 남구

엄마들은 아이마다 서로 다른 개성을 모두 존중할 수 있는 방식을 잘 모릅니다. 하나의 기준에 맞춘 질서도 있지만, 서로 다른 개성이 조화를 이루며 공존할 수도 있다는 생각은 못합니다. 부모가 아이마다 다른 개성을 존중하고 조화를 이뤄 협력하는 쪽으로 노력하지 않는다면, 몇 안 되는 가족끼리, 형제끼리 자주 충돌하는 장면을 답답하고 우울한 심정으로 계속 지켜보게 될 겁니다. 최근 두 형제뿐인데, 서로 다투는 일이 많아 곤란을 겪고 있다고 호소하는 엄마들이 정말 많습니다. 아이끼리의 다툼을 해결할 수 있는 방법을 묻곤 합니다. 그러나 이런 경우 엄마는 중요한 사실을 놓치고 있습니다. 엄마가 마음에 더 두고 있는 아이를 편애하면서 그에 따라 소외된 아이가 자꾸 분란을 일으켜 반발하고 있다는 사실을요.

팀워크를 위한 3단계 실행법

지금 당장 아이에 대한 비인간적인 관리를 포기하고 아이를 인격적으로 존중하고 협력하는 연습, 팀워크를 다지기 위한 노력을 시작해야 합니다. 하지만 팀워크 발휘가 그리 쉬운 과제는 아닙니다. 우선 우리나라 어른들의 문제부터 짚어야 할 것 같습니다. 우리 어른들은 무엇을 배웠을까요? 경쟁일까요, 협력일까요? 경쟁으로 쏠린 교육에 젖은 대한민국 어른들에게는 팀플레이보다는 개인플레이가 훨씬 친숙하고 익

숙할 수밖에 없습니다. 또한 여전히 남아있는 집안끼리의 자존심 대결 문화가 엄마들이 주동하는 대리전 양상으로 치닫기 일쑤입니다. 경쟁에 익숙한 엄마들이기에 지지 않기 위해 쉽게 혈안이 됩니다.

- 빠른 사람이 느린 사람에게 빨리 따라오라고, 연습 좀 하라고 하는 것이 아니라, 정말 잘하는 사람이 느린 사람의 속도에 맞춰가며 소리를 만들어가는 시간. 학교에서는 이렇게 경쟁을 통한 공부보다는 협력하여 선율을 이루는 법을, 그것이 더 효과적이라는 것을 배워왔다.
- 남한산초등학교에서 경쟁 대신 배려를 배웠고, 그것은 상대방을 인정하고 나 또한 존중받는 것이다.
- 여유를 가지는 법, 조급해하지 않는 법, 함께하는 것, 배려하는 것, 포용하는 것, 자연을 느끼고 소중히 하는 법, 그리고 즐겁게 지내는 것, 이런 것들을 배우고 학교 밖으로 나왔다.*

《학교 바꾸기, 그 후 12년》에 소개된 혁신학교의 원조인 남한산초등학교를 다닌 학생들의 이야기입니다. 훌륭한 교육을 받고 성장한 아이들의 말을 통해 부끄러운 우리 어른들의 자화상, 왜곡된 우리 교육의 현실을 마주보게 됩니다. 우리는 협력을 배우지 못했습니다. 우리 사회의 분위기도 협력보다는 경쟁과 갈등이 지배적입니다. 그래서 각별히 노력하지 않으면 가족끼리도 잘 협력할 수 없습니다. 또한 어른들이 아이들을 바라보는 전통적인 시각도 문제가 됩니다. 아이를 협력의 파트너로 보는 것이 아니라 훈육을 위한 지시와 통제의 대상으로 보는 것

* 권새봄 등저, (2012년). 《학교 바꾸기, 그 후 12년》, 70, 122, 173쪽.

도 문제입니다. 부모가 아이에게 져준다는 말이 있습니다. 사실은 아이 뜻을 존중하는 것인데 가부장적인 생각 때문에 그것을 마지못해 져주는 것으로 표현합니다. 부모와 자식, 어른과 아이 사이에 존재하는 서열 의식, 부모와 어른의 우월 의식은 가족의 협력을 어렵게 만듭니다.

지시와 통제, 경쟁과 차별에서 벗어나 아래 소개한 순서대로 협력 체험을 실천하면 자연스럽게 팀워크를 기를 수 있습니다. 엄마만의 노력이 아니라 아이와의 상호작용을 통해, 서로 만족할 수 있는 체험으로 협력의 효과를 실감하면 달라집니다.

가장 먼저 해야 할 일은 아이가 유쾌한 감정을 느낄 수 있도록 노력하는 것입니다. 이 방법은 그간 엄마의 관리에 힘들었던 아이에게 엄마가 관리를 포기했다는 사실을 가장 잘 납득시키는 방법이기도 합니다. '어떻게 하면 아이를 잘 관리할까?' 온통 이런 생각에 사로잡혔던 엄마가 '내 아이는 언제 잘 웃지?', '내 아이가 정말 좋아하는 것은 무엇일까?' 이렇게 평소의 관심이 아이를 향하는 게 시작입니다. 아이 마음과 행복에 관심을 기울여야 합니다. 그리고 아이가 마음껏 웃을 수 있도록 도우면 됩니다. 처음에는 아이가 엄마를 의심할 수도 있지만 그 때문에 마음 상할 필요는 없습니다. 그간 아이를 힘들게 만들었던 엄마의 관리 방식에 따른 피해의식을 아이가 쉽게 지울 수 없다는 사실을 인정해야 합니다. 엄마를 의심하고 경계하는 게 당연합니다.

아이 감정과 생각이 쉽게 읽혀지면 아이의 평소 걱정과 고민도 쉽게 파악할 수 있습니다. 그리고 '아이에게 힘이 되어주려면 무엇을 어떻게 해야 할까?'를 질문하고 답을 찾아 실천하면 됩니다. 아이들은 '앞으로 나는 너를 진심으로 믿기로 했다!'라는 엄마의 백 마디 말보다 위로와 힘이 되는 엄마의 모습을 간절히 원한다는 것을 기억해야 합니다.

이전에는 엄마가 제가 좋아하는 것은 사사건건 트집을 잡고 못하게 해서 저도 정말 엄마 말이라면 아무 말도 듣기 싫었거든요. 그런데 엄마가 달라졌어요. 제가 관심을 보이는 게 있으면 어떻게 해서라도 말리는 엄마였는데, 그런 엄마가 제가 좋아하는 것에 관심을 보이는 거예요. 너무 신나요. 엄마 말은 무조건 듣기 싫었는데 저도 모르게 엄마 말에도 관심이 가더라고요. _ 서울 성북

둘째로 아이가 좋아하는 것이라면 무엇이든 상관없이 엄마도 함께 진심으로 좋아하면 팀워크는 빠르게 호전됩니다. 훌륭한 엄마가 되겠다는 강박관념에서 벗어나 아이가 좋아하는 것을 함께 좋아하는 엄마가 되겠다고 결심하면 됩니다. 그리고 아이도 좋아하고 엄마도 좋아하는 일을 찾아 시작하면 됩니다. 서로 좋아하는 것을 공유하는 것이 마땅치 않다면 아이가 좋아하는 것에 엄마가 관심을 보이는 것만으로도 충분합니다. 팀워크를 다지는 중에는 특히 열심히 공부하는 다른 아이들이나 열심히 정보를 수집하는 엄마들과 자신의 처지를 비교해 조바심을 내거나 불안해하면 안 됩니다. 뒤처지는 것이 아니라 아이와 함께 전력 질주할 수 있는 준비를 차근차근 하고 있다고 생각해야 합니다.

엄마가 제가 좋아하는 연예인을 같이 좋아하니까 정말 할 말도 많고 싸울 일도 없더라고요. _ 서울 성동

세 번째 방법은 협력입니다. 지금까지 엄마 중심의 관계였다면 이제부터는 아이 중심의 관계로 발전시켜 협력해야 합니다. 아이가 좋아하고 필요한 것을 말하면 진지하게 듣고 도와주어야 합니다. 엄마의 평소 관심이 공부와 성적이 아닌 자신의 행복이고, 자신이 좋아하는 것을 진

심으로 지원하고 응원하고 있다고 느끼면 아이들은 비로소 엄마 뜻에 따를 준비가 됩니다.

엄마는 아이를 기다려줘야 한다는 말에 저는 반대합니다. 무작정 기다리는 것이 아니라 아이의 행복을 위해 적극적으로 노력해야 합니다. 아이가 좋아하는 것에 엄마가 관심을 가지고 아이에게 질문하면 아이가 정말 잘 설명해줍니다. 아이 말을 주의 깊게 잘 듣다 보면 대화가 술술 풀립니다.

지금 우리나라 가족의 대부분은 심각한 동맥경화 상태에 빠져있다고 생각합니다. 피가 잘 통하지 않는 상태, 서로 소통하기가 너무 어려운 상태라고 진단하고 싶습니다. 그렇게 꽉 막혀있는 상태 자체가 문제인 것이지 아이나 엄마가 문제인 것은 아닙니다. 피가 통하지 않아 거의 쓰러질 지경의 응급 환자와 같은 가정을 만났습니다. 제가 한 응급처방을 간단히 요약하면 다음과 같습니다.

1단계 '행복' : 아이의 행복을 위해 노력하세요. 아이가 좋아하는 것을 무조건적으로 허락하고 함께 좋아하거나, 그렇게 하기 어려우면 아이가 좋아하는 모습을 즐거운 마음으로 지켜보세요.

2단계 '소통' : 아이가 좋아하는 것에 관심을 가지세요. 진심으로 관심을 가지면 분명 궁금한 게 생깁니다. 그때 아이에게 물어보고 아이에게 배우는 자세로 경청하십시오.

3단계 '협력' : 아이가 필요한 것을 말하면 진지하게 듣고 정말 열심히 도와주세요. 아이가 떠보는 식으로 요구할 수도 있지만 진심으로 응하는 게 중요합니다.

처음에는 저의 응급 처방을 듣고 말도 안 된다는 반응을 보였던 엄마가 아이가 더 망가지면 안 된다는 생각 때문인지 열심히 실천해보겠다고 했습니다. 그리고 일주일이 지나 제게 연락했습니다. 정말 기적적으로 아이와의 관계가 회복되었다고 전했습니다. 게임 중독에 빠졌던 아이가 공부를 열심히 해보고 싶다면서 엄마에게 도움을 청한 것입니다.

자기주도 학습의 핵심

우리나라에서 자기주도 학습의 대가라고 알려진 노교수를 만난 적이 있습니다. 방송 등을 통해 자기주도 학습 관련 연구 결과를 널리 알려 유명세를 탔던 분입니다. 은퇴를 앞두고 의미 있는 연구 결과를 남기기 위해 오래전부터 준비한 결과, 최근에 중대한 결론에 도달했다고 했습니다. 결론인즉, '자기주도 학습의 핵심은 아이의 개인 요인이 아니라 부모와의 관계가 성패를 좌우한다'는 것이었습니다. 의아했습니다. 저는 오래전부터 자기주도 학습의 출발점으로 삼았던 내용을 오랜 연구의 결과라고 자랑스럽게 말씀하셨기 때문입니다.

엄마와 복잡하게 얽힌 상태에서 벗어나야 아이는 주도성을 발휘할 수 있습니다. 대치동에서 만난 많은 아이의 삶은 대부분 엄마의 삶과 심하게 엉켜있어 사소한 문제로도 갈등하고 충돌하느라 많은 에너지를 소모하고 있었습니다. 가끔 홀가분하게 자신이 해야 할 일에 집중하는 아이들을 보기도 했는데, 이런 아이들은 엄마와의 관계에서 자유롭다는 공통점이 있었습니다.

제가 이전에 쓴 칼럼의 한 대목을 소개합니다.

공부 영웅들의 학습법 책은 한결같이 불굴의 의지와 피땀 어린 노력으로 끝내 자신을 이겨냈다고 '증거'한다. 그렇지만 자신과의 싸움에서 이기는 데 필요한 의지와 노력에는 가정과 부모의 역할이 결정적이라는 점은 충분히 강조하지 않는다. 부모의 낙관적인 기대와 희망이 좌절을 막고 적극적인 지지와 격려가 있었기에 공부 의지를 만들 수 있었다는 사실을 말하지 않는다.•

자기주도 학습은 아이 개인의 노력이 아닙니다. 아이의 주도성을 인정하는 것, 그러기 위해 엄마 주도성을 포기하는 것, 그렇게 엄마와 아이의 관계를 서로 대등하게 높이는 것이 출발입니다. 자기주도 학습은 이성적인 계획과 철저한 실천의 문제가 아니라, 하고 싶은 의욕과 실패를 두려워하지 않는 자신감이 더 중요한 감성의 영역입니다. 아이의 시행착오와 실패 경험을 담담하게 받아들이고 엄마가 개입하지 말아야 합니다. 또한 보편타당한 성공 원리를 따르는 것이 아니라, 아이마다의 관심과 방법, 속도에 맞는 공부를 찾아가는 과정입니다. 많은 엄마들이 말합니다. "제 아이가 스스로 공부하는 아이라면 왜 굳이 관리하고 학원에 보내겠어요? 자기주도 학습이 가능한 아이들은 따로 있어요." 저는 말합니다. "모든 사람이 자기 일은 자기가 알아서 하는 것을 좋아합니다. 공부도 자기가 알아서 하는 걸 좋아하는데 자꾸 간섭을 받으니까 간섭도 싫고 간섭의 빌미가 되는 공부도 싫어지는 것이죠."

거듭 말하지만 건강을 잃으면 모든 걸 잃는 것처럼 아이와의 관계를 잃으면 엄마는 모든 걸 잃게 됩니다. 돈을 좇는다고 돈이 벌리지 않는

• 〈한겨레신문〉, 2012년 7월 9일.

것처럼, 공부를 좇는다고 공부를 잘하는 아이가 되는 건 결코 아닙니다. 그저 즐겁게 열심히 일하다 보니 돈이 벌리는 것처럼 아이와 행복하게 잘 지내다 보니 공부도 잘하게 된다는 사실을 입증하는 사례는 얼마든지 있습니다.

우리 아이들에게 참 잘하고 있다고 말해주고, 나는 행복한 엄마라고 스스로에게 자주 말해줍니다. 아이들이 행복한 게 곧 나의 행복이라고 생각하고 공부보다 건강, 먹거리, 체험을 중요시했습니다. 아이들이 중1, 2가 되었는데 수학과 영어가 힘들다고 해서 사교육을 시킨 지 보름 되었습니다. 애들이 너무 좋아합니다. 스스로 방법을 찾고 노력하는 모습에 정말 뿌듯합니다. _ 전남 고흥

요즘 입시제도 변화에 예민해진 초등학생 엄마들의 관심이 수학으로 쏠리고 있습니다. 누가, 어떤 의도로 퍼뜨린 말인지는 모르겠지만 예체능은 3학년까지 끝내고 4학년부터는 수학에 올인해야 한다는 말을 엄마들 사이에서 흔히 듣습니다. 미처 몰랐거나 그렇게 생각하지 않으면 주변 엄마들에게 원시인 취급당하기 딱 좋습니다. 참 걱정입니다. 입시제도를 잘 이해하면 수학 과목에 어려움을 겪고 있는 아이들을 구원할 수 있는 길이 보입니다. 수학 과목을 피하거나 수학 성적의 영향력을 최소한으로 줄여서 아이들이 원하는 대학과 학과에 진학할 수 있는 방법이 얼마든지 있습니다. 하지만 수학을 못한다는 이유로 수학과 전쟁을 치르면서 학창시절을 보내야 하는 아이들을 생각하니 걱정을 넘어 저조차 우울해집니다. 수학 전쟁에서 입을 수밖에 없는 부상, 엄마와 아이의 그 깊은 상처를 생각하면 끔찍하기까지 합니다. 하지만 문제 해결의 방향을 잘 잡아 엄마와 아이가 한 팀으로 팀워크를 잘 발휘

하면 걱정할 일이 없습니다. 수학 걱정이 깊은 엄마들에게 희망을 주는 한 엄마의 이야기를 소개합니다.

아이에게 약속했습니다. 더 이상 엄마 뜻대로 공부시키지 않겠다고 약속하고 꼭 지키겠다는 맹세도 했습니다. 겨울방학에 약속을 철저히 지켰습니다. 불안한 마음이 아니라 편안한 마음으로 아이를 지켜봤습니다. 4학년이 되면 수학이 더 어려워진다는 얘기를 어디서 들었는지 방학이 끝날 때쯤 수학이 걱정이라고 하더군요. 3학년 것을 잘 복습해야 4학년 것을 잘할 수 있을 것 같다는 이야기를 하면서 3학년 전체 진도를 한 권으로 묶은 수학 문제집을 샀습니다. 시작하면서 이번에는 좀 다른 방식으로 풀어보자고 이야기했습니다. 소장님 강의에서 배운 대로 다 배운 것이니까 그냥 풀고 싶은 단원부터 골라서 풀어보라고 했지요. 그랬더니 참 놀랍게도 신이 나서 푸는 겁니다. 심지어 학교 도서관에 제가 봉사하러 가게 되어 함께 갈 때도 수학 문제집을 챙기더군요. 전에는 어림도 없었던 이야기입니다. 그래서 슬쩍 물어보았더니 자기가 골라서 문제를 푸니까 훨씬 재미가 있다는 거예요. 몰입이라는 것을 처음으로 경험한 것 같습니다. 앞으로도 수학 공부 참 재미있게 할 것 같아요. 소장님께 감사한 마음뿐이에요. _ 경기 성남

사춘기를 잘 보내려면

중2병, 사춘기에 대한 엄마들의 걱정이 커지고 있습니다. 많은 엄마들이 자주 비슷한 질문을 합니다.

지금은 괜찮은데 후에 아이의 사춘기에 대처하는 방법이 궁금합니다.

_ 서울 강남

표현은 점잖지만 그 안에 숨어있는 엄마들의 불안과 걱정, 두려움을 잘 압니다. 사춘기의 절정을 치닫는 아이 얘기를 하면서 한 엄마가 했던 말이 생각납니다. "저도 같이 삐뚤어지지 않으면 견딜 수 없을 것 같아요." 하지만 팀워크를 잘 다진 관계에서 사춘기는 말 그대로 전화위복이 됩니다. 팀워크만 좋으면 사춘기를 무사히 잘 넘기는 것뿐 아니라, 가족이 더 훌륭한 팀으로 거듭날 수 있습니다.

하지만 많은 엄마가 아이의 사춘기가 생략되거나 단축되기를 간절히 바라고 있습니다. 그리고 그런 엄마의 마음에는 여전히 아이를 관리하고 싶어 하는 욕심이 숨어있습니다. 관리를 포기하고 아이와 좋은 관계를 유지하기 위해 노력하면 어렵지 않게 아이의 사춘기를 잘 넘길 수 있습니다. 중요한 것은 엄마가 아이의 사춘기 방황을 잘 관리해서 공부 쪽으로 유도하겠다는 욕심을 부리지 않는 것입니다.

사춘기가 시작되면 보통 부모와의 갈등을 겪게 되므로 미리 좋은 관계를 유지하기 위해 노력해야 할 필요성을 느끼고 실천하면 사춘기에 쉽게 대처할 수 있습니다. 사춘기의 절정을 지나고 있어도 아이가 엄마에게 자신의 감정을 솔직하게 털어놓을 수 있는 것이 중요합니다. 아이의 이유 없는 반항, 납득하기 어려운 일탈을 문제 삼는 것이 아니라 아이가 그런 일을 겪으면서 느끼는 감정을 엄마가 제대로 읽어주면 아이는 결코 엄마를 궁지로 몰지 않습니다. 궁지에 몰린 자신을 지켜주는 구세주 같은 엄마를 어떻게 힘들게 할 수 있겠습니까?

한때 가문의 자랑이었던 딸이 사춘기를 겪으면서 집안 망신이 되었다며 찾아온 사례를 소개합니다. 엄마 손에 붙잡혀 억지로 따라온 딸의 모습은 그간 엄마와 어떤 일이 있었는지 짐작케 했습니다. 도저히 함께 살 수 없다는 엄마, 엄마 말을 들으면서 씩씩대는 딸을 두고 많은 이야기를 했습니다. 사춘기 방황과 갈등의 원인은 엄마에게 있는 것도 아이에게 있는 것도 아니라고 했습니다. 정상적인 인간의 발달 과정과 지금의 사회 시스템이 충돌하기 때문에 일어날 수밖에 없는 일이라고 했습니다. 엄마와 아이 모두 피해자가 되고 싶지 않다면 서로 이해하기 위해 노력하는 수밖에 없다는 얘기를 꽤 길게 했던 것 같습니다. 제 얘기의 목적은 엄마와 아이의 입에서 한마디가 나오도록 하는 것이었습니다. 드디어 엄마 입에서 그 한마디가 나왔습니다. "나도 힘들지만 너도 참 힘들었겠다!" 한참 머뭇거리던 딸도 한마디합니다. "나도 힘들지만 엄마도 정말 힘들었겠어요!" 그리고 이어지는 장면은 당연히 화해의 포옹과 눈물이겠지요. 위기로 치닫기 십상인 사춘기를 오히려 전화위복의 기회로 삼아 평생 함께 갈 수 있는 친구가 된 한 모녀의 사례였습니다.

스마트폰 중독에서 벗어나려면

아이들이 겪는 사춘기보다 더 엄마들을 걱정하게 만드는 것은 아이들의 스마트폰, 디지털 미디어 중독입니다. 부모와 아이 사이에 언제 터질지 모르는 시한폭탄이 바로 게임과 스마트폰입니다. 보통 아이의 공부에 방해될 정도로 많은 시간을 낭비한다는 부모의 판단으로 전쟁이 시작됩니다. 부모 주도의 통제를 시도하지만 대부분 저항에 부딪칩니다. 갈등이 심해지면 서로 타협점을 찾기도 하지만 대부분 아이가 약속을 지키지 않음으로써 깨집니다. 아이가 중독인 것 같다는 부모의 걱정이 시작되고 전문가나 전문기관의 치료를 받아야 하는 것이 아닌가 고민합니다. 그 과정에서 가족 관계는 엉망이 됩니다. 엄마 혼자 힘으로 어려워지면 아빠까지 나서서 아이에 대한 통제를 강화하지만 아이들의 저항이 더 심해질 따름입니다. 부모 주도, 특히 엄마 주도의 관리와 통제는 대부분 엄마와 아이, 가족 모두에게 심각한 후유증을 남기고 막을 내립니다.

아이가 평소 가족으로부터 지지받지 못하고 있다는 느낌은 스트레스를 유발하고 게임에 대한 욕망을 키웁니다. 관계의 불편함은 게임을 하고 싶은 욕망을 낳고, 그런 욕망에 사로잡힌 아이를 보면서 부모의 통제가 강해지면 관계는 더욱 험악해지고 아이의 게임 욕망을 더 키우는 악순환에 빠집니다. 그러나 스마트폰이나 게임보다 더 즐거운 시간을 가족이 함께 즐길 수 있다면 상황은 달라집니다. 가족력을 발휘하여 아이에게 건강한 즐거움을 선사하면 관계는 좋아지고, 좋은 관계를 유지하기 위해 아이 스스로 스마트폰이나 게임을 자제하는 자발적 노력을 하기 시작합니다. 악순환이 아니라 선순환이 시작되면 어렵지 않게 '중독'에 대한 우려에서 벗어날 수 있습니다. 게임을 좋아하는 아이가 위기가 아니라, 그런 아이에게 극도의 스트레스를 주어 중독 상태에 빠지게 하는 관계가 위기라는 사실을 분명히 알아야 합니다. 이미 팀플레이를 통해 여러 문제를 협력하면서 해결해본 경험이 있다면, 스마트폰은 더 이상 위협이 될 수 없습니다.

사춘기를 지나고 있는 한 중학생의 얘기를 들어보겠습니다.

전에는 게임에 몰두하는 시간이 많아 가족과 대화하는 시간이 적었어요. 옛날에는 같이 TV라도 보면서 이야기를 나눴는데, 제가 게임을 많이 하면서 대화할 수 있는 시간이 줄어든 것 같아요. 그런데 캠프 이후 엄마, 아빠와 함께 하는 시간이 많아졌어요. 요즘에는 가끔씩 밤에 가족끼리 산책을 하는 등 함께 하는 시간을 늘렸는데, 자연스럽게 제가 컴퓨터를 덜 하게 되더라고요. PC방 가는 시간도 많이 줄어들었고, 보통 주말 점심은 친구들과 먹었는데 이제는 가족과 함께 먹을 때가 많아요. _ 경기 용인

이 학생이 말한 가족 캠프란 가족 관계 회복을 위해 저와 선배 엄마들이 함께 준비한 것입니다. 특별한 프로그램이 있는 것은 아닙니다. 가족끼리 즐거운 시간을 보내는 게 목적이었습니다. 그리고 캠프에서 경험한 즐겁고 유쾌한 가족의 경험을 집에 돌아가서도 이어질 수 있도록 준비하고 연습하는 자리였습니다. 언제라도 가족이 함께 모여 즐거운 시간을 보낼 수 있다면 아이들은 분명 스마트폰만 쳐다보고 있지 않을 겁니다. 아이가 문제일까요, 스마트폰이 문제일까요? 아니면 즐겁고 유쾌한 일이 잘 생기지 않는 가족 관계가 문제일까요?

기적의 협력 체험

관리와 방치 사이를 왔다갔다 하는 엄마들은 이제 가족이 협력하는 새로운 길을 열어야 합니다. 철저하게 아이를 관리하다가 제대로 통하지 않으면 지친 엄마들이 아이에게 말합니다. "더 이상 간섭하지 않을 테니까 네 마음대로 해봐!" 갑자기 방치하는 태도를 보이는 엄마를 보

면서 아이들은 대부분 혼란에 빠집니다. 아이가 혼란을 느끼면 보통 엄마 마음에 들지 않는 행동을 하게 됩니다. 결국 조금 시간이 지나고 나면 엄마가 다시 태도를 바꿉니다. "네 마음대로 하라고 했는데 그렇게 엉망이니 이제부터 엄마 말대로 해!" 관리와 방치 사이를 왔다 갔다 하는 엄마들의 삶은 너무도 불행합니다. 하지만 가족의 협력을 위해 노력하는 엄마들은 다른 삶을 살아갑니다. 한 엄마의 사례를 들어보겠습니다.

처음에는 주변 엄마들 얘기를 듣고 아이에게 도움이 될 만한 것들을 찾아 열심히 시켰습니다. 엄마표 영어부터 시작해서 아이에게 좋다는 걸 시키기 위해 참 많은 정보를 찾아다녔네요. 교구부터 시작해서 교재, 동화책과 각종 전집, 멀티미디어와 인터넷 교육까지! 정말 정보 사냥을 열심히 했어요. 뭐가 그렇게 좋다는 것이 많은지 정보를 찾으면 찾을수록 더 불안해지는 기분이었습니다.

아이가 유치원에 다닐 적에는 시키는 대로 잘해줘서 별로 어렵지 않았어요. 그런데 학교에 들어가고 나서는 예전 같지 않더라고요. 자주 짜증을 부리고 건성으로 하는 것 같고. 그럴 때마다 더 좋은 방법이 없을까 참 많이 고민했습니다. 초등학교 3학년까지만 예체능을 시키고 4학년부터는 수학을 잡아야 한다고 해서 이것저것 많이 알아봤는데 문제는 아이가 계속 말을 잘 듣지 않는 거예요. 마음이 급한 저와 달리 아이는 한가하게 자기 하고 싶은 일을 놓지 않으려고 하니 하루하루가 전쟁이었어요. 가끔 때리고 싶은 마음이 들기도 했어요. 겨우 참기는 했지만 점점 아이와 사이는 나빠졌죠. 그럴수록 집에서 제가 아이에게 해줄 수 있는 게 없는 것 같아 학원으로 아이를 돌리게 되었습니다. 아이는 학원에 갔다 오면 마치 엄마를 위해 갔다 왔으니 집에서는 자기 맘대로 하겠다는 태도를 보이며 신경질을 냈어요.

이렇게 계속 가다가는 저도 아이도 정말 엉망이 될 것 같았어요. 오래 고민하다가 굳게 결심했습니다. 아이가 하고 싶다는 것만 남기고 다 끊었지요. 아이는 신이 났지만 저는 사실 많이 불안했어요. 하지만 다시 예전으로 돌아가고 싶지는 않았기에 겨우 참아냈습니다.

제가 행복해야 아이도 행복할 수 있다고, 엄마가 아이를 진심으로 믿어야 아이를 괴롭히지 않는다고, 엄마의 공감이 아이를 살린다고 했던 소장님의 말을 열심히 실천했습니다.

지금은 어떠냐고요? 가장 좋은 것은 아이를 보면서 불안해하거나 걱정하지 않아도 된다는 겁니다. 지금은 아이가 자기가 필요한 걸 말해줍니다. 예전에는 아이가 뒤처지지 않도록 뭘 시켜야 하나 늘 걱정스러웠는데 지금은 아이가 제가 할 일을 정해줘요. 저는 그저 아이 얘기를 잘 들어주면 됩니다. 아이 얘기를 듣고 나면 예전에 알던 정보가 많이 도움이 되었어요. 특히 아이가 수학이 어렵다고 해서 다양한 방법을 알아보며 아이에게 어떤 방법이 좋은지 해보라고 했더니 나름 열심히 해보더라고요. 예전 같으면 제가 정해서 아이에게 하라고 시켰을 텐데 아이에서 선택권을 주니까 적극적으로 하더라고요. 아이 얘기를 귀담아듣다 보니 아이가 재미있어하는 게 뭔지 알게 됐죠. 지금은 저에게 도와달라는 말을 자주 합니다. 저도 아이에게 잘 맞는 방법을 찾기 위해 노력하고 있습니다. 아직 아이가 다른 애들보다 잘하는 것 같지는 않지만 이렇게 쭉 가면 잘할 거라는 믿음이 생겼습니다. 저도 아이에게 손을 놓고 나서 불안했던 마음이 사라지고 오히려 제가 다른 엄마들보다 더 잘하고 있다는 자신감도 생겼습니다.

지금은 저도 그렇고 아이도 그렇고 서로 진심으로 돕고 있어요. 아침에 일어나는 것만 해도 예전에는 깨울 때마다 전쟁이었는데 지금은 아이가 조금 늦게 자면 먼저 말합니다. 아침에 잘 일어나지 못해서 자기가 짜증을 부리면 일부러 그러는 거 아니니까 엄마도 화내지 말고 잘 깨워달라고요. 숙제가 많은 날은 집에 와서 자기가 딴짓을 하면 엄마가 알려달라고 해요. 시험 때마다 계획을 세우는데, 계획대로 실천하는 것이 어려워지면 저에게 말하고 도와달라고 하더라고요.

지금도 가끔 예전의 저처럼 유난을 떠는 엄마들을 보면 사실 살짝 불안한 마음이 들기는 하지만 흔들리지는 않아요. 바쁘지만 별 소득 없이 아이와 다투기만 하는 엄마들이 하수라면 저는 이제 진짜 고수가 된 기분입니다. 지금 제 아이는 그냥 놀기만 하는 게 아니라 꽤 많은 걸 배우고 있어요. 그렇게 하기 싫어했던 수학도 열심히 하고 있고요.

전에는 제가 원하는 것만 아이에게 줄줄 알았지 정작 아이가 원하는 걸 주지 못했던 것 같아요. 아무리 많이 줘도 아이가 받아주지 않으면 다 소용없는 일인데…. 저는 지금 아이가 원하는 걸 충분히 주고 있다고 생각합니다. 아이에게 적게 주는 걸 걱정할 게 아니라 아이에게 원하는 걸 주지 못하는 게 문제라고 생각하니 정말 마음이 편해지네요.

_서울 강서에서, 가은 · 엄마 올림

아이 문제를 미리 예측하고 예방하기 위해 노력하는 엄마가 하수라

면, 아이 말을 듣고 어떤 도움이 필요한지 판단하는 엄마는 고수입니다. 많은 정보를 얻어야 유리하다고 생각하고 정보 사냥에 여념이 없는 엄마가 하수라면, 아이에게 필요한 것이 무엇인지 잘 알고 필요한 정보만 얻는 엄마는 고수입니다. 아이가 진정 원하는 것에는 관심이 없고 자기가 원하는 것을 시키려고 아이와 밀당하는 엄마가 하수라면, 아이가 원하는 것을 들어주어 좋은 관계를 유지하면서 자연스럽게 아이와 협력하는 엄마는 고수입니다.

"최대한 존중하면 최대한 요구할 수 있다."

구 러시아의 교육자, 안톤 마카렌코[•]의 말입니다. 정말 맞는 말입니다. 평소 아이의 감정과 행동 하나하나를 최대한 존중하면 아이들은 부모와 자신을 한 팀이라고 생각하기 마련입니다. 한 팀이라는 생각이 분명할 때 부모가 아이에게 뭔가를 요구하면 아이는 부모의 말을 거부하는 것이 아니라 한 팀으로서 당연히 해야 할 일이라고 생각하고 쉽게 받아들입니다.

엄마 주도의 관리를 포기하고 아이와 협력하는 길은 가보지 않은 길이라서 선뜻 나서지 못할 수도 있습니다. 생각보다 험난한 길일 수도 있습니다. 혼자가 아닌 함께 가야 하는 길이기에 당연히 어렵습니다. 하지만 그 길을 간 엄마들은 말합니다. 모든 엄마들이 가야 할 길이고 정말 좋은 길이라고. 하지만 여전히 망설이는 엄마들을 위해 그 길을 먼저 걸어간 선배 엄마의 이야기를 전합니다.

• 안톤 마카렌코(Anton Makarenko, 1888~1939) : 소련의 교육자이자 작가, 《사랑과 규율의 가정교육》, 《부모를 위한 책》 등을 남겼다.

소장님 강의를 듣고서 그간 제 잘못을 많이 깨달았습니다. 저는 방학마다 아이와 수학 한 학기 학습을 선행해서 같이 풀었어요. 그랬던 속마음에는 학기 중에 제가 편하고자 했던 마음이 더 컸던 것 같습니다. 힘들어하는 아이를 억지로 끌고 방학 동안 문제집 한 권을 끝내려고 했으니 아이는 얼마나 괴로웠을까요? 억지로 한 공부니까 아이 수학 성적은 항상 바닥인 게 당연했습니다. 아이가 수학을 싫어하는 이유를 대부분 제가 만들었더라고요. 둘째는 첫째보다 수학 실력이 없나보다, 첫째는 이렇게까지 안 봐줘도 곧잘 했는데 얘는 왜 이리 힘들까, 하면서 비교까지 했습니다. 이게 다 아이를 생각하지 않은 저의 어리석은 욕심이란 걸 깨달았습니다.

이번 방학에는 아이와 하고 싶고, 할 수 있는 만큼만 공부하자고 약속했습니다. 문제집을 매일 두 장씩 하는 걸로 얘기했어요. 아이도 그 정도면 할 만하다고 하더라고요. 소장님 말씀대로 교과서와 목차를 쭉 보면서 관심 가는 단원부터 먼저 하자고 했지요. 그렇게 한지 한 달이 좀 안 됐는데 정말 놀라운 변화가 생겼어요. 우선, 아이가 매일 하는 수학 공부에 부담을 갖지 않더라고요. 둘째로, 제가 가르쳐주지 않아도 혼자 주도적으로 곧잘 한다는 거예요. 모르면 그제야 제게 묻는 식인데 얼마나 편한지 몰라요. 셋째는, 집중력과 공부 태도가 아주 좋아졌어요. 넷째는, 너무 놀랍게도 "수학 해보니까 재미있네요"라고 말해요. 다섯째는, 본인 스스로 느끼는 뿌듯함 때문에 자신감이 생긴다고 하네요.

적다 보니 자기주도 학습과 엄마주도 학습의 차이가 '천당과 지옥'인 것 같습니다. 그동안 엄마의 욕심으로 힘들고 어려웠을 우리 아이를 생각하면 너무 미안한 마음이 듭니다. 뭐가 그리 급했을까요? 제 아이에게 맞게 가는 게 지름길이고 정답인 것을! _ 경기 성남

엄마와 아이 사이, 반드시 같은 편이 되어야 하는 이유를 잘 설명하

는 좋은 글이 있어 일부를 소개합니다.

> 지금 학부모들이 해야 하는 것은 내 자식을 조금이라도 좋은 학교에 보내기 위해서 소통을 하려고 하는 것이 아니라, 이런 구조에 대해서 이해하고 자식이 얼마나 부조리한 구조 속에 있는지 이해해야 하는 것이다. 그러면 자녀가 공부를 하든 하지 않든, 자녀가 처한 현실에 대해 마음 아파할 수 있을 것이다. 그리고 자녀와 이야기를 하는 것이다.
> 자녀가 공부를 잘하게 하기 위한 이야기가 아니라, 이런 구조 속에서 어떻게 살아나갈 수 있는지를. 자녀의 걸음에 동행자가 되고, 진정한 자녀의 편이 되어주는 것이다. 이런 힘겨운 싸움에 부모마저 자녀의 편이 아니라면, 자녀는 어떻게 이 상황을 극복할 수 있겠는가. 그것을 진정으로 이해하면, 그때에는 특별히 '소통'에 신경 쓰지 않아도 소통할 수 있을 것이다. 구조는 여전히 삭막하고 부조리하겠지만, 더 이상 그렇게 위압적이지는 않을 것이다. 어떻게든 살아나갈 수 있는 방법이 있을 테니까.•

엄마와 아이는 한 팀이라는 분명한 생각이 가족을 살리고 아이를 살립니다. 그렇기에 '협력 체험'은 기적의 가족 체험이 확실합니다. 아무리 삭막하고 부조리한 사회지만 어떻게든 살아나갈 수 있는 방법을 알려주는 것이 바로 '협력 체험'입니다.

• 〈오마이뉴스〉, 김지영, 2014년 1월 31일.

03

기적의 엄마 체험과 새로운 학부모 문화

"내 행복은 내가 정한다", 아무리 사회가 불행을 강요하더라도 한 사람으로서 자율성을 발휘해 자신만의 행복을 체험한 엄마의 마음에는 불행의 학부모 문화가 스며들지 못합니다. "모든 인생은 훌륭하다", 문제는 모든 사람에게 훌륭한 삶을 허용하지 않는 사회에 있다는 사실을 간파한, 아하 체험을 한 엄마의 생각에는 불신의 학부모 문화가 설 자리가 없습니다. "공감이 안 되면 가족이 아니다", 온갖 정보에 자극받아 자칫 감정 과잉 상태에 빠지기 쉽지만, 아이가 느끼는 감정을 고스란히 느끼기 위해 노력하는 엄마에게는 단절의 학부모 문화가 끼어들지 못합니다. "답이 따로 있는 게 아니라 협력이 답이다", 최고의 관리 방법이라고 엄마들을 유혹하여 결국 아이와 갈등하게 만들지만 서로에 대한 믿음과 진정한 협력을 통해 문제를 해결하는 엄마들의 삶에는 갈등의 학부모 문화가 영향을 미치지 못합니다. 이제 남은 것은 행복한 엄마, 아이와 자신을 믿는 엄마, 공감할 줄 아는 엄마, 협력하는 엄마로서의 일상이 항상 유지되도록 하는 것, 바로 '합심'의 순간을 체험하는 것입니다.

'기적의 카페' 그 후

SBS '기적의 카페'에 출연했던 엄마들의 이후를 묻는 엄마들을 종종 만납니다. 당시 엄마들에게 부모 교육을 하면서 자연스럽게 엄마들의 유형을 분류할 수 있었습니다.

우선 엄마로서 자신의 역할에는 아무런 문제가 없다고 고집을 부리는 엄마들이 있었습니다. 이 엄마들은 문제는 아이에게 있고 아이의 문제가 해결되면 자신의 불안과 걱정도 사라질 것이라고 믿었습니다. 이미 학부모 문화에 사로잡혀 엄마의 욕심을 진심으로 착각하고 있는 엄마들이었습니다. "욕심에서 벗어나 진심을 회복해야 한다, 그러려면 학부모 문화와 엄마의 진심을 분리해 바라볼 수 있어야 한다"라는 말을 자신에 대한 비난과 공격으로 받아들였습니다. 〈아이가 달라졌어요〉 같은 프로그램을 기대했던 엄마들인 것 같습니다. 그런 엄마들은 지금 오히려 더 악화된 상태에 놓였을 가능성이 높습니다.

다음 유형은 엄마로서 욕심을 부려 자신도 불행하고 아이도 괴롭혔다는 사실을 깨달은 엄마들입니다. 정말 많은 눈물을 흘린 엄마들입니다. 뼈저린 반성을 하면서 굳은 결심을 한 엄마들입니다. 하지만 저는 그런 엄마들의 눈물을 믿을 수 없습니다. 후회와 자책, 반성의 눈물을 흘렸던 많은 엄마들이 눈물이 마르기가 무섭게 다시 진심을 잃고 학부모 문화에 휩쓸려 욕심에 물들어가는 과정을 많이 봤기 때문입니다.

그런 엄마들도 잘 알고 있었습니다. '약효'가 그리 오래가지 않는다는 사실을요. 방송 전과 후, 잠시 달라졌겠지만 지금은 예전과 별로 다르지 않을 겁니다.

또 다른 유형으로 눈물을 흘리기보다는 상황 파악에 주력한 엄마들이 있습니다. 이 엄마들은 아무리 진심을 지키려고 해도 결국 욕심에 사로잡히게 되는 상황을 제대로 파악했습니다. '상황의 압력'이 엄마 마음보다 훨씬 강력하다는 사실을 깨닫고 해결책은 엄마의 결심이 아니라 상황을 바꾸기 위한 결행이라는 것을 잘 알고 있었습니다. 엄마의 진심을 욕심으로 순식간에 오염시키는 상황, 바로 대치동을 떠나기로 결심하고 실천한 엄마가 있었습니다. 그 엄마가 전해준 그 후 이야기를 소개합니다.

사교육 1번지 대치동에서의 생활은 불안의 연속이었어요.

많은 부모가 공부를 잘 시키는 게 다른 것보다 우선이고, 그렇게 키워서 아이가 직업을 잘 선택하면 된다고 생각할 거예요. 저도 크게 다르지 않았어요. 그래서 대치동을 선택했고, 주변에 공부 잘하는 아이들을 흔하게 보게 되니 자꾸 우리 아이와 비교하게 되고, 제가 부족해 보여 더 욕심을 부리게 되었어요. 결국 다른 엄마들을 따라 하며 아이를 가르쳤습니다. 다행히 관계적인 면에서 사회성 좋은 제 아이는 대치동에 와서도 잘 적응했지만 학업적인 면에서는 스스로 느끼는 불안감에 끝없이 제게 학원을 보내달라고 했어요. 어느 순간 저는 더 좋은 학원과 과외 선생님을 찾아내는, 부모가 아닌 학부모 역할을 하고 있더라고요. 어떤 게 옳은지, 맞는지, 고민할 겨를도 없이 대치동 교육 분위기에 끌려다녔지요. 저와 제 가족을 제대로 돌아볼 여유는 꿈조차 꿀 수 없었어요.

현재의 교육 시스템이 분명히 잘못되었다고는 인식하고 있었어요. 변화가 필요하다는 점도요. 하지만 어떻게 해야 할지는 전혀 몰랐어요. 그때 SBS 특집 다큐 〈부모 vs 학부모〉 2편 '기적의 카페'에 참여할 수 있는 기회가 생겼어요. 인터뷰 때부터 소장님은 저의 문제 의식에 공감해주셨고, 6개월 동안의 부모 교육을 통해 주변의 이야기에 휩쓸리지 않는 힘을 갖게 해주셨어요. 아이가 다닐 더 좋은 학원을 알아보는 것 대신에 교육 문제를 제대로 이해하고, 아이에게 현명한 길을 제시할 수 있는 부모력을 키울 수 있도록 도움을 주셨어요.

부모 교육을 받은 후 가장 큰 변화는 저희 가족이 함께 모여 살게 되었다는 거예요. 인도에서 남편의 직장 생활을 마치며 남편은 창원으로, 저와 아이는 교육 문제로 대치동으로 오면서 2년여 간 2주에 한 번씩 만나는 주말 가족으로 지내고 있었거든요. 방송 직후 남편이 있는 창원으로 이사를 갔습니다. 이곳에서 아이는 사교육이 아닌 스스로 공부하는 자기주도 능력을 키우게 되었어요. 특히 수시로 대입을 준비했는데 자기소개서를 준비하는 시간은 지금 생각해도 참 소중한 추억이 되었습니다. 우리 가족 모두 아이의 장점을 생각하고 자라온 과정을 함께 이야기하면서 남편의 도움을 많이 받을 수 있었고, 잊고 있었던 아이의 소중한 기억들을 꺼내볼 수 있는 시간이었으니까요. 함께 있지 않았다면 할 수 없는 즐겁고 의미 있는 과정이었답니다.

아이와의 관계도 훨씬 편해졌어요. 대치동을 떠난 게 엄마 생각이었으니 아이는 거부할 만도 했는데 잘 소통할 수 있었어요. 역시나 믿는 만큼 잘 적응해주었고, 지금은 아이도 더는 불안해하지 않아요. 지금도 아이가 선택한 길을 믿고 응원해주면서 아이와 지속적으로 진로에 대한 대화를 나누고 있어요.
대치동에서 불안과 혼란에 빠져 헤매고 있을 때 제가 제대로 된 선택을 할 수 있도록 조언과 용기를 주신 소장님께 다시 한 번 감사드립니다. '더 빨리 만났으면 어땠을까'라는 생각이 들 정도로 저와 제 가족에게 큰 영향을 주셨어요. 아이와 힘든 시간을 보내고 있을 대한민국 부모들에게, 특히 사춘기를 앞둔 자녀를 둔 부모들에게 소장님의 이 책이 위로와 변화의 계기가 되어주기를 바랍니다. 가장 바라는 것은, 이런 좋은 변화들이 자연스럽게 교육의 변화, 사회의 변화로 이어지는 다리 역할을 했으면 좋겠습니다. 그래서 남들이 보기에 거창한 변화는 아니겠지만 제 소중한 경험을 나누고자 부끄럽지만 이렇게 이야기를 하게 되었어요.
박재원 소장님과 대한민국 모든 엄마들을 위해 계속 응원하겠습니다.

_경남 창원에서, 다정 엄마 올림

제정신 지키기 힘든 신도시 엄마들

한때 전국을 다니면서 학원 설명회를 했습니다. 대치동에서 가장 유명한 학원이 자신들이 사는 지역에도 생겼다는 소식은 엄마들을 흥분시키기에 충분했습니다. 많은 엄마들이 대치동 유명 학원에 대한 기대에 부풀어 설명회장을 찾았습니다. 엄마들을 보면 어느 정도 지금 어떤 상태에 있는지, 왜 설명회에 왔는지 짐작할 수 있습니다. 우선 꼬치꼬치 캐묻는 엄마들이 있는데, 이런 엄마들은 현재 아이가 다니는 학원에 별문제가 없다고 판단하는 경우입니다. 현실에 별 불만이 없기에 새로운 것에 대한 관심이 그리 크지 않습니다. 아무리 대치동 유명 학원이라고 하더라도 지금 아이가 다니는 학원이 더 좋은 학원이라고 믿고 싶어 합니다. 이런 엄마들은 자신의 믿음을 지키기 위해 거의 본능적으로 새로운 학원의 약점을 잡으려고 꼬치꼬치 캐묻습니다. 반대로 현실에 불만을 갖고 있는 엄마들이 훨씬 많습니다. 지금 아이가 다니는 학원이 마음에 들지 않는 엄마들입니다. 이런 엄마들은 아이가 다니는 학원이 문제가 아니라 잘 적응하지 못하는 아이에게 문제가 있다는 사실을 인정하고 싶어 하지 않습니다. 꼭 대치동에서 유명한 학원이어서가 아니라 새로운 학원, 자신도 아이도 문제가 없다는 믿음을 입증해줄 새로운 학원이 간절히 필요할 뿐입니다.

지금 아이가 다니는 학원이 새로 생긴 학원보다 더 좋은 학원이라고 믿고 싶은 엄마들. 반대로 새로 생긴 학원이 지금 다니는 학원보다 더 좋은 학원이라고 믿고 싶은 엄마들. 서로 다른 처지에 있는 엄마들끼리 만나면 과연 어떤 일이 벌어질까요? 학부모들 사이에 아이가 다니는 학원을 둘러싼 파벌이 만들어집니다. 한때 사교육 이용률이 전국에서 가장 높았던 지방 도시에 가면 ○○ 학원파, ○○ 학원파 엄마들로 패가 갈려 서로를 비난하는 얘기를 흔히 들을 수 있었습니다. 만약 그런 분위기에서 학원에 보내지 않는 엄마가 있다면 과연 주변에서 어떤 대접을 받을까요? 자기 아이가 다니는 학원이 최고라고 믿고 다투던 엄마들끼리 갑자기 연합 전선을 폅니다. 아이를 학원에 보내지 않는 엄마를 아이 교육에 신경쓰지 않는 불량 엄마라고 한목소리로 비난합니다. 불량 엄마들을 몰아내지 않으면 동네 물이 흐려진다고 말합니다. 아무리 소신과 철학이 뚜렷한 엄마라도 그런 분위기에서 엄마로서의 진심을 지키는 것은 정말 어려운 일입니다. 벗어나는 것이 상책입니다.

멀리서 수고를 무릅쓰고 제 얘기를 듣기 위해 찾아오는 엄마들을 종종 만납니다.

대치동에 살았어요. 주변 엄마들 등쌀에 시달리다가 피난 가는 심정으로 신도시로 이사 왔어요. 그런데 여기 엄마들이 더 심하더라고요. 그렇게 아이를 키우고 싶지 않고 저도 그런 엄마들처럼 되고 싶지 않은데 저도 모르게 자꾸 흔들리는 것 같아 불안합니다. 과연 제가 잘하고 있는 건지 걱정돼서 선생님을 찾아 왔어요. _ 경기 수원

이 엄마는 고양이를 피하려다가 호랑이를 만난 격입니다. 특히 수도권의 신도시에 가면 '패자부활'을 노리는 엄마들을 흔히 만날 수 있습니다. 이전에 살던 동네에서 나름 최선을 다했지만 한때 자랑거리였던 아이가 점점 실망스러운 모습을 보이기 시작하면 엄마로서 고민은 깊어집니다. 동네 엄마들에게 자기가 아이를 잘 키우고 있다는 사실을 입증하기 위해 온갖 고생을 했던 엄마들이겠지요. 이미 강을 건너 멀리 가버린 엄마, 학부모 문화의 조종을 받아 자신을 괴롭히는 엄마, 그럼에도 여전히 모든 게 아이를 위한 일이라는 확신에 찬 엄마에게 아이들이 반격하기 시작하면 엄마는 사면초가에 몰립니다. 아이의 반격에 대처하는 일도, 남편과의 갈등에 대응하는 일도 힘겹지만 주변 엄마들에게 쌓아온 자신의 평판을 유지해야 한다는 압박감을 가장 크게 느낍니다. 결국 비상대책으로 새 출발하기 좋은 곳을 물색하고 이사를 갑니다. 패배 위기에 몰렸지만 반드시 승자가 되고 말겠다는 엄마의 마음은 결연

합니다. 아무도 말릴 수 없는 상태가 됩니다. 그런 엄마들이 모인 신도시에 가면 그 어떤 엄마도 제정신을 차리기가 쉽지 않습니다. 문제는 학원만이 아니라 산후조리원 선택부터 영유아용품, 각종 교구와 책, 체험학습 프로그램과 학습지까지, 영어 유치원에서 공부방, 학원까지 엄마들이 뭔가를 선택해야 하는 대부분의 상황에서 비슷한 일들이 벌어지고 있다는 사실입니다. 정신 나간 엄마들이 제정신인 엄마들을 괴롭히는 분위기, 제정신인 엄마들이 정신 나간 엄마들에게 위축되는 분위기입니다. 결국 그런 분위기에 휩쓸리지 않기 위해서는 엄마 개인의 교육 철학과 결심만으로는 한계가 있습니다. 우선 정신을 못 차리는 엄마들을 피하고 제정신을 지키기 위해 노력하는 엄마들을 만나야 합니다.

행복한 길을 가는 공동체 엄마들

사소한 일에도 평지풍파를 일으키는 엄마들과는 달리 태풍이 불어도 평온을 유지하는 엄마들을 만났습니다. 충북 영동의 한 작은 중학교에서 실시한 부모 교육에서 공동체 생활을 하는 엄마들을 만났습니다. 참고로 시골 학교라고 해서 학부모 문화가 도시와 다른 것은 아닙니다. 엄마 주도로 사교육에 관한 좋은 정보를 수집해서 아이 성적을 관리해야 한다는 믿음은 도시나 시골이나 별 차이가 없습니다. 단지 그런 믿음을 실현하기 위해 충분히 노력하고 있다고 믿는 엄마들과 그렇게 하지 못해 안타까워하는 엄마들이 있을 뿐입니다. 강의를 듣는 엄마들은 모르지만, 강의를 이끄는 저는 참석한 엄마들의 표정을 한눈에 볼 수 있습니다. 얼굴 표정부터 평화로운 엄마들이었습니다.

보통 제 강의를 듣는 엄마들은 엄마의 진심과 욕심을 구분하고, 진심을 욕심으로 오염시키는 학부모 문화의 정체를 파악해야 하며, 엄마가 진심을 회복하지 않으면 지금 아이와 겪는 다양한 문제들을 결코 해결할 수 없다는 제 말에 어두운 표정을 짓습니다. 마치 한처럼 남아있는 자신의 학력 콤플렉스를 아이를 통해 풀겠다는 엄마들, 대리만족을 위해 아이의 성적에 집착하는 엄마들은 노골적으로 거부감을 드러내기도 합니다. 자기가 그랬던 것처럼 아이가 부모인 자신을 원망하지 않게 하려고 아이에게 많은 투자를 하는 엄마들도 거부 반응을 보입니다.

그러나 이곳에서 만난 공동체 마을의 엄마들은 마치 '오랜 친구'를 만났다는 듯 흐뭇한 표정을 지었습니다. 대부분 서울에서 살다가 뜻을 모아 시골에 와서 함께 집을 짓고 마을을 이루어 살고 계신 엄마들이었습니다.

한 엄마의 얘기입니다.

저도 서울에 살 때는 소장님 같은 분을 쫓아다니면서 강의를 들어야 겨우 버틸 수 있는 엄마였습니다. 그런데 다들 비슷한 생각을 가진 사람들끼리 모인 이곳으로 이사 오니까 고민을 할 필요가 없어졌어요. 서울에서는 아이가 열심히 뛰어노는 모습을 보면 저도 기분이 좋아졌다가도 언제까지 뛰어놀게 해야 하는지 걱정이 들어 금방 우울해지곤 했는데 여기 분위기는 정말 달라요. 다들 아이들은 열심히 뛰어놀 권리가 있고 그런 아이들의 권리는 부모도 빼앗을 수 없다고 말해요. 그리고 다들 어렸을 때 그렇게 신나게 뛰어논 아이가 나중에 커서도 잘 된다고 말하니까 정말 걱정이 없어졌어요. _충북 영동

요즘 엄마들은 아이에게 어떤 문제가 생길지 미리 알기 위해 정신없

이 바쁩니다. 아이들을 잘 키우려면 엄마가 해줘야 할 일이 많다는 얘기가 넘쳐나기 때문입니다. 하지만 엄마 뜻대로, 정확히 말하자면 엄마 욕심대로 되는 아이는 거의 없습니다. 대부분의 아이에게 문제가 나타납니다. 자신의 욕심이 화근이 되었음을 뒤늦게나마 깨달은 엄마들은 말합니다. 아이 스스로 자신의 문제를 깨닫기 전에 엄마가 나서서 해결해주는 것은 아이 미래를 망치는 일이라고요. 아이가 어려움을 겪고 나서 엄마에게 도움을 청할 때 도와주면 되는데, 미리 엄마가 나서서 아이에게 뭔가를 시킨다면 아이는 왜 그 일을 해야 하는지도 모르는 상태에서 소극적으로 행동할 수밖에 없고 그런 아이의 모습에 엄마는 분명 실망하거나 화를 낼 수밖에 없습니다. 정말 백해무익한 일입니다.

그런데 문제는 엄마의 진심과 욕심을 제대로 구분하지 못하는 후배 엄마들입니다. 나중에 아이에게 문제가 나타나고 나서야 깨닫습니다. 경쟁적인 분위기에 사로잡히기 쉬운 도시 아파트 지역의 고립된 엄마들은 그래서 위태롭습니다.

후배 엄마가 잘못을 미리 알고 피할 수 있다면 얼마나 좋을까요? 하지만 뒤늦게 자신의 욕심이 화근이었다는 사실을 깨달은 후배 엄마, 아니 이제 선배가 된 엄마들은 침묵합니다. 자신이 깨달은 사실을 말하지 않습니다. 말하고 싶어도 주변에서 창피만 당할 뿐 아무도 진지하게 들어주지 않을 것 같기 때문입니다. 자신의 잘못으로 엉망이 된 아이의 모습을 엄마로서 솔직히 인정하고, 창피하고 부끄럽고 한이 되지만 후배 엄마들에게 자기처럼은 하지 말라고 조언하는 게 어찌 쉬운 일이겠습니까? 아마도 엄마로서 가장 하기 어려운 고백일 것이라는 생각이 듭니다.

공동체 마을의 엄마들에게서는 사뭇 다른 분위기를 느꼈습니다. 서로 견제하면서 약점은 숨기고, 장점만 자랑하는 분위기에서는 대부분의 엄마들이 불안해합니다. 다른 엄마들은 다들 애를 잘 키우는 것 같은데 자신만 헤매고 있다는 느낌이 들기 때문이죠. 자신만 약점투성이인 엄마처럼 여겨집니다. 다른 엄마들도 사정은 비슷한데 약점을 숨기고 멀쩡한 척하는 사정을 알리가 없습니다. 하지만 서로 믿고 의지하는, 진정한 이웃으로 함께 웃고 우는 엄마들끼리 만나면 분위기는 달라집니다. 엄마로서 겪는 아픔과 어려움을 솔직하게 고백하고 도움을 청합니다. 자기만 문제 엄마라고 생각했다가 대부분의 엄마들이 겪는 문제라는 사실을 알게 되면 안심이 되고 의욕도 생깁니다. 특히 충분히 시행착오를 겪은 선배 엄마들에게 많은 것을 배울 수 있습니다. 잔뜩 아이에게 욕심을 부렸다가 큰코다친 실패 사례는 그 어떤 책이나 전문가, 교육, 성공 사례보다 살아있는 지혜가 됩니다. 가슴 아픈 사연을 품고 있지만 후배 엄마들이 예정된 실패의 길로 가지 않기를 간절한 바라는 선배 엄마를 만나면 아주 큰 힘이 됩니다. 망망대해에서 표류하다가 나침반을 얻은 기분이라고 말하는 엄마들도 있습니다.

충남 지역 한 마을의 이야기도 소개합니다. 이곳에서는 아이 성적에 집착하는 엄마들이 오히려 소외되는 분위기입니다. 엄마가 아이 성적에 신경 쓴다고 성적이 잘 나오는 것도 아닌데, 엄마는 신경 쓰고 아이는 스트레스 받을 필요가 없다고들 말합니다. 엄마가 신경 써야 할 것은 아이가 입시 때문에 스트레스받고 위축되지 않도록, 많이 꿈꾸고 경험하면서 자신의 길을 스스로 찾아갈 수 있도록 욕심을 자제하는 것이라고 생각합니다. 학벌과 직업에 매달리는 일이 부질없다고 생각하는 부모들이 대세를 이루고 있습니다. 아무리 좋은 직장에 다니고 안정적인 수입이 보장되더라도 행복하지 않으면 허무한 삶이라고 말합니다.

서로 돕고 사는 것이 잘사는 것이지, 혼자만 잘살면 무슨 소용이냐고 생각합니다. 남보다 가진 게 아무리 많아도 서로 나눌 줄 모르면 오히려 가난한 사람이고 불쌍한 삶이라고 합니다. 엄마가 노력해야 할 것은 아이가 자기만 아는 이기적인 사람이 되지 않도록, 나눔과 봉사의 기쁨을 아이와 함께 누려야 한다고 생각하는 마을이었습니다.

신도시 엄마들이 살벌한 전쟁터에서 살아남기 위해 악전고투하고 있다면 공동체 마을의 엄마들은 평화로운 마을에서 행복하고 쉬운 엄마의 길을 가고 있었습니다.

상류층 학부모 문화

《부모의 권위》•라는 책을 읽었습니다. 제목 앞에 붙은 부제, '늦기 전에 반드시 되찾아야 할'이라는 말이 눈에 들어왔습니다. '늦기 전에 반드시 깨달아야 할'이라는 표현으로 바꾸고 싶었습니다. 독일에서 30년 넘게 교직에 있었던 저자는 학교 현장을 힘들게 만드는 요인으로 '응석이 심한 아이들', '자기밖에 모르는 아이들' 문제에 주목했습니다. 오랜 관찰과 연구 끝에 그 배후에 헬리콥터 부모가 있다는 사실을 밝혀내고 독일 사회에 문제를 제기한 책입니다. 독일의 권위 있는 신문에 헬리콥터 부모들의 잘못된 자녀 교육 행태를 비판하는 칼럼을 써서 반향을 일으켰다고 합니다. 저는 우선 '헬리콥터'라는 표현을 쓴 게 신기했습니다. 그리고 책을 읽으면서 깜짝 놀랐습니다. 우리나라의 교육 현

• 요세프 크라우스, (2014). 《부모의 권위》, 푸른숲.

실과 너무도 비슷했기 때문입니다. 책의 목차입니다.

1장 : 권위 있는 부모는 상술에 속지 않는다

2장 : 권위 있는 부모는 아이를 단단하게 키운다

3장 : 권위 있는 부모는 아이를 부족하게 키운다

4장 : 권위 있는 부모는 아이에게 집착하지 않는다

5장 : 권위 있는 부모는 상처 주지 않고 꾸짖는다

6장 : 권위 있는 부모는 아이에게 휘둘리지 않는다

'권위 있는 부모'라는 말을 '부모의 진심'으로 바꾸면 이 책의 핵심 내용과 별반 다르지 않습니다. 가끔 이 목차를 엄마들에게 보여주고 어떤 나라의 이야기일지 물어보면 대부분 우리나라라고 답합니다. 독일 이야기라고는 상상도 못합니다. 그렇다면 독일의 교육 현실, 부모의 처지와 역할도 우리와 비슷할까요? 결코 그렇지 않습니다. 독일의 학부모 문화와 그 문제점에 관한 책이 아닙니다. 독일의 일부 학부모 문화와 그 병폐를 고발한 책입니다. 굳이 학부모 문화를 상류층 문화와 중산층 문화로 구분하자면, 이 책은 일부 상류층의 비뚤어진 학부모 문화를 고발했다고 볼 수 있습니다. 독일 중산층의 건강한 학부모 문화와 분명 구분되는 이야기를 하고 있습니다. 그렇다면 과연 우리나라 상류층과 중산층 학부모 문화는 어떻게 다를까요? 독일처럼 서로 다른 문화가 존재할까요?

연구하는 학자는 아니지만, 수많은 부모들을 만나온 저로서는 잘 압니다. 한국의 학부모 문화에 중산층의 문화는 없다는 사실을요. 앞에서 지적한 것처럼 우리나라에 존재하는 학부모 문화는 모두 상류층의 문화입니다. 사교육 지향의 문화는 마음껏 사교육을 구매할 수 있는 경제력이 있는 상류층이 만든 문화입니다. 엄마 주도 문화는 먹고살 걱정 없이 아이 교육에 올인할 수 있는 한가한 상류층이 만든 문화입니다. 성적 지향 문화는 아이 성적에 매달렸다가 아이의 진로가 망가져도 별 상관없는, 돈으로 해결할 수 있다고 믿는 상류층이 만든 문화입니다. 정보 의존 문화는 정보 사냥을 위해 많은 시간을 낭비해도 일상생활에 지장이 없는 상류층이 만든 문화입니다. 그렇게 상류층이 만든, 어찌 보면 상류층에게만 유리한 문화가 대한민국 엄마 모두를 장악하고 있습니다. 하층은 물론 중산층도 당연히 불리할 수밖에 없는 문화를 모두 좇고 있습니다.

흔들리는 중산층

자신이 돈 많은 상류층 엄마가 아니라면 경제적 부담을 덜 수 있는 방법을 찾는 게 정상입니다. 가급적 비용은 줄이면서 효과적인 방법을 찾아야 하고, 결국 사교육보다는 공교육과 자기주도 학습에 더 관심을 가져야 합니다. 자신이 한가한 상류층 엄마가 아니라면 엄마 주도보다는 아이 주도성을 인정하는 게 정상입니다. 아이 스스로 자신의 문제를 해결할 수 있도록, 아이와 소통하고 협력하는 방법에 더 관심을 가져야 합니다. 자신이 충분한 유산을 물려줄 수 있는 상류층이 아니라면 아이의 성적보다는 진로 개척에 관심을 갖는 게 정상입니다. 아이에게 바늘구멍처럼 좁은 경쟁에서 승자가 되라고 요구하기보다는 자신의 재능과 적성을 살려 먹고살아야 한다고 말해야 합니다. 자신이 얻은 정보대로 아이를 마음껏 주무를 수 있는 상류층 엄마가 아니라면, 작은 것이라도 아이가 꼭 필요로 하는 것에 관심을 갖고 부족하지만 덜 부족하게라도 채워주기 위해 노력하는 것이 정상입니다.

만약 중산층도 아닌 하층 엄마라면 사교육 지향 문화에 주눅 들지 않고 학교 공부만으로도 성공할 수 있는 방법에 관심을 갖는 게 정상입니다. 엄마 주도의 문화에 위축되지 않고 아이 스스로 할 수 있는 일에 관심을 기울이고 부족하게나마 도움을 주기 위해 노력하는 게 정상입니다. 성적 지향 문화에 위협을 느끼지 않고 성적 때문에 아이가 위축되지 않도록 열심히 위로하고 격려하는 게 정상입니다. 정보 의존 문화에 휩쓸리지 않고 아이 마음에 상처가 생기지 않도록 정성껏 보살피는 게 정상입니다.

하지만 우리나라의 하층 엄마들은 상류층 엄마들을 보면서 좌절하고 포기하는 것 같습니다. 중산층 엄마들은 자신에게 맞는 문화를 만들고 지키기 위해 노력하는 것이 아니라 상류층 엄마 코스프레에 여념이 없습니다. 참으로 안타까운 일입니다. 더는 개천에서 용이 나지 않는 시대라고 흔히들 말합니다. 분명 예전보다 아이의 성공에 부모의 경제력과 정보력이 큰 영향을 미치는 것은 사실입니다. 하지만 그런 현실적인 조건의 차이가 전부는 아닙니다. 만약 아직도 개천이 썩지 않고 깨끗하다면, 비록 먹고살기 힘들어 아이 교육에는 조금도 신경 쓰지 못하지만 여전히 희망을 잃지 않고 부모로서 해야 할 기본적인 도리, 예를 들어 돈이 들지 않는 사랑과 존중, 공감의 역할을 충실히 한다면 상황은 달라집니다. 저는 개천 자체에 문제가 있는 것이 아니라 개천이 썩은 것이 문제라고 생각합니다. 드물지만 여전히 건강한 개천에서 용이 되기 위해 노력하는 아이들과 상류층 학부모 문화에 굴복하지 않은 부모들의 의연함을 만날 때가 있습니다.

중산층 엄마들의 처지는 더 안타깝습니다. 일단 상류층 엄마들과 경쟁하느라 아이를 사교육 뺑뺑이로 돌리다 보면 결국은 버티지 못하는 아이들에게 문제가 나타납니다. 아이에게 틱이나 ADHD, 우울증과 온갖 중독증이 나타나면 상류층 엄마들은 당연히 고가인 각종 치료에 들어갑니다. 중산층은 더 이상 따라 하기가 어려운 처지가 됩니다. 사춘기에 접어들어 아이가 엄마의 관리에 반발하기 시작하면 상류층은 더 세련된 관리에 아이를 맡길 수 있습니다. 아예 통째로 아이 관리를 위탁하는 사교육 대리모*를 쓸 수도 있습니다.

중산층 엄마들은 처음부터 잘못된 길에 접어들었다는 사실을 알아야 합니다. 상류층 코스프레에 정신이 팔린 대부분의 중산층 엄마들은 결국 가랑이가 찢어집니다. 자신의 처지에 맞는 방법을 찾아야 합니다. 비슷한 처지와 가치관을 지닌 엄마들끼리 함께 뜻을 모아 길을 열어야 합니다. 그렇게 건강한 중산층 학부모 문화를 만들어야 합니다. 엄마 혼자서는 아무리 노력해도 결국 상류층 문화의 공세에 버틸 수 없습니다. 상류층 코스프레는 일단 쉽게 따라 할 수 있지만, 후유증과 부작용이 워낙 심하고 지속 가능하지도 않습니다. 상류층 코스프레를 마치 엄마의 진심이라고 착각하고 있는 엄마들과 이별해야 합니다. 다른 엄마들을 만나야 합니다. 비슷한 처지의 엄마들과 합심하여 무리하지 않는 엄마 역할, 쉽고 열심히 실천할 수 있는 엄마 역할을 찾아야 합니다.

* 아이를 대신 낳아주는 대리모가 아니라 아이 교육을 대신해주는 대리모를 말한다. 월 천만 원 정도의 비용이 든다고 한다. 〈세계일보〉, 2013년 3월 1일.

다른 엄마들처럼 아이에게 좋은 기회를 제공하지 못한다는 생각에 많이 괴로웠습니다. 능력이 부족한 엄마를 만나 아이가 제대로 피지도 못하고 시드는 것 같아 미안한 마음이 컸습니다. 하지만 소장님 말씀을 듣고 그게 다 상류층 코스프레 때문이라는 생각을 했습니다. 마음이 많이 편해졌고 비슷한 생각을 가진 엄마들을 만나면서 저도 충분히 훌륭한 엄마가 될 수 있다는 자신감도 생겼습니다. 지금은 남보다 좋은 것을 주는 엄마가 좋은 엄마가 아니라, 아이가 원하는 것을 주는 엄마가 좋은 엄마라고 생각합니다. 남보다 정보가 많은 엄마가 좋은 엄마가 아니라, 아이 말을 잘 들어주는 엄마가 좋은 엄마라고 생각합니다. 아이 공부를 잘 도와주는 엄마가 좋은 엄마가 아니라, 아이가 공부 때문에 좌절하지 않도록 믿어주는 엄마가 좋은 엄마라고 생각합니다. 아이의 미래를 걱정하는 엄마가 좋은 엄마가 아니라, 아이의 꿈을 믿고 응원하는 엄마가 좋은 엄마라고 생각합니다. 저는 이미 충분히 좋은 엄마였습니다. 그렇게 말해주는 엄마들이 있어 이제는 더 이상 흔들리지 않을 것 같습니다. _ 서울 금천

고립된 상태에서 혼자 있으면 상류층 문화의 공세를 당해내지 못합니다. 비슷한 처지의 엄마들끼리 모여야 합니다. 중산층이 합심하여 새로운 학부모 문화를 만들어야 할 때입니다.

담쟁이 넝쿨의 작은 잎처럼

지금 우리나라는 중산층이 크게 흔들리고 있다고 합니다. 저도 중산층 엄마들이 상류층 엄마들을 따라 하느라 점점 더 어려움을 겪고 있다는 사실을 부모 교육을 할 때마다 확인할 수 있습니다. 상류층 코스

프레를 하지 못해 안달이 난 중산층 엄마들이 빠르게 줄고 있고, 반면 새로운 길을 찾아 나선 엄마들이 빠르게 늘고 있습니다. 하지만 대한민국 엄마를 모두 장악하고 있는 상류층 학부모 문화에서 벗어나는 것이 그리 쉬운 일은 아닙니다. 새로운 탈출구를 찾으려고 애써보지만 쉽지 않은 엄마들의 사정이 강의평가서에 자주 보입니다.

참! 머리로는, 마음으로는 이해하지만 일상으로 돌아오면 행동으로 이어지지 않습니다. _ 충남 아산

저도 자녀 교육에 대한 확실한 길을 찾고, 그 길로 직진할 수 있는 의지가 있었으면 좋겠습니다. 늘 의심하고 흔들리고 부화뇌동합니다. 수련이 더 필요합니다. _ 경기 화성

이미 오염이 되었다면, 오염된 마음을 닦아내는 수련이 아니라 평소 오염원으로부터 멀어지려는 노력이 더 중요하고 효과적입니다. 부모교육을 하면서 말미에 자주 하는 말이 있습니다. "이웃을 사랑하되 옆집 엄마는 조심하라는 말이 있습니다. 지금 당장 스마트폰에서 만나면 불안해지는 이웃 열 명을 삭제하세요. 그것만이 살길입니다." 제 말을 듣고 그대로 실천한 엄마가 말합니다.

초등학교 1학년 때 의도치 않게 엄마들을 만나면서 너무 많은 정보에 휘둘리는 게 힘들어 소장님 말씀처럼 전화번호 몇 개를 지웠습니다. 그랬더니 아이에게 집중하는 시간도 많아지고 저도 혼자만의 시간을 즐기며 힐링하는 생활로 돌아왔습니다. 오늘 등교 전에 꼭 안아주며 "사랑해"라고 말했던 시간이 더욱

소중하게 느껴졌습니다. _ 광주

제가 부모 교육의 결론 부분에서 자주 인용하는 말이 있습니다. 오마에 겐이치*라는 일본의 한 경제학자가 한 말입니다

> 인간을 바꾸는 방법은 세 가지밖에 없다. 시간을 달리 쓰는 것, 사는 곳을 바꾸는 것, 새로운 사람을 사귀는 것. 이 세 가지 방법이 아니면 사람은 바뀌지 않는다. '새로운 결심을 하는 것'은 가장 무의미한 행위다.

정말 맞는 말입니다. 오마에 겐이치는 보통 사람들이 변화의 필요성을 느낄 때 그 출발점으로 삼는 '결심'이 부질없는 짓이라고 지적합니다. 욕심에서 벗어나 진심을 회복하고 싶은 엄마들도 처음에는 결심을 합니다. 하지만 대부분 결심대로 실천하지 못합니다. 눈물을 흘리면서 부모로서 살 것을 결심했지만 다시 학부모로 돌아간 자신을 보면서 반성하고 더 굳은 결심을 하지만 여전히 달라지지 않습니다. 왜 그런 걸까요? 굳은 결심이 아니라서? 결심을 실천할 만큼 의지가 없어서? 그것도 아니면 원래 변화를 위한 실천이 어렵기 때문일까요?

아닙니다. 일상에서 자신도 모르게 주로 하는 일의 대부분이 결심한 내용과 반대되는 일이기 때문입니다. 결심을 실천하기가 어려운 곳에 살기 때문입니다. 결심을 방해하는 사람들을 주로 만나기 때문입니다. 아이가 원하지 않는 사교육을 끊고 싶지만 아이가 원하는 것이 무엇인지 알기 위한 행동을 하지 않습니다. 더 이상 불안하지 않고 걱정에서

* 오마에 겐이지, (1943~) : 원자력 공학박사, 스탠퍼드대 객원교수, 맥킨지 재팬 회장.

도 벗어나고 싶지만 불안과 걱정이 지배하는 동네에서 벗어나려고 하지 않기 때문입니다. 아이를 믿고 기다려주고 싶지만 아이를 믿으면 망친다고, 기다리면 더 어렵게 된다고 말하는 사람을 계속 만나고 있기 때문입니다.

원인은 그대로 두고 결과만 바꾸려고 하는데 어떻게 성공할 수 있을까요? 학부모로서 지금까지 주로 아이에게 했던 일을 멈추고, 부모로서 해야 할 일을 제대로 찾아야 달라질 수 있습니다. 남들 다 보내니까 학원에 보내고 집에 오면 숙제를 관리하는 일을 일단 멈추고, 아이가 정말 원하는 것이 무엇인지 묻고 확인하고 엄마로서 도와줄 수 있는 일이 무엇인지 알고 실천해야 달라집니다. 당장 이사 갈 수는 없어도 학원이 밀집된 지역에 가면 괜히 불안해지는 자신을 발견하고, 동네에 다니는 학원 버스와 광고지를 보면 걱정이 커지는 자신을 알아차리고, 그런 환경과 영향력으로부터 벗어나기 위해 노력해야 달라집니다. 만나면 온갖 정보를 들먹이고 은근히 자기 자랑, 아이 자랑하기에 바쁜 엄마들을 만나면 한편으로는 우습게 여기면서도 한편으로는 경쟁심에 사로잡히는 자신을 알아차리고, 비슷한 처지에 공감하고 위로하는 다른 엄마들을 찾고 만나야 달라집니다.

부모 교육을 받아도 약효가 오래가지 않는다는 엄마들, 실천하기가 어렵다는 엄마들, 그래서 결국 자기 탓을 하던 엄마들이 모여 불안과 걱정을 나누는 자리를 마련해보았습니다. 불안과 걱정이 정말 엄마의 진심인지 아니면 학부모 문화가 조장한 욕심인지 알고자 했습니다.

모인 엄마들은 혼자였다면 정말 불안했을 텐데 모두 불안하다는 사실을 알고 나니 위안이 된다고 했습니다. 혼자였다면 자신에게 문제가 있다고 생각했을 텐데 모두 비슷한 문제로 고민하고 있다는 걸 알게 되니 엄마 개인의 문제가 아니라 우리 사회의 문제, 바로 학부모 문화 탓이라는 사실을 확실히 깨닫게 되었다고 했습니다. 혼자였다면 차라리 대세를 따르는 편이 낫지, 대세를 거스를 생각조차 하기 힘들었을 텐데 함께 노력하는 엄마들이 있어서 자신감이 생긴다고 했습니다. 그렇게 더 이상 혼자만의 결심이 아니라, 함께 모여 대세를 장악하고 있는 학부모 문화로부터 함께 탈출하고자 노력하는 동안 정말 많이 달라졌다고 합니다. "이제 더 이상 불안하지 않습니다. 오히려 안도감이 듭니다.", "이제 더 이상 걱정하지 않습니다. 오히려 희망이 생깁니다.", "같은 길을 가는 엄마들이 있어서 마음 든든합니다." 엄마 혼자서는 아무리 도를 닦고 반성하고 눈물을 흘려도 얻을 수 없는 소중한 체험이 바로 합심할 수 있는 엄마들과 만났을 때 비로소 얻게 되는 편안함, 안도감, 자신감입니다.

합심 체험의 효과를 몸소 경험한 한 엄마의 글을 소개합니다.

예전에 읽은 시의 한 구절이 생각납니다. 담쟁이의 잎 하나하나는 작고 연약하여 거대한 벽을 혼자 넘을 수는 없지만 담쟁이 넝쿨로 함께 거대한 벽을 넘을 수 있음을 노래한 시였습니다. 그 시를 읽으며 많은 위로를 받은 적이 있습니다.

한국에서 학부모로 살아간다는 것이 얼마나 힘든 일인지 시간이 지날수록 뼈저리게 느낍니다. 아이가 행복하길 바라고 건강하게 자라길 바라지 않는 엄마가 어디 있을까요? 그런데 과거의 경험이 엄마들을 끌고 가는 것을 자주 봅니다. 공부를 잘했던 과거 경험과 잘하지 못해 힘들었던 경험 모두가 각자의 논리가 되어 아이들을 끌고 가는 것입니다.
공부를 잘하지 못하면서 행복할 수 있을지, 특히 경쟁 구도가 확고히 자리 잡고 있는 우리나라와 같은 사회에서 과연 뒤처지는 아이가 행복할 수 있을지 많은 엄마들이 걱정하는 것처럼 저 역시 같은 고민을 했습니다. 특목고나 자사고를 가지 못하고 일반고를 갔을 때 벌써 희망이 없다고 말하는 엄마들을 만나며 저 역시 불안감을 떨쳐버릴 수 없었습니다. 그리고 소수의 학생들만이 살아남을 수밖에 없는 입시 경쟁 구도에서 나머지 90퍼센트 학생들이 루저로 살아가야 하는 현실에서 엄마들은 갈 길을 찾지 못하고, 어떻게 해서든 강남 엄마들처럼 무리하게 사교육에 투자하다 '에듀퓨어'로서 노년을 힘들게 살아가야 하는 우리 현실을 바로 보게 되었습니다.
그러나 그런 엄마들이 함께 모여 공부를 하면서 생각들이 변하기 시작했습니다. 우리의 교육 현실을 똑바로 볼 수 있게 된 거죠. 우리에게 들려오는 많은 얘기는 사교육의 논리로써 우리에게 불안을 가중시키고 있다는 것을 다시 한 번 깊이 깨닫게 되었습니다. 특목고나 자사고를 가는 게 물론 좋지만 그건 엄마 몫이 아니라 아이 몫이라고 생각하니 마음이 편해졌습니다. 입시 경쟁에서 진다고 영원한 루저가 되는 것이 아니라, 오히려 입시에 성공하고 인생에 실패하지 않도록 조심해야 하는 것이 엄마의 역할이라는 생각도 하게 되었습니다. 그런 가운데 나와 같은 생각을 가진 사람들을 만나 함께 고민을 나누며 함께 정말 살길이 무엇인지 고민하는 것은 큰 힘이 되었습니다. 같은 문제의식을 가지고 함께 고민하며 함께 격려할 때 불안감이 감소하고 정말 중요한 것이 무엇인지 분별할 수 있는 힘을 갖게 된다는 것은 정말 합심의 힘이었습니다.

특히 박재원 소장님의 강의를 꾸준히 듣고 엄마들과 함께 토론하는 시간을 가진 것은 정말 큰 도움이 되었습니다. 다들 '이건 아닌 것 같은데' 하면서도 들려오는 너무 많은 성공 신화와 달콤한 사교육의 유혹에서 자유롭기는 거의 불가능합니다. 매달 수행평가와 단원평가, 중간고사와 기말고사 경시대회 등 수많은 시험 속에 살아가는 우리 현실에서 성적을 초월해서 살아가는 것이 가능할까요? 절대로 혼자서 견디어 낼 수 없습니다. 매주 모여서 고민하고 함께 붙들어주지 않으면 떠내려갈 수밖에 없습니다. 조금은 흔들리고 낙심해도 옆에서 붙들어준다면 다시 전열을 정비할 수 있습니다. 그렇기에 우리는 계속 모여야 합니다. 작은 담쟁이 잎사귀처럼 보였던 우리가 함께 엮여 힘을 모을 때 그 거대한 벽을 넘을 수 있게 되기를 소망합니다.

_서울 마포에서, 진수 엄마 올림

박재원 소장에게 묻고 답하다

학부모들 주변에는 온갖 전문가들이 있습니다. 물론 엄마들이 전문가들에게 받는 도움도 있지만, 그에 못지않은 부작용도 크다는 것을 매일 느끼고 있습니다. 그런 모습들을 보면서 저 만큼은 전문가가 아닌 학부모 대변인 역할에 충실하며 부모 교육을 하고자 노력해왔습니다. 이 책을 쓸 때도 마찬가지 마음이었습니다. 원고를 완성한 뒤에도 저자가 아닌 이 책의 독자인 엄마들의 입장에서 다시 원고를 보려고 노력했습니다. 쓸 때는 몰랐는데 엄마들의 입장에서 보니, 몇 가지 의문점이 생길 것 같았습니다. 엄마들이 궁금해할 수 있는 것들에 답하는 것이 마무리에 좋겠다는 생각이 들어 몇 가지 질문과 답을 덧붙입니다.

Q1. 제목만 봐서는 교육 평론집인지 자녀교육서인지 구분이 모호합니다.

"방향 없이 방법을 선택하면 혼란에 빠집니다. 즉, 교육 평론에 관한 지식 없이 자녀 교육을 선택하면 혼란에 빠집니다."

상담과 부모 교육을 통해 참 많은 엄마들을 만났습니다. "상담이 참 좋았어요.", "강의를 듣고 정말 제 자신이 변해야겠다는 생각이 들었어요"라는 이야기를 숱하게 들었지만 안주할 수 없었습니다. 얼마 지나지 않아 다시 찾아오는 엄마들을 보면서 '약효'가 오래가지 않는다는 것을 깨닫고, 이를 해결하고자 계속 노력했습니다. 많은 시행착오를 거쳐 깨달은 것이 있습니다. '문제는 엄마들에게 있는 것이 아니라 학부모 문화에 있다!' 아무리 제가 상담을 잘하고 그럴듯한 교육을 해도 엄마 개인의 노력만으로는 집단의 문화에서 벗어나는 일은 사실상 불가능하다는 것을 알게 되었습니다. 그러나 이번에는 학부모 문화가 무엇이고 어떤 악영향을 미치는지 엄마들에게 설명해주었더니 엄마들이 정말 달라졌습니다. 달라진 엄마들이 이렇게 말합니다.

> 혼자만의 노력으로 엄마 역할 잘 하기는 정말 어렵습니다. 도를 닦는 심정으로 아이들에게 화내지 않으려고 애써도 달라지지 않더라고요. 하지만 비슷한 처지의 엄마들끼리 서로 위로하고 격려하고 고민을 나누다 보니 흔들리지 않게 되었습니다. 불쑥 불안감에 사로잡히고 화가 치밀 때도 비슷한 생각을 가진 엄마들 곁에 있으면 서로 다독이면서 일관성을 지킬 수 있었습니다. 다행스럽게도 아직까지 공든 탑이 무너지는 것

처럼 원위치로 돌아가지 않고 있습니다.

'부모'로 살고 싶은 마음이 아무리 강해도, 혼자인 상태에서 학부모 문화에 노출되면 결국 '학부모'로 살아갈 수밖에 없습니다. 그렇게 만든 사회적 요인을 제대로 파악하고 대처하지 못한다면, 도로 아미타불이 되고 맙니다. 이 책은 엄마들이 진정 바라는 행복한 엄마 역할을 안내하는 자녀교육서입니다. 하지만 엄마들을 불안과 혼란에 빠뜨리는 학부모 문화를 비판하는 교육 평론도 동시에 담고 있습니다. 교육 평론을 통해 엄마로서 올바른 방향을 잡고 그 방향으로 나아갈 수 있는 징검다리를 놓아, 자신감 있고 유능한 엄마가 되는 길로 안내하는 책입니다.

Q2. 아빠 역할도 중요한데 왜 굳이 엄마에게 초점을 맞춘 건가요?

"엄마가 행복해야 가족이 행복하고 아이가 성공합니다."

프롤로그에서도 말했듯이 저의 처음 직업은 주로 아이들의 공부를 돕는 일이었습니다. 우연한 기회로 엄마들을 대상으로 한 교육과 상담을 하게 되었고, 그 일이 아빠와 가족으로 확장되었다가, 지금은 다시 엄마들에게 돌아왔습니다. 엄마들이 가장 아프기 때문입니다. 나름 아이를 위해 최선을 다했지만 돌아온 것은 자책과 눈물…, 그런 가슴 아픈 사연들이 저를 붙잡고 있습니다.

여섯 살 때 이미 아이에게 수학 3학년 선행을 시켰던 바보 같은 엄마입니다. 모든 것이 헝클어진 아이보다 더 아이 같은 이 엄마는 상처받은 아이를 바라만 보고 있습니다. _ 경기 화성

제 아이는 초등학교 때 엄마 손에 이끌려 제대로 놀지도 못하고 공부만 했다고 자긴 너무 바보같이 살았다고 합니다. 갈수록 사이가 나빠져 아이는 게임으로 점점 빠져들었고, 방 얻어서 혼자 살고 싶다는 말을 습관처럼 합니다. 저를 쳐다보기도 싫다는 아이 앞에서 수없이 울어도 봤지만 아이는 변하지 않았습니다. 어떻게 해야 할까요? 매일 눈물 속에 하루하루를 보냅니다. _ 서울 강남

우는 엄마, 자신을 원망하는 엄마부터 돕고, 그 아픔을 먼저 어루만져줘야 한다고 생각했습니다. 엄마들이 행복하고 건강해야 합니다. 엄마들이 더 이상 혼란스럽지 않고 중심을 잘 잡아야 아이 교육 문제도, 아빠 역할 문제도 제대로 해결할 수 있습니다. 안 그래도 힘들고 어려운 엄마들에게 더 부담을 주는 것은 아닌가 하는 오해가 있을까 걱정되기도 합니다. 과중한 엄마 역할을 어떻게 해야 다른 가족들에게 분산시킬 수 있을 것인가의 문제는 제가 꼭 해결하고 싶은 과제이지만 이 책에서는 다루지 못했습니다.

Q3. 엄마들에게는 정보가 넘쳐납니다. 굳이 돈과 시간을 투자해 이 책을 읽어야 하는 이유가 있나요?

“이 책은 엄마가 돈을 덜 쓰고 정보를 덜 찾아야 아이가 행복할 수

있다는 흔치 않은 이야기를 담은 책입니다."

예전과 달리 더는 개천에서 용이 나지 않는 세상이 되었다고 합니다. 부모의 경제력과 정보력이 대물림되는 사회라고 쉽게 말합니다. 지금 우리 사회의 문제점을 지적하는 말이라면 저도 동의합니다. 하지만 부모들은 그 말을 곧이곧대로 믿으면 안 된다고 생각합니다. 엄마와 아이 사이에 가장 소중한 것을 놓칠 수 있기 때문입니다.

> 부모 역할에서 진짜 아이러니는 바로 돈과 시간과 노력이 반비례로 나타나고 사랑과 믿음은 정비례로 나타난다는 것이다. _ID : 예쁜발

한 엄마의 경험담입니다. 저는 이 엄마의 소중한 이야기가 진실임을 입증하기 위해 노력해왔습니다. 그리고 이 책에서 입증했다고 믿습니다. 부모들의 희망이어야 할 아이 교육조차 양극화가 심해진 현실을 직시해야 합니다. 불합리한 현실을 개선하기 위한 노력이 꼭 필요합니다. 저는 사회적 기준으로 보면 오히려 불리한 엄마가 맞지만, 돈 많고 똑똑한 엄마보다 오히려 아이를 잘 가르치고 키우는 훌륭한 엄마들을 많이 만났습니다. 사회는 삭막하고 전쟁터 같지만 집안 분위기는 화목하고 행복한 가족을 많이 만났습니다.

돈 없고 백 없으면 부모 노릇 제대로 하기 어렵다는 이야기, 그런 얘기에 많은 부모들이 희망을 잃고 있습니다. 부모가 먼저 희망을 포기하면 아이들은 어떻게 되는 걸까요? 이 책은 부모들에게 희망이 되는 이야기, 특히 희망과 함께 대안을 주는 엄마들의 이야기를 담았습니다. 지금 우리 사회에 꼭 필요한 이야기라고 믿고 있습니다.

Q4. 저자로서가 아니라 한 아이의 부모로서 이 책에서 말하는 내용처럼 살고 있나요?

"언행일치를 위해 늘 노력하는 저의 앎이 아닌 삶의 이야기입니다."

제 강의를 듣고 노골적으로 질문하는 엄마들이 있습니다. 강의평가서에서도 가끔 봅니다. 표현은 에둘렀지만 요지는 분명합니다. "당신, 전문가로서 하는 말과 부모로서 하는 행동이 일치하느냐?" 저도 미숙하고 서툰 부모로 시작했지만 늘 언행일치를 위해 노력하고 있습니다.

한 방송국에서 집에 촬영을 왔다가 제 딸에게 묻더군요. "집에서 아빠가 너에게 잔소리 안 하시니?" "네." 딸의 짧은 답을 듣고 피디가 다시 말합니다. "정말? 솔직히 말해주면 좋겠는데…." 부모들에게 잔소리는 백해무익하다고 늘 말하고 저도 실천하고 있다고 생각하지만 혹시 아이 입장에서 보면 잔소리처럼 들릴 수 있는 말을 하진 않았을까, 하는 생각에 옆에서 지켜보면서 살짝 긴장했는데 이내 안심할 수 있었습니다.

제 딸이 대학 입시를 준비할 때 쓴 자기소개서를 본 적이 있습니다. '지금까지 저희 아빠는 저에게 이래라 저래라 하신 적이 한 번도 없습니다.' 첫 구절이었는데 갑자기 딸에게 고마운 마음이 들었던 기억이 납니다.

지금도 학생들에게 학습 코칭을 할 때 가끔 하는 말입니다. "내가 누렸던 행복한 고3 시절을 여러분들도 꼭 누렸으면 좋겠다." 같은 맥락에서 부모님들에게도 이렇게 말합니다. "같은 부모로서 저의 삶을 여러분들에게 선물하고 싶습니다. 정말 편하고 좋습니다." 저는 늘 부모 교육은 앎이 아니라 삶의 문제라고 말합니다. 앎에 도움이 되는 이론이 아니라 현실에 도움이 되는 삶의 이야기를 전하고 있습니다. 이 책에는 제가 직접 실천하고 경험한 이야기, 저와 뜻을 같이 하는 많은 엄마들의 변화된 삶의 이야기를 담았습니다. 사실 늘 바빠서 정작 저희 집에는 많이 소홀했는데, 전문가뿐 아니라 부모로서도 당당하게 제 삶을 엄마들과 나눌 수 있게 잘 살아준 제 가족, 아내와 아들, 딸에게 늘 고맙습니다.

Q5. 책 보고 교육받는다고 달라지지 않는다고 말하는 엄마들이 많은데 어떻게 생각하나요?

"순리에 따르면 됩니다. 책과 교육의 한계가 아니라 내용이 문제입니다."

엄마들에게 과제를 냈습니다. '세상이 말하는 좋은 엄마와 내가 생각하는 좋은 엄마는?' 많은 엄마들이 공감한 내용을 몇 가지 골라봤습니다.

- 세상은 아이가 공부를 잘할 때 좋은 엄마라고 하지만, 나는 아이가 행복할 때 좋은 엄마입니다.
- 세상은 아이를 잘 관리하는 엄마를 좋은 엄마라고 하지만, 나는 아이가 자율적으로 행동하도록 돕는 엄마가 좋은 엄마라고 생각합니다.
- 세상은 경제력과 정보력이 있는 똑똑한 엄마를 좋은 엄마라고 하지

만, 나는 밥 잘해주는 엄마를 좋은 엄마라고 생각합니다.

- 세상은 아이에게 목표를 정해주고 이끌어주는 엄마를 좋은 엄마라고 하지만, 나는 지금 행복한 엄마가 좋은 엄마라고 생각합니다.
- 세상은 아이 앞에서 올바른 모습만을 보이는 엄마를 좋은 엄마라고 하지만, 나는 실수도 하고 인정도 할 줄 아는 엄마를 좋은 엄마라고 생각합니다.

엄마들에게 질문했습니다. "왜 세상이 말하는 좋은 엄마와 엄마들이 생각하는 좋은 엄마가 다른 걸까요?" 답하는 엄마들이 없었습니다. 다시 물었습니다. "그러면 평소에 세상이 말하는 좋은 엄마가 되기 위해 노력하나요, 아니면 본인이 생각하는 좋은 엄마가 되려고 노력하나요?" 잠시 고민하던 엄마들이 조그마한 목소리로 세상이 말하는 좋은 엄마가 되려고 노력한다고 답했습니다. 다시 물었습니다. "아이들은 세상이 말하는 좋은 엄마를 원할까요, 아니면 엄마가 생각하는 좋은 엄마를 원할까요?" 조금 더 커진 목소리로 엄마가 생각하는 좋은 엄마를 원할 것이라고 답했습니다. 마지막으로 물었습니다. "그러면 지금 대부분의 엄마들은 아이가 원하는 엄마가 아니라 세상이 말하는 좋은 엄마가 되기 위해 애쓰고 있는 것이 맞나요?" 모든 엄마들이 고개를 끄덕였습니다. 제가 말했습니다. "모든 엄마들은 훌륭합니다. 단지 세상이 말하는 좋은 엄마가 되려다 보니까, 아이와 멀어지고 그래서 아이들은 엄마 말을 잘 듣지 않는 겁니다. 엄마로서 자신이 진정 원하는 엄마는 따로 있는데 자신도 모르게 세상이 말하는 좋은 엄마가 되려다 보니 혼란스럽고 자신감도 없고 자꾸 주변의 눈치를 보는 겁니다. 이제부터 우리 모두 노력해서 아이가 원하는 엄마, 엄마 자신이 원하는 엄마가 되면 됩니다. 그러면 엄마도 행복하고 아이도 엄마 뜻을 거스르지 않을 겁니다. 그러다 보면 머지않아 여러분이 생각하는 좋은 엄마가 바로 세상이 말하는 좋은 엄마가 되지 않을까요?"

엄마들 모두 크게, 여러 번 고개를 끄덕였습니다. 저는 세상이 말하는 좋은 엄마는 바로 상류층 소수 학부모들의 문화라고 판단합니다. 그들처럼 돈도 많지 없고 먹고살기 바쁜 많은 엄마들에게는 어울리지 않습니다. 그러나 극성스러운 소수 상류층 학부모들이 주도하는 분위기에 휘말려 다수 건강한 엄마들이 곤란을 겪고 있습니다. 만약 비정상적인 소수로부터 정상적인 다수를 분리시켜, 평범한 보통 엄마들이 마음 편히 따를 수 있는 건강한 학부모 문화가 만들어진다면 정말 달라질 겁니다.

정리해보겠습니다. 책과 현실이 다르기 때문에 엄마들의 삶이 변화되지 않는 것이 아닙니다. 교육과 현실이 다르기 때문도 아닙니다. 평범한 보통 엄마들이 믿고 실천할 수 있는 현실적인 문화, 건강한 학부모 문화가 없기 때문입니다. 이 책을 내면서 한 가지 욕심이 생겼습니다. 꼭 베스트셀러가 됐으면 좋겠습니다. 지금의 학부모 문화는 상류층 소수를 위한 욕망에 불과합니다. 이 책을 보고 많은 엄마들이 상류층 주도의 학부모 문화로부터 벗어날 수 있기를 간절히 바랍니다. 제가 찾아낸 행복하고 건강한 엄마들의 이야기에 공감하고 동참하는 엄마들이 많아질수록 건강한 엄마들이 많아지고, 또 그들을 지켜줄 수 있을 것이라고 믿습니다. 소수 엄마로부터 다수 엄마를 분리시키기 위한 노력, 건강한 학부모 문화를 만들기 위한 노력, 성공할 때까지 할 겁니다.

Q6. 엄마들이 달라진다고 우리나라 교육이 달라질까요? 교육제도 개혁이 먼저 선행되어야 엄마들도 달라질 수 있지 않나요?

"사교육에 우호적인 엄마들이 더 많은 상황에서 교육 개혁은 성공할 수 없습니다."

공교육 정상화 시도는 매번 파행되거나 실패를 거듭하고 있습니다. 이유는 분명합니다. 공교육 정상화는 불가피하게 사교육의 몰락을 동반해야 하는데, 순순히 물러설 사교육은 없습니다. 저는 사교육 1번지 대치동에 있으면서, 개혁적인 내용을 담고 있는 2008학년도 입시개선안이 어떻게 변질되는지 똑똑히 봤습니다. 학생부든, 논술이든, 수능이든 자신에게 유리한 전형요소를 선택해서 입시 부담을 줄이자는 본래 취지는 사교육 논리를 만나 왜곡되었습니다. 사교육은 '선택이 아니라 기회'로 학부모들을 설득했습니다. 자신에게 적합한 선택을 해야 부모도 아이도 입시 부담을 덜 수 있는데 사교육은 주어진 기회를 모두 살려야 한다는 논리를 펼쳤습니다. 단점을 보완하기 위해 고생하기보다 장점을 잘 살리면 된다는 본래 취지는 무색해지고 학생부와 논술, 수능을 모두 준비해야 하는 상황으로 갔습니다. 결국 죽음의 트라이앵글이라는 말이 나왔습니다. 이후에 나온 입학사정관제나, 개선책으로 나온 학생부종합전형도 비슷한 상황으로 전개되었습니다. 아무리 입시 제도가 합리적으로 개선되어도 우리나라의 사교육은 교육의 논리가 아닌 자기 이해를 앞세워 부모들을 설득할 수밖에 없습니다.

부모들이 사교육 논리에서 벗어나도록 돕는 것은 우리나라 교육 정책의 향배를 결정하는 매우 중요한 일이라고 생각합니다. 그러나 엄마들이 사교육을 시키고 싶은 욕심은 버리지 못한 채, 공교육에 기대를 걸면 안 됩니다. 공교육을 믿고 가는 것이 더 안심되고 행복하며 효과적인 길이라는 사실을 엄마들이 인정하지 않는다면, 어떤 교육 개혁 정책도 실패할 수밖에 없습니다. 공교육 정상화를 위한 우리 사회의 노력의 10분 1만이라도 학부모 지원에 써야 합니다. 학부모의 학교 참여나 학부모회 법제화 정도의 노력만으로는 턱없이 부족합니다. 학부모들이 사교육 마케팅 공세로 불안하고 혼란스럽지 않아야 합리적인 판단을 내릴 수 있습니다.

엄마들의 마음이 편해질 수 있도록 노력하는 일은 교육 정책의 내용과는 무관하지만 정책의 성패를 결정하는 일이기에 정말 중요합니다. 교육의 본질보다는 이해관계에 따라 움직이는 사교육 논리의 공세가 아무리 거세도 흔들리지 않는 부모들, 흔들림 없이 공교육 개혁에 꼭 필요한 정책들을 지지하는 부모들이 다수가 되어야 모든 국민이 바라는 교육 개혁에 성공할 수 있습니다. 엄마들의 긍정적인 변화에서 행복한 아이와 가정은 물론, 우리 교육의 미래를 보고 있습니다.

사실 이 책은 한 사람의 정성으로부터 시작되었습니다. 여러 책을 냈지만 늘 아쉬웠습니다. 또 책을 낸다는 게 내키지 않았습니다. 하지만 이 책의 편집자인 김영사 강미선 과장의 정성을 만나 마음을 바꿨습니다. 처음 출판 제안을 받았을 때 원고 쓸 시간이 없다는 핑계를 대면서 거절했지만 제가 여기저기 기고한 조각 원고들을 모아 한 권의 책을 내기에 충분한 원고로 재구성해서 보내준 정성에 힘입어 원고 작업을 시작할 수 있었습니다.

많은 어려움을 무릅쓰고 시민 단체로 와서 부모 교육에 전념하고 있지만 여전히 어려운 순간들이 있습니다. 과연 내가 지금 가고 있는 길이 맞는 길인가, 정말 부모들에게 필요하고 도움이 되는 일인가? 한때 희망적인 모습을 보여줬다가 다시 예전 모습으로 돌아가는 엄마들을 볼 때마다 흔들립니다. 아무리 부모 교육의 중요성과 공공성을 강조해도 여전히 부모 교육을 강사 섭외만 잘하면 되는 문제 정도로만 인식하는 교육청, 학교, 지자체 관계자들을 만날 때마다 흔들립니다. 사전 협의 한마디 없이 학력 등을 기준으로 일방적으로 강사 등급을 정해 턱없는 강사비를 받아야 할 때마다 흔들립니다. 그럴 때마다 옆에서 지지하고 응원해준 저희 단체, '아름다운배움'이 있어 원고 작업을 마무리할 수 있었습니다. 고원형 대표, 배정인 사무국장, 박윤경, 권기효 팀장, 선우, 소영, 아영 피디 그리고 부산나래의 의택과 영민 피디, 안산나래의 수지 피디, 고양나래의 이자연 팀장과 이은화 관장, 모두 고맙습니다.

마지막으로 이 책에 나오는 살아있는 이야기들의 주인공, 훌륭한 부모로서의 삶을 나눠주신 '가족다움' 카페 회원 여러분들에게 고마운 마음을 전합니다. 특히 짧은 시간 제 강의를 듣고 큰 지지를 보내주고 계시는 아름다운배움 정기후원자 여러분, 정말 고맙습니다.

2016년 9월 1일

박 재 원

추천의 글

단언컨대, 부모로서 읽어야 할 첫 번째 책! 언제부턴가 막장 드라마의 필수 요소가 '엄마의 간섭'이 되었다. 자녀 교육이 정보나 테크닉의 문제라고 생각하는 부모들이 넘쳐나는 가운데, 박재원 소장은 엄마의 마음, 아이와의 신뢰가 가장 기본임을 설득력 있게 제시한다. _이 범(교육평론가)

그동안 답답하기만 했던 아이 교육에 드디어 내 편이 생겼다! 책 속에 제시된 박재원 소장님만의 노하우를 하나씩 실천하며, 처음으로 불안한 엄마가 아닌 행복한 엄마가 되어 아이와 즐거운 일상을 보내고 있다. 갈팡질팡 했던 아이 교육에 새로운 기준을 세워준 책. _마미파워(육아맘 대표 온라인 카페 '엄마는 마법사' 운영자)

박재원 소장 만큼 입시 경쟁과 사교육에 지친 부모들과 아이들의 삶에 애정을 가진 전문가도 드물 것이다. 그가 일관되게 말해온 풍부한 가르침을 경청한다면 부모들의 삶은 얼마나 윤택해질까? 박재원 소장의 새 책 앞에서 어김없이 찾아오는 기대다. _송인수(사교육걱정없는세상 공동대표)

이 책은 남에게 뒤처지지 않는 아이, 남보다 잘난 아이로 키워야 한다는 학부모 문화에 일침을 가하며, 엄마 역할의 기본이 중요함을 되새겨줍니다. 대한민국 엄마들을 위로하는 저자의 따뜻한 시선과 실제적인 대안은 엄마뿐 아니라 독서운동가로서 많은 엄마들을 만나는 저와 같은 사람에게도 깊은 감동을 줍니다.
_ 허순영(독서운동가, 제주도서관친구들 대표, 전, 순천 기적의도서관장)

'아직도 이거 안 시키고 있었어?'라는 옆집 엄마의 말은 엄마들의 불안감을 자극하고, 아이들을 몰아붙이게 하는 무서운 말입니다. 고통과 불안으로 몰아넣는 '학부모 문화'로부터 벗어나 위로와 용기를 얻고 싶으신가요? 이 책을 펴고 읽기 시작하세요. 길이 보일 겁니다. _정유진(세종 온빛초등학교 교사)

"눈물만 났던 아이 교육에
드디어 내편이 생겼다!"

소장님의 책으로 대한민국 엄마들이 불안과 혼란을 이겨내고 자신 있게 아이를 키울 수 있길 기대합니다. _권민지

소장님 책에서 어두운 밤길, 등불도 없이 걷는 막막함을 비춰줄 작고 환한 불빛 하나 얻었습니다. _이은주

아이를 키우며 늘 방황하는 것 같았는데, 그게 제 탓이 아니라는 소장님 말씀에 위로 받았습니다.
_이소연

아이 목소리보다
옆집 엄마에게만
귀 기울였던 저를 반성하게
만드는 책입니다. _이현중

아이 교육에 있어
내 나름의 원칙과
소신이 흔들리지 않도록
지켜주는 책. _정유정

소장님 책을 읽으며
대한민국 교육의
오아시스를 만난
기분입니다. _고순남

저는 그동안 행복한 엄마는 아니었습니다. 이 책을 통해 행복한 엄마로 사는 노력과 연습을 하고 싶습니다.
_진명희

'자녀 교육은 100미터 단거리 경주가 아닌 장거리 마라톤'이라는 소장님 말을 아이가 커 갈수록 더 공감하게 됩니다. 다수가 가는 길이 항상 옳은 건 아닙니다. _김해숙

달궈지는 냄비 속에 익숙해지는 개구리 같은 엄마였던 것 같아요. 편협한 냄비로 학부모들을 몰아넣는 사교육 문화가 다수의 건강한 엄마들에 의해 사라지길 기대해요! _최은영

상업적인 사교육에
휩쓸리는 엄마들에게
아이 교육의 기본과
솔루션까지 제시한 책.
_노지영

아이 교육에 있어
기준을 바꾸게
만들어준 책! _옥정선

주변에 흔들리지
않고, 저와 아이가
먼저 행복해지는 삶을
살겠습니다. _조미영

"눈물만 났던 아이 교육에
드디어 내편이 생겼다!"

제 딸은 열다섯, 엄마로서 제 나이도 열다섯, 우리 나이는 같습니다. 이 책을 통해 이젠 확실히 가족 행복의 늪에 빠질 것 같습니다. _손영주

무엇이 진정으로 내 아이의 행복을 위한 길인지, 대한민국 엄마들이 깨달을 수 있는 책이 되길 바랍니다. _임미자

수많은 육아책이 말하는 대로 아이를 키우려고 노력했지만 돌아오는 건 좌절감과 우울감뿐. 소장님을 만난 지금은 있는 그대로의 아이를 존중하고 바라볼 수 있게 되어 행복해요. _김미연

엄마가 먼저 행복해지는 길이 우리 아이들도 행복해지는 길임을 확신합니다. _박인영

아이를 키우며 답답했던 마음을 사이다처럼 뻥 뚫어준 책! _이정아

소장님만 믿고 뻔뻔하게 행복한 엄마로 남겠습니다. _신소진

이 책을 읽으며, 마치 소장님이 괜찮다고, 잘하고 있다고 제 어깨를 토닥여주시는 것 같아 눈물이 핑 돌았습니다. 항상 응원해주셔서 든든합니다._김희정

대한민국 엄마로 살아가는 게 참 괴롭고 힘든 일임을 요즘 더 절실하게 느낍니다. 엄마가 행복해야 아이도 행복하다, 이 말 항상 기억하겠습니다. _유정선

박재원 소장님을 알게 되면서 저와 딸이 좀 더 즐겁고 행복한 시간을 보내게 되었습니다. 이 책이 나오면 저처럼 좀 더 행복해질 엄마가 많아지리라 확신합니다. _박호숙

좋은 엄마가 되는 방법을 몰랐습니다. 아이와 저의 관계를 처음부터 다시 들여다볼 수 있는 기회를 주셔서 감사합니다. _함화연

표준적인 규범의 부재! 이 시대, 대한민국 엄마로서 느껴왔던 혼동, 불안감, 열등감의 원인을 찾을 수 있었습니다. _장인영

그동안 애타게 찾아다녔던 우리 가족 행복의 열쇠가 엄마 손에 쥐어져 있음을 깨닫게 하는 책! _이선우